互联网时代的
农业经济发展研究

孙 涛 ◎著

中国华侨出版社
·北京·

图书在版编目（CIP）数据

互联网时代的农业经济发展研究 / 孙涛著. -- 北京：
中国华侨出版社，2023.1
　　ISBN 978-7-5113-8874-2

　　Ⅰ．①互…　Ⅱ．①孙…　Ⅲ．①互联网络－影响－农业
经济发展－研究－中国　Ⅳ．①F323-39

　　中国版本图书馆CIP数据核字(2022)第117191号

互联网时代的农业经济发展研究

著　　者 / 孙　涛
责任编辑 / 孟宪鑫
封面设计 / 北京万瑞铭图文化传媒有限公司
经　　销 / 新华书店
开　　本 / 787毫米×1092毫米　1/16　　印张 / 15　字数 / 268千字
印　　刷 / 北京天正元印务有限公司
版　　次 / 2023 年 1 月第 1 版
印　　次 / 2023 年 1 月第 1 次印刷
书　　号 / ISBN 978-7-5113-8874-2
定　　价 / 72.00元

中国华侨出版社　　北京市朝阳区西坝河东里 77 号楼底商 5 号　　邮编：100028
发行部：（010）69363410　　传　真：（010）69363410
网　址：www.oveaschin.com　　E-mail：oveaschin@sina.com

前　言

　　人类社会经历了农业革命、工业革命，现在正经历网络信息技术驱动的信息革命。农业现代化的推进越来越依赖信息化的发展，信息化的发展程度已经成为衡量农业现代化水平的重要标志。抢占农业现代化的制高点，将"互联网＋"与现代农业的全面深度融合作为驱动农业"跨越发展"、助力农民"弯道超车"、缩小城乡"数字鸿沟"的新动能，将成为推动中国农业现代化发展新的重要任务。

　　农业是全面建成小康社会和实现现代化的基础，必须加快转变农业发展方式，大力推进农业供给侧结构性改革，着力构建现代农业产业体系、生产体系、经营体系，提高农业质量效益和竞争力，走产出高效、产品安全、资源节约、环境友好的农业现代化道路。

　　随着网络技术的不断发展，整个社会处于不断发展之中，同时也为农业的发展带来不小的机会。这个时候就需要我们抓住这个机会，充分利用网络带来的便利条件，推动农业的精准化发展，利用互联网技术开辟网上的销售渠道，扩大销售的范围，提高农作物产品的经营效益，推动农业实现又好又快地发展。

　　本书首先在新型农业的基础上对互联网时代对现代农业发展的影响进行了分析，其次在此基础上对互联网视域下智慧农业和林业应用进行了分析，并且对现代农产品电子商务的构建和运行进行了阐述，最后对互联网时代现代农业经济的发展进行了展望。本书可为从事现代农业经济发展研究的人员提供参考。

　　本书参考了大量的文献资料，在此对诸位文献作者及案例实践者表示衷心的感谢！同时，由于编者的水平和能力有限，书中错误或不妥之处在所难免，恳请同行和读者批评指正，以便今后不断改正和完善。

目录

第一章 新型农业经营体系 1

　　第一节 新型农业经营体系内涵 1

　　第二节 新型农业经营主体 3

　　第三节 推进新型农业经营主体建设 15

第二章 "互联网 +"时代的农业选择 19

　　第一节 农业发展迈入信息化时代 19

　　第二节 互联网上升为国家发展战略 23

　　第三节 互联网时代现代农业的成效 25

　　第四节 互联网现代农业面临的机遇与选择 28

第三章 互联网时代农业的产业链和创新模式 33

　　第一节 互联网时代农业的全景 33

　　第二节 互联网时代农业的产业链 48

　　第三节 互联网时代农业的创新模式 53

第四章 互联网时代的智慧农业生产 59

　　第一节 智慧设施农业 59

　　第二节 智慧大田种植 67

　　第三节 智慧畜禽养殖 67

　　第四节 智慧水产养殖 68

第五章 农产品品牌策略 70

　　第一节 农产品品牌建设 70

　　第二节 农产品品牌推广 89

第六章 基于地方产业特色农产品电子商务平台建设 105

　　第一节 农产品电子商务模式简介 105

　　第二节 农产品电子商务平台系统需求分析 106

第三节 农产品电子商务平台系统设计 109

第四节 农产品电子商务平台系统实现 118

第七章 智慧农业经营管理 123

第一节 新型农业经营主体服务平台 123

第二节 新型农产品电子商务平台 126

第三节 农村土地流转公共服务平台 128

第四节 农业电子政务平台 130

第五节 农业信息监测平台 131

第八章 互联网时代的现代农业信息服务运营模式 135

第一节 政府主导型现代农业信息服务运营模式 135

第二节 市场化运作现代农业信息服务运营模式 145

第三节 涉农企业主导型现代农业信息服务运营模式 145

第九章 大数据支撑农业监测预警 148

第一节 大数据支撑农业监测预警的理论基础 148

第二节 大数据支撑农业监测预警的工作实践 155

第三节 大数据支撑农业监测预警的应用成效 161

第十章 互联网时代农业的管理与服务 168

第一节 互联网时代农业管理 168

第二节 互联网时代农业服务 174

第十一章 互联网时代现代农业前景展望 193

第一节 农业经济发展趋势 193

第二节 互联网时代现代农业发展迎来重大战略机遇 222

第三节 互联网时代现代农业发展应对措施 226

参考文献 231

第一章 新型农业经营体系

第一节 新型农业经营体系内涵

一、新型农业经营体系的概念

新型农业经营体系是与以一家一户的家庭为单一农业生产经营主体的原有农业经营体系相对应的一种新农业经营体系，是对农村家庭联产承包责任制的一种继承与发展。具体而言，新型农业经营体系是指大力培育发展新型农业经营主体，逐步形成以家庭承包经营为基础，专业大户、家庭农场、农民合作社、农业产业化龙头企业为骨干，其他组织形式为补充的一种新型的农业经营体系。

二、新型农业经营体系的特征

新型农业经营体系是集约化、专业化、组织化和社会化四个方面有机结合的产物。

（一）集约化

集约化是相对于粗放化而言的一种经营体系。新型农业经营体系将集约化作为其基本特征之一，一方面顺应了现代农业集约化发展的趋势，另一方面正是为了消除近年来部分地区农业粗放化发展的负面影响。在新型农业经营体系中，集约化包括三方面的含义：一是单位面积土地上要素投入强度的提高；二是要素投入质量的提高和投入结构的改善，特别是现代科技和人力资本、现代信息、现代服务、现代发展理念、现代装备设施等创新要素的密集投入及其对传统要素投入的替代；三是农业经营方式的改善，包括要素组合关系的优化和要素利用效率、效益的提高。农业集约化的发展，有利于增强农业产业链和价值链的创新能力，但也对农业节本增效和降低风险提出新的更高层次的要求。推进农业集约化，往往是发展内涵型农业规模经营的重要途径。

（二）专业化

专业化是相对于兼业化，特别是"小而全""小而散"的农业经营方式而言的，旨在顺应发展现代农业的要求，更好地通过深化分工协作，促进现代农业的发展，提高农业的资源利用率和要素生产率。从国际经验来看，现代性的专业化实际上包括两个层面：第一，农业生产经营或服务主体的专业化。例如，鼓励"小而全""小而散"的农户家庭经营向专业化发展，形成"小而专、专而协"的农业经营格局。结合支持土地流转，促进农业生产经营的规模化，发展专业大户、家庭农场等，有利于促进农业生产经营的专业化。培育信息服务、农机服务等专业服务提供商，也是推进农业专业化的重要内容。第二，农业的区域专业化，如建设优势农产品产业带、产业区。从以往的经验看，农业区域专业化的发展，可以带动农业区域规模经济，是发展区域农业规模经营的重要途径。专业化的深化，有利于更好地分享分工协作效应，但也对生产和服务的社会化提出更高层次的期待。

（三）组织化

组织化主要是与分散化相对应的，包括三方面的含义：第一，新型农业生产经营主体或服务主体的发育及与此相关的农业组织创新；第二，引导农业生产经营或服务主体之间加强横向联合和合作，包括发展农民专业合作社、农民专业协会等，甚至支持发展农民专业合作社联合社、农产品行业协会；第三，顺应现代农业的发展要求，提高农业产业链的分工协作水平和纵向一体化程度。培育农业产业链核心企业对农业产业链、价值链的整合能力及其带动农业产业链、价值链升级的能力，促进涉农三次产业融合发展等，增进农业产业链不同参与者之间的合作伙伴关系，均属组织化的重要内容。

（四）社会化

社会化往往建立在专业化的基础之上。新型农业经营体系将社会化作为其基本特征之一，主要强调两个方面：一是农业发展过程的社会参与；二是农业发展成果的社会分享。农业产业链，换个角度看，也是农产品供应链和农业价值链。农业发展过程的社会参与，顺应了农业产业链一体化的趋势。近年来，随着现代农业的发展，农业产业链主要驱动力正在呈现由生产环节向加工环节以及流通等服务环节转移的趋势，农业生产性服务业对现代农业产业链的引领支撑作用也在不断增强。这些方面均是农业发展过程中社会参与程度提高的重要表现。农业发展过程的社会分享，不仅表现为农业商品化程度的提高，而且表现为随着从传统农业向现代农业的转变，农业产业链逐步升级，并与全球农业价值链有效对接。在现代农业发展中，农业产业链消费者主权的强化和产业融合关系的深化，农业产前、产后环节利益主体参与农业产业链利益分配的深化，以及农业产业链与能源产业链、金融服务链的交融渗透，都是农业发展成果社会分享程度提高的重要表现。农业发展过程社会参与和分享程度的提高，增加了提高农业组织化程度的必要性和紧迫性。因为通过提高农业组织化程度，促进新型农业生产经营主体或服务主体的成长、增进其相互之间的联合和合作等，有利于保护农业生产环节的利益，避免农业产业链的利益分配过度向加工、流通、农资供应等产前、产后环节倾斜，有利于保护农业综合生产能力和可持续发展能力。

在新型农业经营体系中，集约化、专业化、组织化和社会化强调的重点不同。集约化和专业化更多地强调微观或区域中观层面，重点在于强调农业经营方式的选择。组织化横跨微观层面和产业链中观层面，致力于提高农业产业组织的竞争力，增强农业的市场竞争力和资源要素竞争力，影响利益相关者参与农业产业链利益分配的能力。社会化主要强调宏观方面，也是现代农业产业体系运行的外在表现，其直接结果是现代农业产业体系的发育。在新型农业产业体系的运行中，集约化、专业化、组织化和社会化应该是相互作用、不可分割的，它们是支撑新型农业经营体系"大厦"的"基石"，不可或缺。

第二节　新型农业经营主体

一、专业大户

（一）专业大户的内涵

1. 大户

在认识专业大户之前，先了解一下"大户"的定义。"大户"原指有技术、会经营，勤劳致富的人家。这些人家与农业联系后，大户的定义就超出了原来的定义范围，其农业经营形式更加广泛。

目前，人们对"大户"的称呼或提法不尽相同，大体有以下几种：一是龙头企业，一般是指以从事农副产品加工和农产品运销为主的大户；二是庄园经济，一般是指丘陵山区专业化养大户和"四荒"治理大户；三是产业大户，主要是指通过"四荒"开发形成主导产业，进行综合经营的大户；四是农业经营大户，泛指从事种植、养殖、加工、销售、林业、水产生产经营的大户；五是农业产业化经营大户，与第四种提法基本相同。比较而言，"大户"的提法，其涵盖面广，符合现代经营的概念，契合事物的本质。这里有一个龙头企业与"大户"两个提法的关系问题。往往有人提问："大户"不就是龙头企业吗？可以说，"大户"都是"龙头"，但"龙头"不一定都是企业。农业产业化经营中的龙头企业，一般都是农副产品加工和运销企业，而"大户"包括种植、养殖、加工、销售各类经营大户，其中有的还没有升级为企业，有的原本就是注册企业。所以，龙头企业并非"大户"的一般标准，而是"大户"发展过程中的一个较高阶段的标志。农业产业化经营中的龙头企业是"大户"的一种高级形式。辨别"大户"的主要标准，要看它是否具有示范、组织和带动功能。

2. 专业大户

专业大户是新型农业经营主体的一种形式，承担着农产品生产尤其是商品生产的功能，以及发挥规模农户的示范效应，注重引导农户向采用先进科技和生产手段的方向转变，增加技术、资本等生产要素投入，着力提高集约化水平。

专业大户包括种养大户、农机大户等。种养大户是指以农业某一产业的专业化生产为主，初步实现规模经营的农户。农机大户是指有一定经济实力，在村中有一定威望和影响，并有农机化基础和农机运用管理经验农机户。

3. 专业大户的特点

专业大户的特点一般表现为：自筹资金的能力较强，能吸引城镇工商企业积累和居民储蓄投入农业开发；产业选定和产品定位符合市场需求；有适度的经营规模；采用新的生产经营方式，能组织和带动农民增收致富；生产产品的科技含量较高；产品的销售渠道较稳定，有一定的市场竞争力。

与传统分散的一家一户经营方式相比，专业大户规模化、集约化、产业化程度高，在提高农民专业化程度、建设现代农业、促进农民增收等方面发挥的作用日益显现，为现代农业发展和农业经营体制创新注入了新的活力。专业大户凭借较大的经营规模、较强的生产能力和较高的综合效益，成为现代农业的一支生力军。

（二）专业大户的标准

目前，国家还没有专业大户的评定标准。各地各行业的认定标准都是根据本地实际来制定的，具有一定的差别。但是划定"专业大户"的依据是相同的，主要看其规模，其计量单位分别是：种植大户以亩数计，养殖大户以头数计，农产品加工大户以投资额计，"四荒"开发大户以亩数计。这样划定既是必要的，又是可行的。

（三）专业大户的功能

专业大户是规模化经营主体的一种形式，承担着农产品生产尤其是商品生产的功能，以及发挥规模农户的示范效应，注重引导农户向采用先进科技和生产手段的方向转变，增加技术、资本等生产要素投入，着力提高集约化水平。

二、家庭农场

（一）家庭农场的内涵

家庭农场是指在家庭联产承包责任制的基础上，以农民家庭成员为主要劳动力，运用现代农业生产方式，在农村土地上进行规模化、标准化、商品化农业生产，并以农业经营收入为家庭主要收入来源的新型农业经营主体。家庭农场一般都是独立的市场法人。

国家鼓励和支持承包土地向专业大户、家庭农场、农民合作社流转，发展多种形式的适度规模经营。这也是"家庭农场"概念首次出现。积极发展家庭农场，是培育新型农业经营主体，进行新农村经济建设的重要一环。家庭农场的重要意义在于，随着我国工业化和城镇化的快速发展，农村经济结构发生了巨大变化，农村劳动力大规模转移，部分农村出现了弃耕、休耕现象。一家一户的小规模农业经营，已凸显出不利于当前农业生产力发展的现实状况。为进一步发展现代农业，农村涌现出了农业合作组织、家庭农场、种植大户、集体经营等不同的经营模式，并且各自的效果逐渐显现出来。尤其是发展家庭农场的意义更为突出。家庭农场的意义具体表现在：一是有利于激发农业生产活力。通过发展家庭农场可以加速农村土地合理流转，减少了弃耕和休耕现象，提高了农村土地利用率和经营效率。同时，也能够有效解决目前农村家庭承包经营效率低、规模小、管理散的问题。二是有利于农业科技的推广应用。通过家庭农场适度的规模经营，能够机智灵活地应用先进的机械设备、信息技术和生产手段，大大提高农业科技新成果集成开发和新技术的推广应用，并在很大程度上降低生产成本投入，大幅提高农业生产能力，加快传统农业向现代农业的有效转变。三是有利于农业产业结构调整。通过专业化生产和集约化经营，发展高效特色农业，可较好地解决一般农户在结构调整中不敢调、不会调的问题。四是有利于保障农产品质量安全。家庭农场有一定的规模，并进行了工商登记，更加注重品牌意识和农产品安全，农产品质量将得到有效保障。

（二）家庭农场的特征

1. 家庭经营

家庭农场是在家庭承包经营基础上发展起来的，它保留了家庭承包经营的传统优势，同时又吸纳了现代农业要素。经营单位的主体仍然是家庭，家庭农场主仍是所有者、劳动者和经营者的统一体。因此，可以说家庭农场是完善家庭承包经营的有效途径，是对家庭承包经营制度的发展和完善。

2. 适度规模

家庭农场是一种适应土地流转与适度规模经营的组织形式，是对农村土地流转制度的创新。家庭农场必须达到一定的规模，才能够融合现代农业生产要素，具备产业化经营的特征。同时，由于家庭仍旧是经营主体，受到资源动员能力、经营管理能力和风险防范能力的限制，使得经营规模必须处在可控的范围之内，既不能太少也不能太多，表现出了适度规模性。

3. 市场化经营

为了增加收益和规避风险，农户的一个突出特征就是同时从事市场性和非市场性农业生产活动。市场化程度的不统一与不均衡是农户的突出特点。家庭农场则是通过提高市场化程度和商品化水平，不考虑生计层次的均衡，而是以盈利为根本目的的经济组织。市场化经营成为家庭农场经营与农户家庭经营的区别标志。

4.企业化管理

根据家庭农场的定义，家庭农场是经过登记注册的法人组织。农场主首先是经营管理者，其次才是生产劳动者。从企业成长理论来看，家庭农户与家庭农场的区别在于，农场主是否具有协调与管理资源的能力。因此，家庭农场的基本特征之一，是以现代企业标准化管理方式从事农业生产经营。

（三）家庭农场的功能

家庭农场的功能与专业大户基本一样，承担着农产品生产尤其是商品生产的功能，以及发挥规模农户的示范效应，引导农户向采用先进科技知识和生产手段的方向转变，增加技术、资本等生产要素投入，着力提高集约化水平。

三、农民合作社

（一）农民合作社的概念

农民专业合作社是在农村家庭承包经营基础上，同类农产品的生产经营者或者同类农业生产经营服务的提供者、利用者，自愿联合、民主管理的互助性经济组织。

这一定义包含着三方面的内容：第一，农民专业合作社坚持以家庭承包经营为基础；第二，农民专业合作社由同类农产品的生产经营者或者同类农业生产经营服务的提供者、利用者组成；第三，农民专业合作社的组织性质和功能是自愿联合、民主管理的互助性经济组织。在相关律法中将农民专业合作社称为农民合作社，并给予了很高的发展定位，农民合作社是带动农户进入市场的基本主体，是发展农村集体经济的新型实体，是创新农村社会管理的有效载体。

（二）农民合作社的特征

自愿、自治和民主管理是合作社制度最基本的特征。农民专业合作社作为一种独特的经济组织形式，其内部制度与公司型企业相比有着本质区别。股份公司制度的本质特征是建立在企业利润基础上的资本联合，目的是追求利润的最大化，"资本量"的多寡直接决定盈余分配情况。但在农民专业合作社内部，起决定作用的不是成员在本社中的"股金额"，而是在为成员提供服务过程中，发生的"成员交易量"。农民专业合作社的主要功能，是为社员提供交易上所需的服务，与社员的交易不以盈利为目的。年度经营中所获得的盈余，除了一小部分留作公共积累外，大部分要根据社员与合作社发生的交易额的多少进行分配。实行按股分配与按交易额分配相结合，以按交易额分配返还为主，是农民专业合作社分配制度的基本特征。农民专业合作社与外部其他经济主体的交易，要坚持以营利最大化为目的市场法则。因此，农民专业合作社的基本特征表现在以下几个方面。

1. 在组织构成上

农民专业合作社以农民作为合作经营与开展服务的主体，主要由进行同类农产品生产、销售等环节的公民、企业、事业单位联合而成，农民要占成员总人数的80%以上，从而构建了新的组织形式。

2. 在所有制结构上

农民专业合作社在不改变家庭承包经营的基础上，实现了劳动和资本的联合，从而形成了新的所有制结构。

3. 在盈余分配上

农民专业合作社对内部成员不以盈利为目的，将可分配盈余大部分返还给成员，从而形成了新的盈余分配制度。

4. 在管理机制上

农民专业合作社实行入社自愿、退社自由、民主选举、民主决策等原则，建构了新的经营管理体制。

（三）农民合作社的功能

农民合作社集生产主体和服务主体于一身，将普通农户和新型主体融合于一体，具有联系农民、服务自我的独特功能。农民专业合作社发挥带动散户、组织大户、对接企业、联结市场的功能，进而提升农民组织化程度。在农业供给侧结构性改革中，农民合作社自身既能根据市场需求做出有效响应，也能发挥传导市场信息、统一组织生产、运用新型科技的载体作用，把分散的农户组织起来开展生产，还能让农户享受到低成本、便利化的自我服务，有效弥补了分散农户经营能力上的不足。

四、农业龙头企业

（一）农业产业化

1. 农业产业化的概念

农业产业化是指在市场经济条件下，以经济利益为目标，将农产品生产、加工和销售等不同环境的主体联结起来，实行农工商、产供销的一体化、专业化、规模化、商品化经营。农业产业化促进传统农业向现代农业转变，能够解决当前一系列农业经营和农村经济深层次的问题和矛盾。

2. 农业产业化的要素

（1）市场是导向

市场是导向，也是起点和前提。发展龙型经济必须把产品推向市场，占领市场，这是形成龙型经济的首要前提，市场是制约龙型经济发展的主要因素。农户通过多种措施，使自己的产品通过龙型产业在市场上实现其价值，真正成为市场活动的主体。为此，要建设好地方市场，开拓外地市场。地方市场要与发展龙型产业相结合，有一个龙型产业，就建设和发展一个批发或专业市场，并创造条件，使之向更高层次发展；建设好一个市场就能带动一批产业的兴起，达到产销相互促进，共同发展。同时要积极开拓境外市场和国际市场，充分发挥优势产品和地区资源优势。

（2）中介组织是连接农户与市场的纽带和桥梁

中介组织的形式是多样的。龙头企业是主要形式，在经济发达地区龙头企业可追求"高、大、外、深、强"。在经济欠发达地区，可适合"低、小、内、粗"企业。除此以外，还有农民专业协会、农民自办流通组织。

（3）农户是农业产业化的主体

在农业生产经营领域之内，农户的家庭经营使农业生产和经营管理两种职能统一于农户的家庭之内，管理费用少，生产管理责任心强，最适合农业生产经营的特点，初级农产品经过加工流通后在市场上销售可得到较高的利润。当前，在市场经济条件下，亿万农民不但成为农业生产的主体，而且成为经营主体。现在农村问题不在家庭经营上，而是市场主体的农户在走向市场过程中遇到阻力，亿万农民与大市场连接遇到困难。此时各种中介组织，帮助农民与市场联系起来。农户既是农业产业化的基础，又是农业产业化的主体。他们利用股份合作制多种形式，创办加工、流通、科技各类中介组织，使农产品的产加销、贸工农环节连接起来，形成大规模产业群并拉长产业链，实现农产品深度开发，多层次转化增值，不断推进农业产业化向深度发展。

（4）规模化是基础

从一定意义上讲，龙型经济是规模经济，只有规模生产，才有利于利用先进技术，产生技术效益；只有规模生产，才有大量优质产品。提高市场竞争力，才能占领市场。形成规模经济，要靠龙头带基地，基地连农户，主要是公司与农户形成利益均等、风险共担的经济共同体，使农户与公司建立比较稳定的协作关系。公司保证相应的配套服务，农民种植有指导，生产过程有服务，销售产品有保证，农民生产减少市场风险，使得农户间竞争变成了规模联合优势，实现了公司、农户效益双丰收。

3.农业产业化的基本特征

农业产业化经营是把农产品生产、加工、销售诸环节联结成完整的农业产业链的一种经营体制，与传统封闭的农业生产方式和经营方式相比，农业产业化具有以下基本特征。

（1）产业专业化

农业产业化经营把农产品生产、加工、销售等环节联结为一个完整的产业体系，这就要求农产品生产、加工、销售等环节实行分工分业和专业化生产；农业产业化经营以规模化的农产品基地为基础，这就要求农业生产实行区域化布局和专业化生产；农业产业化经营以基地农户增加收入和持续生产为保障，这就要求农户生产实行规模化经营和专业化生产。只有做到每类主体的专业化、每个环节的专业化和每块区域的专业化，农业产业化经营的格局才能形成，更大范围的农业专业化分工与社会化协作的格局才能形成。

（2）产业一体化

农业产业化经营是通过多种形式的联合与合作，形成市场牵龙头、龙头带基地、基地连农户的贸工农一体化经营方式。这种经营方式既使千家万户"小生产"和千变万化的"大市场"联系起来，又使城市和乡村、工业和农业联结起来，还使外部经济内部化，从而使农业能适应市场需求、提高产业层次、降低交易成本、提高经济效益。

（3）管理企业化

农业产业化经营把农业生产当作农业产业链的"第一车间"来进行科学管理，这既能使分散的农户生产及其产品逐步走向规范化和标准化，又能及时组织生产资料供应和全程社会化服务，还能使农产品在产后进行筛选、储存、加工和销售。

（4）服务社会化

农业产业化经营各个环节的专业化，使得"龙头"组织、社会中介组织和科技机构能够对产业化经营体内部各组成部分提供产前、产中、产后的信息，技术、经营、管理等全方位的服务，促进各种生产要素直接、紧密、有效地结合。

（二）农业产业化龙头企业

1. 产业化龙头企业的概念

农业产业化龙头企业是指以农产品生产、加工或流通为主，通过订单合同、合作方式等各种利益联结机制与农户相互联系，带动农户进入市场，实现产供销、贸工农一体化，使农产品生产、加工、销售有机结合、相互促进，具有开拓市场、促进农民增收、带动相关产业等作用，在规模和经营指标方面达到规定标准并经过政府有关部门认定的企业。

2. 农业产业化龙头企业的优势

农业产业化龙头企业弥补了农户分散经营的劣势，将农户分散经营与社会化大市场有效对接，利用企业优势进行农产品加工和市场营销，增加了农产品的附加值，弥补了农户生产规模小、竞争力有限的不足，延长了农业产业链条，改变了农产品直接进入市场、农产品附加值较低的局面。农业产业化还将技术服务、市场信息和销售渠道带给农户，提高了农产品精深加工水平和科技含量，提高了农产品市场开拓能力，减小了经营风险，提供了生产销售的通畅渠道，通过解决农产品销售问题刺激了种植业和养殖业的发展，提升了农产品竞争力。

农业产业化龙头企业能够适应复杂多变的市场环境，具有较为雄厚的资金、技术和人才优势。龙头企业改变了传统农业生产自给自足的落后局面，用工业发展理念经营农业，加强了专业分工和市场意识，为农户农业生产的各个环节提供一条龙服务，为农户提供生产技术、金融服务、人才培训、农资服务、品牌宣传等生产性服务，实现了企业与农户之间的利益联结，能够显著提高农业的经济效益，促进农业可持续发展。

农业产业化龙头企业的发展有利于促进农民增收。一方面，龙头企业通过收购农产品直接带动农民增收，企业与农户建立契约关系，成为利益共同体，向农民提供必要的生产技术指导。提高农业生产的标准化水平，促进农产品质量和产量的提升。保证了农民的生产销售收入，同时也增强了我国农产品的国际竞争力，创造了更多的市场需求。农户还可以以资金等多种要素的形式入股农业产业化龙头企业，获得企业分红，鼓励团队合作，促进农户之间的相互监督和良性竞争。另一方面，农业产业化龙头企业的发展创造了大量的劳动就业岗位，释放了农村劳动力，解决了部分农村劳动力的就业问题。

农业产业化龙头企业的发展提高了农业产业化水平，促进了农产品产供销一体化经营。通过技术创新和农产品深加工，提高了资源的利用效率，提高了农产品质量，解决了农产品难卖的问题。改造了传统农业，促进大产业、大基地和大市场的形成，形成从资源开发到高附加值的良性循环，提升了农业产业竞争力，起到了农产品结构调整的示范作用和市场开发的辐射作用，带动农户走向农业现代化。

农业产业化龙头企业是农村的有机组成部分，具有一定的社会责任。龙头企业参与农村村庄规划，配合农村建设，合理规划生产区、技术示范区、生活区、公共设施等区域，并且制定必要的环保标准，推广节能环保的设施建设。龙头企业培养企业的核心竞争力，增强抗风险能力，在形成完全的公司化管理后，还可以将农民纳入社会保障体系，维护了农村社会的稳定发展。

（三）农业产业化龙头企业标准

农业产业化龙头企业包括国家级、省级和市级等，分别有一定的标准。

1. 农业产业化国家级龙头企业标准

农业产业化国家级龙头企业是指以农产品加工或流通为主，通过各种利益联结机制与农户相联系，带动农户进入市场，使农产品生产、加工、销售有机结合、相互促进，在规模和经营指标上达到规定标准并经认定的企业。农业产业化国家级龙头企业必须达到以下标准。

（1）企业组织形式

依法设立的以农产品生产、加工或流通为主业，具有独立法人资格的企业。企业组织形式包括依照规定设立的公司，其他形式的国有、集体、私营企业以及中外合资经营、中外合作经营、外商独资企业，直接在工商管理部门注册登记的农产品专业批发市场等。

（2）企业经营的产品

企业中农产品生产、加工、流通的销售收入（交易额）占总销售收入（总交易额）70%以上。

（3）生产、加工、流通企业规模

总资产规模应该根据不同地区的实际情况做到针对性的标准规模划定，同时对固定资产规模的划定应该依据总资产作为标准参考，从而保证年销售收入目标的设定能够满足各个地区的发展要求。农产品专业批发市场年交易规模同样需要根据不同地区综合发展条件与预期发展规划目标相结合设定。

（4）企业效益

企业的总资产报酬率应高于现行1年期银行贷款基准利率；企业应不欠工资、不欠社会保险金、不欠折旧，无涉税违法行为，产销率达93%以上。

（5）企业负债与信用

企业资产负债率一般应低于60%；有银行贷款的企业，近2年内不得有不良信用记录。

（6）企业带动能力

鼓励龙头企业通过农民专业合作社、专业大户直接带动农户。通过建立合同、合作、股份合作等利益联结方式带动农户的数量一般应达到不同地区综合销售与实际收入之间的合理配比。企业从事农产品生产、加工、流通过程中，通过合同、合作和股份合作方式从农民、合作社或自建基地直接采购的原料或购进的货物占所需原料量或所销售货物量的70%以上。

（7）企业产品竞争力

在同行业中企业的产品质量、产品科技含量、新产品开发能力处于领先水平，企业有注册商标和品牌。产品符合国家产业政策、环保政策，并获得相关质量管理标准体系认证，近2年内没有发生产品质量安全事件。

2.农业产业化省级龙头企业标准

农业产业化省级龙头企业是指以农产品加工或流通为主，通过各种利益联结机制与农户相联系，带动农户进入市场，使农产品生产、加工、销售有机结合、相互促进，在规模和经营指标上达到规定标准，经省人民政府审定的企业。不同的省，设定的标准有所区别。

3.农业产业化市级龙头企业标准

市级农业产业化重点龙头企业是指以农产品生产、加工、流通以及农业新型业态为主业，通过各种利益联结机制，带动其他相关产业和新型农业经营主体发展，促进当地农业主导产业壮大，促进农民增收，经营规模、经济效益、带动能力等各项指标达到市级龙头企业认定和监测标准，并经市人民政府认定的企业。

（四）龙头企业的功能定位

在某个行业中，对同行业的其他企业具有很深的影响力、号召力和一定的示范、引导作用，并对该地区、该行业或者国家做出突出贡献的企业，被称为龙头企业。龙头企业产权关系明晰、治理结构完善、管理效率较高，在高端农产品生产方面有显著的引导示范效应。当前，有近九成的国家重点龙头企业建有专门的研发中心。省级以上龙头企业中，来自订单和自建基地的采购额占农产品原料采购总额的三分之二，获得省级以上名牌产品和著名商标的产品超过50%，"微笑曲线"的弯曲度越来越大，不断向农业产业价值链的高端跃升。

五、新型农业经营主体间的联系与区别

（一）新型农业经营主体之间的联系

专业大户、家庭农场、农民合作社和农业龙头企业是新型农业经营体系的骨干力量，是在坚持以家庭承包经营为基础上的创新，是现代农业建设，保障国家粮食安全和重要农产品有效供给的重要主体。随着农民进城落户步伐加快及土地流转速度加快、流转面积增加，专业大户和家庭农场有很大的发展空间，或将成为职业农民的中坚力量，将形成以种养大户和家庭农场为基础，以农民合作社、龙头企业和各类经营性服务组织为支持，多种生产经营组织共同协作、相互融合，具有中国特色的新型经营体系，推动传统农业向现代农业转变。

专业大户、家庭农场、农民合作社和农业龙头企业，它们之间在利益联结等方面有着密切的联系，紧密程度视利益链的长短，形式多样。例如：专业大户、家庭农场为了扩大种植影响，增强在市场上的话语权，牵头组建"农民合作社 + 专业大户 + 农户""农民合作社 + 家庭农场 + 专业大户 + 农户"等形式的合作社，这种形式在各地都占有很大比例，甚至在一些地区

已成为合作社的主要形式；农业龙头企业为了保障有稳定的、质优价廉原料供应，组建"龙头企业＋家庭农场＋农户""龙头企业＋家庭农场＋专业大户＋农户""龙头企业＋合作社＋家庭农场＋专业大户＋农户"等形式的农民合作社。但是它们之间也有不同之处。

（二）新型农业经营主体之间的区别

新型农业经营主体主要指标，如表1-1所示。

表1-1　新型农业经营主体主要指标对照表

类型	领办人身份	雇工	其他
种养大户	没有限制	没有限制	规模要求
家庭农场	农民＋其他长期从事农业生产的人员	雇工不超过家庭劳力数	规模要求、收入要求
农民合作社	执行与合作社有关的公务人员不能担任理事长；具有管理公共事务的单位不能加入合作社	没有限制	20人以上农民数量须占80%；5人至20人农民数量须占5%，5人以下农民数量为1人
龙头企业	没有要求	没有限制	注册资金要求

第三节　推进新型农业经营主体建设

一、以新理念引领新型农业经营主体

目前，我国农业经营主体是专业大户、家庭农场、农民合作社、农业企业等多元经营主体共存。在此基础上培育新型农业经营主体，发展适度规模经营，构建多元复合、功能互补、配套协作的新机制，必须遵循融合、共享、开放等新发展理念。

不同经营主体具有不同功能、不同作用，融合发展可以实现优势和效率的倍增。既要鼓励发挥各自的独特作用，又要引导各主体相互融合，积极培育和发展家庭农场联盟、合作社联合社、产业化联合体等。各主体分工协作、相互制约、形成合力，实现经营的专业化、标准化，以及产出的规模化和共同利益的最大化，是实现第一、第二、第三产业融合发展的有效形式。

农民的钱袋子是否鼓起来，是检验新型农业经营主体发展成效的重要标准。一定要避免强者越强，弱者越弱及主体富了，农民依然原地踏步的情况发生。特别是在企业与农民的合作与联合中，一定要建立共享机制，促进要素资源互联互通，密切企业与农民、合作社与合作社、企业与家庭农场、企业与合作社等之间的合作，从简单的买卖、雇佣、租赁行为，逐步向保底收购、合作、股份合作、交叉持股等紧密关系转变，形成利益共同体、责任共同体和命运共同体。

开放是大势所趋，是农业农村改革发展的活力所在。建设现代农业，要把握好国内国际两个市场，畅通市场渠道，以更加开放、包容的姿态迎接各类有利资源要素。在土地流转、农地经营、农业生产服务、农产品加工营销等方面，应鼓励多元主体积极参与，以市场为导向，一视同仁，公平竞争，做到农地农用、新型经营主体用、新型职业农民用、新农人用。土地流转可以跨主体进行，实现资源优化配置，农业社会化服务可以跨区域展开，实现降成本、增效益的目的，城市工商资本按照有关规定可以流转土地参与农业经营，引领现代农业发展趋势，电子商务等 IT 企业也可以发展生鲜电商、智慧农业等，培育新业态，发展新产业。同时，各类新型主体都要严守政策底线和红线，不得改变土地集体所有性质，不得改变土地农业用途，不得损害农民土地承包权益。

二、搞好新型农业经营主体规范化建设

规模是规范的基础，规范是质量和声誉的保障。经过多年来的自我发育和政策支持，各类新型农业经营主体蓬勃发展，总体数量和规模不断扩大，新型农业经营主体成为建设现代农业的骨干力量。现存的问题是，这些主体规范化程度不高，有的是"空壳子"，长期休眠不生产经营；有的是"挂牌子"，一个主体、几块牌子，既是家庭农场、合作社，又是龙头企业，搞得"四不像"；有的没有过硬的技术，没有明确的发展目标，没有拿得出手的产品，这些都影响了新型农业经营主体的整体质量和外在形象。要把规范化建设作为促进新型农业经营主体可持续发展的"生命线"，把规范和质量摆在更重要的位置。

（一）家庭农场要还原本质特征

家庭农场的本源是家庭经营，是指夫妇双方和子女的核心家庭，不能泛化。家庭农场的本质内涵是家庭经营、规模适度、专一农业为主、集约生产，每句话都有含义。

1.家庭经营

现阶段，从全球范围看，所谓家庭农场应是核心家庭的劳动力经营，

是经营者的自耕，不能将所经营的土地再转包、转租给第三方经营。要积极倡导独户农场，而不应将雇工农场、合伙农场、兼业农场、企业农场等作为规范化、示范性农场。农忙时可以雇短工，可以有 1～2 个辅助经营者，但核心家庭成员的劳动和劳动时间占比一定要达到 60% 以上。

2. 规模适度

家庭经营的上述特征决定了只能发展适度规模经营，动辄几千亩、上万亩土地的经营规模反过来会导致报酬递减。我们提倡的家庭农场土地平均规模是当地农户平均规模的 10～15 倍，就是这个道理。

3. 专一农业为主

家庭农场要规避低效率的小而全、大而全的生产经营方式，根据自身的能力和职业素质，选择主导产业，依托社会化服务，实现标准化、专业化生产，才能更充分体现家庭农场经营的优越性。

4. 集约生产

家庭农场最重要的内涵是使其劳动力与其他资源要素的配置效率达到最优，最大限度地发挥规模经营效益和家庭经营优势。因此，家庭农场要秉承科技创新理念，在生产的全过程，节约资源投入，科学经营产业，降低生产成本，提升产品质量和效益，实现可持续发展。

（二）农民合作社要扩大规模

从国际合作社发展情况来看，合作社个体数量减少，但单一经营或服务的规模不断扩张，呈现出规模化的趋势。要遵循合作社本质，坚持合作社归农户所有、由农户控制、按章程分配的办社原则。在此基础上，按照合作社同类合并、规模扩大、质量提升的发展之路，扩大经营规模，积极发展联合社和生产、供销、信用"三位一体"的综合社，提高综合竞争力。

（三）龙头企业要发挥作用

龙头企业与一般企业的本质区别，就在于要带动农民发展，通过建立利益联结机制，让农民分享产业链的增值收益。这也是中央扶持龙头企业的重要原因。龙头企业必须坚持服务农民、帮助农民、富裕农民的原则，在自愿平等互利的基础上，规范发展订单农业，为农户提供质优价廉的生产服务，吸引农民以多种形式入股，形成经济共同体、责任共同体和命运共同体。

（四）对于工商资本进入农业要规范引导

正面看待工商资本进入农业的积极性和取得的显著成效，鼓励和支持城市工商资本进入农村、投资农业，重点从事农户和农民合作社干不了、干不好、干不起来的领域，如种养业产前产后服务、设施农业、规模化养殖和"四荒"资源开发等产业，种苗、饲料、储藏、保鲜、加工、购销等环节，发展农业产业化经营，与农民实现共生、共舞、共赢。同时，要加强监管和风险防范，坚决制止个别工商资本以搞农业为名，行圈地之实。不提倡工商企业长时间、大面积租赁农户承包地，加强事前审查、事中监管、事后查处和风险防范。坚持保护农民利益，对非法挤占农民利益，甚至坑农害农的行为，要严肃查处，追究责任。

第二章　"互联网+"时代的农业选择

第一节　农业发展迈入信息化时代

现在人类已进入互联网时代这样一个历史阶段，这是一个世界潮流，而且这个互联网时代对人类的生活、生产、生产力的发展都具有很大的进步推动作用。从社会发展史看，人类经历了农业革命、工业革命，正在经历信息革命。农业革命增强了人类生存能力，使人类从采食捕猎走向栽种畜养，从野蛮时代走向文明社会；工业革命拓展了人类体力，以机器取代了人力，以大规模工厂化生产取代了个体工场手工生产；而信息革命则增强了人类脑力，带来生产力又一次质的飞跃，对国际政治、经济、文化、社会、生态、军事等领域发展产生了深刻影响。

进入21世纪以来，以数字化、网络化、智能化为特征的信息化浪潮正在蓬勃兴起，信息技术与生物技术、新能源技术、新材料技术等的跨界交叉融合，正在催生以物联网、大数据、云计算、移动互联、人工智能等为代表的新一代网络信息技术与经济社会各领域深入渗透融合，正在引发以绿色、智能、泛在为特征的群体性技术突破。世界主要国家都把互联网作为谋求信息技术创新和竞争新优势的战略方向。

没有信息化就没有现代化，没有农业信息化就没有农业现代化。目前，我国经济进入新常态，只有主动适应新常态，重视农业、稳定农业，着力解决农业农村经济发展面临的突出问题，加快推进农业"转方式、调结构"，农业农村经济才能实现持续、健康、快速发展。推动现代农业与信息化加速融合，找到它们之间的契合点，是在新一轮农业变革中抢占先机的重要举措，是我国转变农业增长方式，调整农业结构布局的重要途径。2016年被认为是我国农业信息化"元年","互联网+"现代农业作为我国农业信息化的主要内容,是新时期深入推进农业供给侧结构性改革的重要手段,是推动我国由农业大国向农业强国迈进的必由之路,是网络强国战略重要组成部分。

一、信息化成为现代农业发展的制高点

科学技术是推动生产力发展的主要动力,是人类社会进步的重要标志。纵观全球农业生产史的发展,每一次科技和工具上的重大突破,都将农业推上一个新的台阶,推向一个新的历史时期。

综观互联网在 21 世纪的纵深发展,信息化技术在我国农业生产经营中得到广泛应用,农业信息化在农业生产经营管理、农业信息获取及处理、农业专家系统、农业系统模拟、农业决策支持系统、农业计算机网络等方面都极大地提高了我国农业生产科技水平和经营效益,进一步加快了农业现代化发展进程。目前,农业信息化的应用和发展主要呈现出以下特征。

首先,农业信息网络化呈现飞速发展之势。农业信息网络化的发展,使广大农业生产者能够广泛获取各种先进的农业科技信息,选择和学习最适用的先进农业技术,了解市场行情、政策信息,及时进行农业生产经营决策,有效地减少农业经营风险,获取最佳的经济效益。

其次,"数字农业"成为农业信息化的具体体现形式。农业大数据是大数据理念、技术和方法在农业领域的实践。我国已进入传统农业向现代农业加快转变的关键时期,突破资源和环境两道"紧箍咒"制约,破解成本"地板"和价格"天花板"双重挤压,提升我国农业国际竞争力等都需要农业大数据服务作为重要支撑。

最后,农业信息化正在向农业全产业链扩散。随着农业信息化的发展,信息技术的应用不再局限于农业系统中的某一有限的区域、某一生产技术环节或某一独立的经营管理行为。它的应用已扩展到农业系统中的农业生产、经营管理、农产品销售以及生态环境等整个农业产业链的各环节和各领域。

目前,"互联网+"现代农业正在加快信息化技术与农业现代化深度融合,在农业生产的各个领域表现出新的活力,以物联网、大数据、云计算、移动互联、人工智能等为主要特征的信息技术和科技手段与我国农业、农村与农民深入跨界融合,为我国由传统农业向现代化农业实现转型升级不断积蓄力量。

二、信息技术助推农业全产业链改造和升级

从农业全产业链来看，信息技术与现代农业全产业链的跨界融合，正在助推农业全产业链不断改造和升级，不断提升我国农业生产智能化、经营网络化、管理数据化和服务在线化的水平。

首先，物联网是新一代信息技术的重要组成部分，物联网技术与农业生产融合，催生了农业自动化控制、智能化管理，提高了我国农业生产效率。物联网技术基于信息感知设备和数据采集系统获取作物生长的各种环境因子信息（感知层），结合无线和有线网络等完成信息的传送与共享（传输层），将信息保存到信息服务平台（平台层），基于模型分析，通过计算机技术与自动化控制技术实现对作物生长的精准调控以及病虫害防治（应用层），降低农业资源和劳动力成本，提高农业生产效率。近年来，随着芯片、传感器等硬件价格的不断下降，通信网络、云计算和智能处理技术的革新和进步，物联网迎来了快速发展期。物联网未来在农业生产领域将发挥越来越重要的作用。

其次，电子商务是以网络信息技术为手段，以商品交换为中心的商务活动。电子商务与农产品经营深入融合，突破时间和空间上的限制，正在转变我国农产品的经营方式，农业电子商务依托互联网已经成为推动我国农业农村经济发展的新引擎。一是电子商务加速了农产品经营网络化，解决农产品"卖难"的问题，增加农产品销售数量，并倒逼农业生产标准化、规模化，提高农产品供给的质量效益，提高了农民的收入水平；二是电子商务促进了农业"小生产"与"大市场"的有效对接，从一定程度上改变了以往农产品产销信息不对称的局面，农民可以主动调整农业生产结构，规避生产风险，提升了农业生产的效率；三是电子商务拓展了农产品分销渠道，解决农产品销路不畅的窘境，提高了农民生产农产品的积极性。我国已经成为全球规模最大、发展速度最快的电子商务市场之一。

最后，大数据是海量数据的集合，作为国家基础性战略资源，大数据已发展为发现新知识、创造新价值、提升新能力的新一代信息技术和服务业态。农业大数据作为大数据的重要实践，正在加速我国农业农村服务体系的革新。基于农业大数据技术对农业各主要生产领域在生产过程中采集的大量数据进行分析处理，可以提供"精准化"的农资配方、"智慧化"的管理决

策和设施控制，达到农业增产、农民增收的目的；基于农村大数据技术的电子政务系统管理，可以提升政府办事效能，提高政务工作效率和公共服务水平；基于农业农村海量数据监测统计和关联分析，实现对当前农业形势的科学判断以及对未来形势的科学预判，为科学决策提供支撑，成为我国农业监测预警工作的主攻方向。目前，农业大数据在我国已具备了从概念到应用落地的条件，迎来了飞速发展的黄金机遇期。

三、精准农业促进农业生产过程高效管理

从农业生产过程来看，作为当代最活跃的生产力影响要素，信息技术在农业发展中所发挥的作用越来越重要，基于信息技术和互联网结合的精准农业正在深刻地影响着农业生产的整个过程。精准农业是按照田间每一操作单元的环境条件和作物产量的时空差异性，精细准确地调整各种农艺措施，最大限度地优化水、肥、农药等投入的数量和时机，以期获得最高产量和最大经济效益，同时保护农业生态环境，保护土地等农业自然资源。

信息技术在农业生产全过程中逐渐开始展现出优势。在产前阶段，通过传感器、卫星通信等感应导航技术，可以实现对农机作业的精准控制，提高农机作业效率；在生产过程之中的一个阶段，施肥、打药控制技术，可以实现肥料的精确投放，提高肥料利用效率；在产后阶段，利用采摘机器人，可以实现对设施园艺作物果实的采摘，降低工人劳动强度和生产费用。

四、信息化成为破解农业发展瓶颈的重要途径

改革开放以来，我国农业取得了举世瞩目的成就，农业综合生产能力得到了快速提升，但是从整体水平上看，目前仍然处于传统农业生产阶段。人口的增长、资源的短缺以及环境污染的日趋加重，严重制约着我国农业的可持续发展，迫切需要转变农业发展方式，加快农业结构调整，而农业农村信息化建设成为破解以上难题的重要途径。

第一，人口增长、资源约束，对我国农业生产能力提出了更高的要求。改变传统的生产方式，迫切需要突破产业发展的技术瓶颈，而信息技术在这方面将大有可为。目前我国农业信息化建设在数据库、信息网络、精细农业以及农业多媒体技术等领域都取得了一定突破，成为我国农业提质增效，破解我国农业发展瓶颈的新引擎。

第二，我国农业属弱势产业，受自然因素、经济因素、市场因素、人为因素影响较大，对信息的需求程度要高于其他行业。开发农产品供需分析系统、市场价格预测系统和农业生产决策系统等，可辅助农业生产者合理安排相关生产，减少生产盲目性，最大限度地规避来自各个方面的风险。

第三，受基础知识和技术支撑限制，我国农民信息资源利用的意识和积极性不足，缺乏有效利用信息技术的知识和能力，农业信息传播效率不高。信息进村入户工程，通过开展农业公益服务、便民服务、电子商务服务、培训体验等服务途径，提高农民现代信息技术应用水平，正在成为破解农村信息化"最后一公里"问题的重点农业工程。益农信息社在互联网的带动之下，数量也在不断增加，为农民打通了信息获取通道，探索出了一系列切实可行的农业农村信息化商业运行模式。

第二节 互联网上升为国家发展战略

信息化是当今世界发展的大趋势，是推动经济社会变革的重要力量。大力推进信息化，是事关我国现代化建设全局的战略举措，是贯彻落实国家网络强国战略、全面建设小康社会、构建社会主义和谐社会和建设创新型国家的迫切需要和必然选择。一直以来，党中央、国务院高度重视我国信息化发展，先后作出一系列战略部署，"互联网＋"已经上升为我国农业未来发展的重要方向和战略目标。

一、信息化发展战略部署

信息化成为国家发展中"四化同步"重要内容之一，强调推动信息化与农业现代化、工业化和城镇化的深入融合，推进"四化"同步、协调、快速、健康发展。

农业信息化是国家信息化的重要组成部分。培育互联网农业，建立健全智能化、网络化农业生产经营体系，加快农业产业化进程。健全农业信息监测预警和服务体系，提高农业生产全过程信息管理服务能力，确保国家粮食安全和农产品质量安全。

二、网络强国发展战略

科学技术是第一生产力，而网络信息技术已经成为人类社会发展最前沿的科学技术。没有网络安全就没有国家安全，没有信息化就没有现代化。网络安全和信息化是一体之两翼、驱动之双轮。信息化对网络安全的重要影响以及网络安全对于信息化的驱动作用之间存在辩证关系。

以未来发展的战略高度作为农业信息化建设的引领指导，网络强国已经成为发展规划的战略体系之一。我国网络强国战略提升到综合施策的全新高度，对网络强国建设提出了六个"加快"的要求。实施网络强国战略，加快构建高速、移动、安全、泛在的新一代信息基础设施。并且围绕农业信息化建设应该加快补齐农业信息化短板，全面加强农村信息化能力建设，建立空间化、智能化的新型农村统计信息综合服务系统。着力发展精准农业、智慧农业，提高农业生产智能化、经营网络化、管理数据化、服务在线化水平，促进农业转型升级和农民持续增收，为加快农业现代化发展提供强大的创新动力。农业信息化作为我国社会经济发展的主攻方向，是重要议程之一。

三、"互联网+"行动计划

"互联网+"是把互联网的创新成果与经济社会各领域深度融合，推动技术进步、效率提升和组织变革，提升实体经济创新力和生产力，形成更广泛的以互联网为基础设施和创新要素的经济社会发展新形态。

互联网行动计划，推动移动互联网、云计算、大数据、物联网等与现代制造业结合，促进电子商务、工业互联网和互联网金融健康发展，引导互联网企业拓展。同时，"互联网+"作为信息化战略的重要组成部分深刻改造传统农业，成为中国农业必须跨越的门槛。

利用互联网提升农业生产、经营、管理和服务水平，促进农业现代化水平明显提升的总体目标，部署了构建新型农业生产经营体系、发展精准化生产方式、提升网络化服务水平、完善农副产品质量安全追溯体系等具体的实施策略。

要拓展发展新空间，用发展新空间培育发展新动力，用发展新动力开拓发展新空间。"互联网+"成为发展产业的规划主线，拓展网络经济空间，实施"互联网+"行动计划，发展物联网技术和应用，发展分享经济，促进互联网和经济社会融合发展。实施国家大数据战略，推进数据资源开放共享。

第三节 互联网时代现代农业的成效

"互联网＋"在初期的现代农业发展中呈现快速发展态势。各行业、各领域和主要环节信息技术应用取得显著成效，为农业农村信息化发展奠定了坚实基础。

一、生产信息化提升了农业生产智能化水平

农业作为国计民生的基础产业，其信息化、智慧化的程度和发展水平尤为重要。物联网技术在农业生产和科研中的引入与应用，将是现代农业依托现代信息化技术应用迈出的一大步。物联网技术与农业结合可以改变粗放的农业经营管理方式，提高动植物疫情、疫病防控能力，确保农产品质量安全，保障现代农业可持续的发展方向。

国家物联网应用示范工程智能农业项目和农业物联网区域试验工程建设目前正在积极推进，是我国在建设农业信息化道路上的重要探索之一，已经取得重要阶段性成效。我国已经在众多省市地区相继开展了国家农业物联网应用示范工程，同时在部分地区开展了农业物联网区域试验工程。总结推广了众多农业物联网软硬件产品、技术和模式，节本增效作用凸显。

物联网设备在不同农业生产领域的广泛应用，使得农业智能化水平有了较大提升。在大田种植方面，大田种植物联网在"四情"监测、水稻智能催芽、农机精准作业等方面实现大面积应用，大幅提升生产设备装备的数字化、智能化水平，加快推广节本增效信息化应用技术，提高农业投入品利用率，改善生态环境，提高产出品产量和品质。在畜禽养殖方面，畜禽养殖物联网在畜禽体征监测、科学繁育、精准饲喂、疫病预警等方面被广泛应用。如所建设的"物联牧场"工程，实现了畜禽养殖的身份智能识别、体征智能监测、环境智能监控、饲喂护理智能决策。在水产养殖方面，水产养殖物联网在水体监控、精准投喂、鱼病预警、远程诊断等方面大规模应用。如将物联网设备用于养殖水质实时监控、工厂化养殖监测、水产品质量安全追溯、养殖专家在线指导等，实现养殖全产业链的监控和重点养殖区养殖生产的智能化管理，有效提高水产养殖生产效率，促进水产养殖业转型升级。在设施

园艺方面，设施园艺物联网在环境监控、生理监测、水肥一体化、病虫害预测预警等方面实现智能化水平明显提升。

此外，在物联网公共服务平台建设方面，推动了农业物联网公共服务平台逐步完善和标准化，为农业物联网技术应用、集成创新、仿真测试、主体服务提供了良好的硬件设施和软件环境。

二、经营网络化加速了农产品电子商务发展

农业是典型的传统行业，具有地域性强、季节性强、产品标准化程度低、生产者分散且素质较低等特点，具有较大的自然风险和市场风险。电子商务是通过电子数据传输技术开展的商务活动，能够消除传统商务活动中信息传递与交流的时空障碍。农业电子商务把线下交易流程完全搬到网上，将有效推动农业产业化的步伐，促进农村经济发展，最终实现传统农业交易方式的转变。

农业电子商务目前已经成为我国电子商务领域发展最为迅速的产业形态之一，农业电子商务的发展正在加速促进我国农业产业化的发展。农业电子商务异军突起，农产品电子商务保持高速增长，电商平台不断增加，农产品电商模式呈现多样化发展，正在形成跨区域电商平台与本地电商平台共同发展、东中西部竞相迸发、农产品进城与工业品下乡双向流通的发展格局。

农产品质量安全追溯体系初步构建，有效支撑了农产品电子商务健康、快速发展。在技术层面，二维码技术作为农产品"身份证"开始投入应用，移动终端的扫码引擎结合移动互联网、Wi-Fi 应用环境，配合平台数据库、云计算等形成数字防伪系统，让农产品质量安全信息追溯有了技术保证。在主客体层面，追溯体系开始用于质量安全管理、产销管理、渠道推广和品牌经营，基地直供、基地加工、基地营销式企业追溯体系覆盖的农产品正在逐步增加。在标准制定层面，标准以及多项行业标准的制定与出台落实，为规范追溯体系建设创造了基础性的条件。在监管服务层面，除了建立群众举报、投诉渠道外，政府主管部门还专门搭建并向用户开放了"12312"产品追溯管理服务平台，成立了专业的信息公共服务平台，以及农业追溯公共服务平台等。农产品追溯体系建设不断完善，最终实现农副产品从农田到餐桌的全过程可追溯，保障"舌尖上的安全"。

此外，农业生产资料、休闲农业及民宿旅游电子商务平台和模式不断涌现，丰富了我国电商发展的模式和理论；农产品网上期货交易稳步发展，批发市场电子交易逐步推广，促进了大宗商品交易市场电子商务发展；新型农业经营主体信息化应用的广度和深度不断拓展，大大提升了我国农业产业化经营水平。

三、信息化管理、服务和基础支撑能力不断加强

农业大数据作为农业管理的重要工具，在我国农业现代化建设中发挥着重要功能，具有巨大潜力，正在成为支撑和服务我国农业现代化发展的又一类重要基础性资源。

农业管理信息化不断深化，初步实现了农业管理过程的规范化、自动化和智能化。一是金农工程建设成效显著，建成运行大量的行业应用系统、国家农业"互联网＋"时代的农业选择数据中心及多个省级农业数据中心、延伸到部分地市县的视频会议系统等。信息系统已覆盖农业行业统计监测、监管评估、信息管理、预警防控、指挥调度、行政执法、行政办公等七类重要业务。部省之间、行业之间业务协同能力明显增强。二是农业农村部行政审批事项全部实现网上办理，信息化对种子、农药、兽药等农资市场监管能力的支撑作用日益强化。三是建成了中国渔政管理指挥系统和海洋渔船安全通信保障系统，有效促进了渔船管理流程的规范化和"船、港、人"管理的精准化。四是农业数据采集、分析、发布、服务的在线化水平不断提升，市场监测预警的及时性、准确性明显提高，创立中国农业展望制度并持续发布相关发展报告，影响力不断增强。

农业服务信息化全面提升，加速了农业信息服务体系、平台和机构的不断完善。首先，"三农"信息服务的组织体系和工作体系不断完善，初步形成政府统筹、部门协作、社会参与的多元化、市场化推进格局，实现了由单一生产向综合全面、由泛化复杂向精准便捷、由固定网络向移动互联的转变。其次，12316"三农"综合信息服务中央平台投入运行，形成了部省协同服务网络，服务范围覆盖到全国。最后，启动实施信息进村入户试点，试点范围覆盖全国，实施信息进村入户工作，整省推进，公益服务、便民服务、电子商务和培训体验已经进到村、落到户，信息惠农的广度和深度不断拓展。

农业基础支撑能力明显增强，持续支撑我国农业农村信息化建设。一是部省地市县五级贯通的农业网站群基本建成，行政村通宽带比例达到

95%。二是农业信息化科研体系初步形成，建成农业农村部农业信息技术综合性重点实验室、专业性重点实验室和科学观测实验站，大批科研院所、高等院校、IT 企业相继建立了涉农信息技术研发机构，研发推出了一批核心关键技术产品，科技创新能力明显增强。三是农业监测预警团队和信息员队伍初具规模，以政府引导、市场主体的市场化、可持续运营机制初步建立。农业信息化标准体系建设有序推进，启动了一批国家、行业标准制修订项目，初步构建了农业信息化评价指标体系。

第四节　互联网现代农业面临的机遇与选择

创新、跨界、融合、开放、共享的互联网思维成为当今时代的共识，深化互联网思维，推进线上、线下融合的"互联网+"发展思维模式，标志着互联网的发展进入了一个新的历史阶段。以"互联网+"驱动，打造信息支撑、管理协同、产出高效、产品安全、资源节约、环境友好的现代农业，已经成为 21 世纪以来各国发展现代化农业的重要选择和发展趋势。随着"四化同步"、网络强国战略的深入实施，信息化与农业现代化加快融合，为我国农业的生产、经营、管理和服务带来了重大历史性机遇和选择。

一、"互联网+"现代农业面临的新机遇

"互联网+"现代农业正在转变农业发展方式，为我国农业发展带来新的活力。信息化与现代化农业生产加速融合，正在深刻改变着我国农业的生产方式，扭转我国不适应持续性农业增产的方式，正在成为打造资源节约型、环境友好型现代农业的典范。

互联网与农业加速融合，改变了农业以往依靠高投入高产出的增产方式，帮助农业发展提速增效。中国传统农业生产过程主要依靠投入更多的人力和生产资料来获得产量的增加，这不仅导致了大量资源的浪费，同时也引起了严重的生态环境问题。随着互联网的普及，农民开始借助信息化手段，来指导农业生产实践，减少生产盲目性，实现粗放型农业向精准型农业转变，开启了打破传统农业弊端的新农业生产模式。精准农业包含精细种植、精细养殖和精细加工等方面，与传统农业相比最大特点就是借助信息技术手段进行精耕细作，获取农业产出的最佳效益。精准农业最重要的价值就在于能够

为农业生产提供精确、动态、科学的全方位信息服务，实现农业的科学化与标准化，从而提高农业生产效率和农产品品质。

"互联网+"现代农业正在重构农业产业结构，为我国农业经营管理带来了新动力。一是信息化与电商平台加速融合，通过精准产销对接，实现农业与二、三产业融合发展。基于电商平台，依托农业大数据服务大宗农产品采购商，结合农村金融和产业保险服务，实现农业生产者、产品采购商和乡村合作社的合作共赢。二是信息化与农业产业链加速融合，通过优化资源配置，破解农业供给侧结构性改革难题。当前我国农业生产效益低下、农产品质量安全问题不容忽视，农业竞争力不强，价格方面的优势欠缺。"互联网+"与现代农业融合应更加注重提高农业质量、效益和产品品质竞争力，通过加快建立农产品溯源体系和保障体系，优化资源要素的配置，实现质量提高，效率增高，土地产出率和劳动生产率升高。三是信息化与农产品流通加速融合，通过提升农产品流通效率，促进经济增长方式转变。造成农产品流通中的效率和损耗问题的原因很多，包括信息流通受阻、中间步骤烦琐、传统操作模式的落后、农产品本身不易储存的特点等，"农鲜生"基于平台模式，简化流通中的烦琐过程，达到信息的有效沟通和管理，从而解决效率和损耗问题。

"互联网+"现代农业正在转变传统政务管理方式，为全面提升我国农业政务管理服务水平提供了新途径。网络环境下电子政务的推行，使政府部门的管理观念发生变化，政府职能从管理型转向管理服务型。首先，在管理方式和服务方面，电子政务打破传统的政府办公管理方式，其工作机制、工作方法、工作思路都有很大程度的改变。其次，在管理效能方面，经过电子政务改造后的政府，将全面提升行政人员的管理能力，提高行政运行效率，简化行政运行程序，从而降低行政运作的成本。电子政务改变了现有环境下政府的角色，以更有效的行政流程，为公众提供高效服务，加速政府与民众的沟通。最后，在管理决策方面，网络环境下的数据库建设和计算机决策支持系统，将全面提高政府决策水平。服务型政府的理念借助网络手段在现实世界中得以贯彻，政府在公共管理中服务者的角色最终得到强化。

"互联网+"现代农业正在改善农业信息服务体系建设，为提升我国农业信息服务水平提供了新范式。一是通过推进信息进村入户试点工作，加快完善农业信息服务体系。农业农村部开展了信息进村入户工作，以建设村级信息服务站益农信息社为重点，为农民提供信息服务，促进现代农业发展和农民增收致富。二是通过"12316"热线电话和手机 App 联系农业专家，进一步缩短农民和专家之间的距离，让农民有问题可以第一时间找到身边的专家，及时获得技术服务，解决农业生产经营等方面的难题。三是通过在全国范围内开展农民手机应用技能培训，力争在短时间内大幅提升农民查询信息的能力、网络营销的能力、获取服务的能力和便捷生活的能力，打通农业农村信息服务"最后一公里"，最终实现农业农村信息化"弯道超车"，城乡协同发展。

二、"互联网 +"现代农业的选择

随着我国资源环境瓶颈约束愈发显著，劳动密集型、资源高投入型、环境高排放型的小农经济与我国现代化农业经济的发展方向越来越不适应，我国农业产业结构迫切需要转型和升级。未来，随着我国城镇化的快速推进，农村剩余劳动力不断向城市转移，社会主义新农村建设、现代化农业发展以及新型农民培育，迫切需要加大改革创新力度。目前，我国经济发展进入新常态，新常态要有新动力，互联网在这方面可以大有作为。以互联网为媒介的信息化与现代农业的不断融合正在成为我国高效和持续发展现代化农业的重要选择。

第一，信息不对称是造成城乡差距的一个重要原因，通过"互联网 +"思维整合各种农业资源信息，成为打破城乡信息不对称的重要抓手。

我国农业生产经营过程中，由于市场信息不对称，农民很难根据市场需求及时调整种植结构与产品产量，生产决策带有较大的盲目性，容易造成低水平重复或压价竞争，使农产品供给短缺或过剩现象交替出现。我国大蒜、绿豆等农产品市场价格"过山车"的现象在一定程度上也是由于市场信息不对称导致的。近年来，随着我国农业监测预警体系建设的不断深入，农业信息发布制度建设不断完善，农业市场信息不对称的局面正在逐年改善。由于科技信息不对称，农业技术成果与技术项目在农村推广迟缓，虚假信息、假化肥、假农药坑害农民，严重影响农产品品质和销路。由于政策信息不对称，农民难以了解现阶段党和政府支持农业发展的各种惠农政策、措施等信息，降低了农民农业生产的积极性。目前，政府通过推进信息进村入户，建设农业大数据仓库，依托网络平台，农民开始方便地获得"三农"政策、农业技术、农资产品、农产品市场、城市用工等各种信息，并可以进行双向交流。农村互联网的普及打破了长期以来农村信息闭塞、城乡信息不对称的局面，"互联网＋"与现代农业的深入融合正在成为缩小城乡"数字鸿沟"的重要选择。

第二，资源配置错位是阻碍现代农业持续发展的主要因素，通过"互联网＋"思维整合各种农业资源信息，合理配置各种农业资源，正在成为破解农村资源配置问题的利器。

在农业资源配置过程中，无论自然资源、优质农产品资源还是青壮年劳动力资源，城乡之间资源的流动均以农村向城市的单向流动为主，而互联网在农村的发展和普及正在改变这一态势。首先，电子商务的发展极大地拓展了农村创新创业的空间，正在吸引大量人才回归农村。以新农民群体为重要特征的创业大军，依靠互联网、电商平台，在我国农村创新创业中扮演着越来越重要的角色。其次，互联网金融正在扭转金融资源从农村流失的局面。一大批互联网金融企业在城市募集闲余资金，以农村、农业作为主要对象发放贷款。这些互联网金融企业形成了与传统金融相反的金融资源流动方向，推动资金从城市流向农村、从东部发达地区流向中西部农村地区，农民的支付结算、资金获得都比过去方便、快捷很多。最后，利用互联网营销发展乡村旅游正在成为积极开发农业多种功能的重要体现。利用互联网营销的农村旅游等服务项目，正在吸引大量居民从去城市、国外旅游转向去农村旅游。一些村庄致力于发展旅游产业，不仅发展了经济、改善了生活，而且通过农村建设带来农村环境的极大改善。

第三，文化水平素质偏低是阻碍新农村建设的重要因素。通过"互联网＋"思维以文字、音频和视频等形式向农民推送知识，增加了农民获取知识的渠道，提高了农民实时获取知识的能力，广大农民文化素质水平正在不断提高。首先，通过网络在线教育、在线课堂等为农村居民提供了与城市居民同等的学习机会，农民通过在互联网上学习农业知识，解决农业生产过程中遇到的各种疑难问题，破解了一系列农业增效、农民增收过程中的难题。其次，通过互联网，农民可以和城市居民同时观看网络新闻、在线电影、电视剧等，各种在线书城可以在较短时间通过物流将教材等书籍送到农民手中，农村居民的精神文化需求得到了更好满足。最后，通过手机上网，农民可以实时了解农情、气象等信息，合理安排农事操作。农业农村部正在通过对农民开展手机应用技能和信息化能力培训，提升农民利用现代信息技术，特别是运用手机上网发展生产、便利生活和增收致富的能力。

抢占农业现代化的制高点，将信息化与现代农业的深度融合作为驱动农业"跨越发展"、助力农民"弯道超车"、缩小城乡"数字鸿沟"的新动能，已经成为农业农村工作者的共识。在部署农业供给侧结构性改革的工作中，农业农村部部长韩长赋强调，要以发展电子商务为重点提高农产品流通效率，把发展农产品电子商务作为推动农业市场化、倒逼标准化、促进规模化、提升组织化、引领品牌化的重要举措，抓好市场信息服务、试点示范和信息进村入户，利用互联网等现代信息技术推动农业转型升级，实现"互联网+"现代农业。

第三章 互联网时代农业的产业链和创新模式

第一节 互联网时代农业的全景

一、"互联网 + 农业"

（一）"互联网 +"综述

"互联网 +"其实就是构建互联网化组织，创造性地使用互联网工具，以推动企业和产业更有效率的商务活动。那么，"互联网 +"到底如何"+"？其核心在哪里？身处其中的企业又会有什么新的商业机会？存在哪些风险或挑战？

我们可以将这些问题归为两大类。

其一，"互联网 +"整体演进过程中，究竟如何"+"？

其二，身处"互联网 +"时代的每一家企业，如何正确"+"？

前"互联网 +"时代，分为两个阶段，一个是 IT 信息化阶段，主要是企业经营管理信息化的全面应用。这段时间兴起了非常多的技术公司和实施咨询公司；大量的传统企业开始应用 ERP/CRM/SCM 等来实现企业内部运营管理的流程化、数据化与管控强化。另一个是纯互联网时代，包括大量互联网游戏、互联网营销以及电子商务公司涌现，这个阶段与传统企业更多是业务上的交集而不会影响到传统企业本身的商业模式，更别说对整个产业产生改变。

之后进入"互联网 +"时代，从演变来看，可以分成三个时代。

1. "互联网 + 企业"时代

"互联网 + 企业"也就是传统企业的互联网化，主要以消费品企业电子商务、互联网化作为前沿阵地，在实践中企业要有互联网化的战略，并需要对企业内部价值链（各部门）进行互联网化再造，同时互联网化也在不断地延展和丰富。在此阶段，从顶层的商业模式的创新，到基础保障层面的组织变革，再到核心业务层面的产品、客户、渠道，以及资本运作层面，都将因为"互联网+"而发生根本性的变化。

2."互联网+产业"时代

"互联网+产业"也就是产业的互联网化，既是消费品批发分销，更是各领域工业品、生产资料的互联网化，其本质是对整个产业上下游的互联网化改造。而规模将是"互联网+企业"的十倍左右。而对不同产业的互联网化，都存在诸多可能。这里主要有三种典型应用：一是流通4.0。其本质是通过互联网把供应商、制造商、消费者紧密联系在一起，实现增收（上游拓展渠道）、节支（下游降低采购成本）、提效（提高整个产业链协同运作效率），在为上下游客户创造价值中实现自身的价值。二是金融4.0。在金融脱媒的大背景下，又能够规避P2P的风险，借助流通4.0中的交易平台提供高效的在线供应链金融。三是工业4.0。是高度灵活的个性化和数字化的智能制造模式。

3."互联网+智慧"时代

"互联网+"的未来，从IT、互联网，到企业、产业，所有的事物和经营活动都数字化并融会贯通，基于大数据、云计算等应用，我们将进入智慧的互联，即人工智能的伟大时代。

（二）企业"互联网+"

企业层面"互联网+"首先需要了解四大趋势、三大战役和六大价值。

四大趋势引领方向：企业所处的位置及未来的方向。

三大战役明确目标：结合所处行业特性及企业资源能力定义目标。

六大价值指导执行：自上而下落实推进，确保成果及风险可控。

1.四大趋势引领方向

四大趋势，也就是企业"互联网+"的方向所在。

企业只有充分了解趋势，并根据自身优劣势做出清醒的判断，知道风往哪个方向吹、风口在哪里，把握方向，才不会轻易被淘汰。

已经或者正在发生的"互联网+"四大趋势：从互联网走向移动互联网，以及今后的车联网、物联网。从有形的商品互联网化走向无形的服务互联网化，比如互联网金融、交通、旅游、生活服务。以上两点也催生了一个巨大的O2O市场。从城市互联网化走向农村互联网化，以消费品电子商务为例，农村的渗透率较低，这意味着下一步巨大的增长空间，这也是各大电商平台大张旗鼓地进军农村市场的原因。从消费互联网化走向产业互联网化，从而拉开了第二个阶段"互联网＋产业"帷幕。

2. 三大战役明确目标

在对趋势有过充分认知之后，企业需要明确利用互联网做什么。

从最开始大部分传统企业将互联网当成品牌宣传和推广的一个渠道；初次试水电子商务时也大多将其当成清理库存的渠道；紧接着微博、微信等兴起，也就当其是另一种客户沟通方式。总体而言，由于面向"互联网＋"缺乏总体的战略布局，大多数企业的"互联网＋"零散而效率低。

在大家积极尝试、前进以及有所收获和成功的同时，也看到企业面临着越来越多的困惑和挑战。比如：企业上电商平台开店越来越难。怎么办？企业上电商平台开店就实现了企业电子商务吗？企业电子商务就是企业互联网化的全部吗？"互联网＋企业"，到底可以"＋"出什么？

企业的出路主要体现为三大战役：卖货、聚粉、建平台。

卖货战役：就是更多地通过互联网来衍生销售渠道，来更好地消化产能。

聚粉战役：就是通过微信、微博等一些新的互联网或移动互联网的工具来汇聚更大范围内的忠实用户，通过忠实用户的意见反馈，定制适销对路的产品。

平台战役：就是创造性地用互联网工具，来创新行业价值链，帮助企业构建面向未来的创新能力。

首先来看卖货战役——网络渠道起销量，指消费品企业在B2C平台开店做电商业务。在这过程中涌现出来非常多的成功案例，但是，以消费品牌商上平台卖货为例，同样会有瓶颈的存在，主要在四个方面有所体现：线上线下冲突；线上规模瓶颈（一般只能做到线下规模的10%～30%）；牺牲线上甚至线下利润；线上店铺没有主动权。

同时，线上卖货竞争越来越激烈，后来者更加压力重重。

面对众多瓶颈及重重困难，企业应该探寻出路，其中一个出路就是"聚粉"。聚粉——极致产品聚粉丝，用超出想象的产品（或服务）体验，并让用户（粉丝）参与进来共同迭代产品（或服务），形成粉丝对产品（或服务）的喜爱，进而让粉丝给你"打工"，主动为你宣传，小众带动大众，最终赢得市场。此外，聚粉这一方式不只适用于消费品企业，一个工业品的 B2B 交易平台，怎么做聚粉呢？其采用了两个方法。

第一，打造基于微信公众服务号的"芯云"，把原来线下客户各个角色（采购员、技术、老板等）通过科通销售随时了解订单和物流信息、新产品新解决方案等服务，搬到了微信上，广受用户欢迎——就是极致服务的力量。

第二，在硬件创新的背景下，为满足中小企业需要创新技术人才、方案的需求，打造"硬蛋——硬件创新供应链资源链接平台"，通过线下创新大赛等活动，打造粉丝圈。单纯模仿是行不通的，必须走差异化路线。通俗地讲，就是"找到大平台的软肋，做大平台做不到（没做好）的业务"。基于这个思路，传统企业建平台存在四大突围方向：其一，垂直行业强供应链模式，例如淘宝软肋是不拿货，所以无法保证真正的"正品低价"。其二，服务模式，大平台普遍软肋是强于交易而弱在交往。其三，区域电商平台模式，大平台的软肋是到了三四线城市有四个做不到（粗重商品、同城速配、生活服务、公共服务）。其四，B2B 模式，大平台软肋是强于零售端与供应链产业端相对比而言，实际效果较为一般。要说明的是 B2B 模式不仅适用于工业品，也同样适用于消费品；通过 B2B 把多个渠道环节扁平化，直接供货给线下零售终端，提高供应商销售收入，降低采购成本，提高供应链效率。总的来说，传统企业互联网化要有全面考虑和布局，总体规划，分步实施——卖货、聚粉、建平台。

3. 六大价值指导执行

明确了方向，清楚了具体目标与工作重点，企业的"互联网+"也仅仅是刚刚开始。新旧思维发生碰撞时，很容易让步于既有的体量或成功的历史，而不接受有风险的未来方向，哪怕是曾经的商业顶层诺基亚品牌也会出现这种情况，最终导致为此付出生存的代价。

"互联网+"实施推进的保障，是最基础也是最关键的要素之一。

企业"互联网+"的成功实现需要企业六项内部价值链的再造，分别是：以商业模式创新为终极目标；线上+线下的全销售渠道；打造极致产品和服务；以粉丝经营为核心的整合营销；组织变革植入互联网基因和文化；资本运作加速企业互联网化。

这六大价值事实上也是"互联网＋企业"环境下，企业需要主动寻求的互联网化创新应用六大环节。

（1）商业模式创新

商业模式的演变与特定时期的商业环境息息相关。互联网商业模式就是指以互联网为媒介，整合传统商业类型，连接各种商业渠道，具有高创新、高价值、高盈利、高风险的全新商业运作和组织构架模式，包括传统的移动互联网商业模式和新型互联网商业模式。所以商业模式的创新至关重要。商业模式的设计主要考虑以下三点。第一，目标市场的容量有多大，市场总的容量决定了商业模式是否有可能成功。如果是一个很细分的市场，它可能就不是一个好的商业模式。这个测算可以采用简单的办法来做：有多少人群或者公司有着相似的需求？他们为此付费的意愿和预算是多少？第二，我们在这个行业里面是否有足够的优势来设立门槛。没有门槛的话这个商业模式是不能成立的，一个优秀的商业模式必须能在较长一段时间内让企业保持竞争优势。第三，这个需求是否是潜在用户的真实需求。必须确定潜在用户的真实需求，而不是"我以为"，这也是非常多热爱产品，但是关注用户的初创型企业的弊端和失败原因所在。

同时，商业模式需要包含以下三部分内容。第一，要体现客户的价值。即商业模式中产品或服务的价值是满足目标客户的哪种指定需求？其核心痛点在哪里？又是如何满足的？第二，要有一定的盈利模式。即三个要素的考虑：收益、投入和增长性。收益点在哪里？获取客户的成本会有多高？多大投入或什么时间节点上可以获取到收益？其收益与成本的增长曲线分别如何？是否能产生足够强的用户黏性以获取长期增值收益？第三，企业本身的资源。是充分利用企业自身的优势资源和能力还是填补企业的某些短板？有哪些是可以让用户为你工作而不影响体验的？

目前，国内互联网商业模式创新主要有两种方式：其一，模仿式创新。这种商业模式一般很容易受到资本的追捧，但由于在体制、文化、需求、技术等方面存在较大的差异，并不是所有的模仿者都能获得生存与发展。其二，小而美式创新。在一个相对垂直细分的市场抓住了用户痛点进行商业模式的设计。虽然由于小而吸引不到较大的融资，但也因为小而在初期避开了行业大佬的关注，从而获得了发展时间窗口。

（2）线上线下全面融合的全渠道销售体系

对于大多数传统企业而言，网上销售依然会是接受度最高的互联网化形式之一。构建线上线下全面融合的全渠道销售体系也越来越成为企业的共识。这个"线上线下全面融合"和"全渠道销售"分别指的是：线上横向全渠道，自己卖 + 别人卖 + 带动线下卖。即构建包括线上自营店、授权线上分销渠道、线上给线下引流路径等"1+N+n"的多渠道销售体系，对于线上分销体系的管控与业绩推进是其重点工作；线上线下立体全渠道，"线上 + 线下 +O2O"。即构建包括互联网、移动互联网、实体店等在内的协同销售。同时线上线下之间的区隔与融合是核心工作之一。

线上横向全渠道，重点在于除了自己卖，还可以让别人帮自己卖，还可以带动线下卖，从而逐步进入线上线下立体全渠道阶段。

网上自己卖阶段。如今拥有开放平台的综合性电商平台和垂直型电商平台均不少，这跟无数传统百货商场和超市类似。作为品牌商，在这些平台上开店，一方面可以增加品牌曝光度，完成渠道终端铺货率；另一方面也确确实实会带来更多的销售规模。不过多平台旗舰店的开设和管理是一个较大的工程，因此可以选择最重要的一个平台的旗舰店由品牌商直营，而其他平台的旗舰店可以交给代运营商去直营，企业加强对代运营商的管控即可。

网上别人卖阶段。这时候主要有两种形式：一种是直接供货给一些自采型的电商平台。对于产品较好但对于该平台运营环境不是很熟悉时，不妨采用先供货给其自营平台，待产品被该平台用户认可后再申请在开放平台开旗舰店的方式，这样相当于该平台在帮企业进行"暖场"。另一种形式则是供货给一些网络零售商，比如天猫的一些大专营店、淘宝的一个金冠卖家等。这样需要做的就是做好分销商的筛选、谈判、管控和激励等相关运营推进工作，然后就可以充分利用其平台地位、用户规模及优质免费流量等资源了。

带动线下卖阶段。同样也有两种形式：其一是鼓励线下经销商上网开店分销，一方面巩固与线下经销商的合作关系，另一方面推动其互联网化，有助于其更好地接受与品牌商在互联网环境下合作形式等方面的改变；其二是线上引流到线下成交，这更适合一些网购适配度相对不那么高的品类，也适合已经开始构建线上线下立体全渠道的企业。

客户流失的现象都会不断传染和扩散，为企业和企业品牌带来难以估计的长期损失，即使线下加强管理控制、线上进行手段补充，对于多数的流失情况仍然束手无策。而移动互联网的大趋势下，消费者已经由 PC 电商时代的线下线上一分为二，变为边界十分模糊的融合状态，而用户身份的识别和统一，则成为企业提升整体服务和营销水平、中和流失黑洞的关键点。因此，无论企业在线上或是线下有多强，只有打通 O2O 体系才能适应环境和用户的变化以及未来的发展。

全渠道销售对于企业的升级，本质在于：聚人气、促转化、能留存、快迭代。全渠道规划：根据所处的行业和业务特征，判断实施 O2O 的可行性和必要性，设计适配的 O2O 模式，设定 O2O 目标和计划，设计未来的演进路径。

全渠道打造包含线上生态构建、线下生态优化和线上线下打通。

线上生态构建：互联网平台生态体系内部的引流、用户互动、支付各端的应用触点整合；跨平台多个生态体系之间的应用触点整合。

线下生态优化：有效货源的控制能力分析和改造整合，线下调货配货能力分析和提升，原有进销存管理体系的梳理和系统对接等。

线上线下打通：支付、用户、库存、渠道、价格等数据的打通，以及数据挖掘分析。

全渠道运营：活动的策划和具体落地实施，并根据活动留存的用户数据，进行分析并指导后续的运营和产品迭代。

（3）集合资源与能力打造极致产品与服务

互联网环境下，营销往往被大书特书，相对而言，产品则被放到了靠后的位置，直到产品认知处于全新的地位，被放到了一个更高的地位上：极致产品，产品就是口碑，产品就是品牌。

通过抓住用户痛点并进一步升华为创造追求，成功打造极致产品从而成为行业颠覆者，实现品牌、销量双丰收。

遵循极致产品打造四大法则并做好四项工作。更关注：尤其是在初期，尽可能做减法。强体验：可衡量的超出用户想象的体验。重口碑：有趣具有表达的内容，让粉丝来宣传产品表达自己。快迭代：小步快跑，允许犯错，不断迭代。

极致产品打造有三项核心工作。明方向：深入诊断分析，准确抓住用户痛点并提炼产品核心价值。定产品：完成极致体验产品定位，打造超出用户期望的好产品。产品价值挖掘：用户痛点挖掘及对应产品价值提炼。核心价值关注：选择关注最核心价值并细化。核心价值描绘包装：目标客户群及最核心价值体现。用户体验设计：用户体验设计及普适认同。衡量标准定义：提供可评估感性及理性衡量标准。极致体验呈现：确保用户感知可达及相应价值增值。

运营：选择最适合企业的方式，推进极致产品运营实施。传播要点规划：选择并优化价值传播关键点。营销策略规划：确定总体营销策略、方式。营销策划建议：提供初期营销策划建议方案。产品迭代原则建议：设定基本产品迭代关键原则。产品迭代方式建议：明确产品迭代具体方式及要素。产品迭代节奏建议：设计迭代周期方式及具体节奏建议。

（4）以粉丝经营为核心的用户经营

这确实是过去两三年不少传统企业的感受：看不懂了。为什么有些公司有些产品的用户会如同粉丝一般狂热；而以往屡试不爽的渠道为王，似乎突然间失效了。在移动互联网的环境下，企业都被逼着直接面向最终消费者，而企业还没有建立起用户经营的基础。对客户的理解还停留在交易额、频率、积分这些孤立的层面，对用户的互动行为、品牌忠诚行为、社交行为、选择行为还是一无所知。

更可怕的是，传统的用户经营还没做好，已经迎来了粉丝经济的降维攻击，新型的企业经营方式正在颠覆着传统行业！

用户运营对于企业的升级本质在于：从以渠道为支点、以营销为支点，到以粉丝运营为核心的业务模式转变。

用户识别：用户运营的前提，是企业必须知道客户是谁，在哪里，做了什么。

界——定义用户：亿万用户活跃在各种平台上，哪些才是企业需要的用户？

限——寻找用户：如何精确地触达企业的目标用户？

击——接触用户：怎么建立与用户互动的通道？

穿——认识用户：多个平台的用户身份如何统一？

用户分层：企业的用户经营有三大层次，企业必须了解自己的用户处于哪个阶段，以及可以达到何种目标。

甄别用户：用户运营有三大层次，对应不同的价值模型，分别是用户级（萍水相逢，以交易行为为主）；会员级（呼朋唤友，以互动行为为主）；粉丝级（生死之交，以分享"布道"为主），每个层次还有相应的细分属性和独立进化通道，需要甄别。

适配路径：根据企业的资源、经营现状、行业水平、产品服务形态等方面的因素，决定企业的用户运营适合何种层级和用户运营的路径。

用户运营：用户运营架设了一个小世界，用户运营三大层次的升级实现就是一个世界进化的过程，涵盖四大基本要素，分别有相应的运营动作组合和技巧。

创世——信息运营：给予属性，界定用户运营世界观里的角色和分工，运营世界诞生。

土壤——规则运营：规则保证了用户、企业、渠道之间能产生什么样的化学反应，这是生命存在的基础环境。

生命——活动运营：以核心活动为主导，常规活动和热点活动为辅，类型不同，侧重有别，丰富生命活动。

进化——体验运营：流程、感受、认知，触发用户这个主要生命体的进化，最终成为粉丝。

用户分析：围绕着用户运营过程中产生的动态数据和信息，不断调整运营动作，甚至能够帮助业务策略的制定。

用户信息：用户属性的变化，会反映出群体的特征。

交易信息：用户在各个平台产生的交易数据，指向消费的趋势和偏好。

互动信息：用户在企业有意识的运营过程中产生交互和反馈，有助于了解深层次的驱动因素。

网络信息：用户在运营的循环里产生的能量，向外部传播和分享的网络，指导企业寻找拓展边界。

（5）组织变革植入互联网基因与文化

组织本质上是企业资源配置的一种方式，也是企业发展战略的有效载体。当传统企业的组织结构不再适用于电商业务的发展，企业在电商组织变革中会面临诸多挑战，主要表现为：如何打造战略实现所需要的组织互联网能力？如何建设具有互联网基因的组织结构？如何设计互联网机制下的考核激励机制？如何将互联网思维植入企业文化？

一个不断创新、与时俱进的团队是上述一切变化的基础。无论是开拓渠道、开展营销，还是创新产品或服务，甚至是创新商业模式，最终在资本市场上有所体现，都必须通过组织团队执行来体现。放到日常工作中，其实就是企业各部门以终为始，以满足客户需求为己任，调动整个团队的力量满足客户需求，体现出互联网组织的快速响应力。如海尔通过"人单合一"发挥出小班组员工的积极性，以一线员工为中心，满足市场需求为团队整体目标，倒逼后端满足前端需求。"互联网＋组织变革"主要考虑以下方面。

第一，建立起快速反应、行之有效的扁平化架构。根据市场需求建立起清晰有效的组织架构；选拔出经验丰富、权责清晰的领导层；根据市场及用户反馈及实际需求不断优化组织结构。

第二，进行科学有效、快速决策的数据化流程管理。针对公司内外部流程进行数据化管理，定期收集业务数据；快速整理公司数据，并依据数据管理随时优化商业决策；依据上一年数据，为下一年公司战略提供决策支持。

第三，推行以终为始科学合理的绩效考核体系。以终为始设定好各岗位主要职责；设置以满足市场需求为第一目标的绩效考核体系；根据市场及用户需求变化而不断优化内外部服务体系。

第四，树立自我实现、快乐成长的互联网公司文化。形成快乐互助的互联网氛围，让每个人都能通过定期分享获得成长；让员工学会自我实现，通过项目锻炼及读书学习不断提升自己的价值。

（6）资本运作将加速企业互联网化

企业互联网创新，除了在自身业务层面利益驱动，资本市场也非常认可。不少公司因为渠道、营销、产品、服务、商业模式的创新在资本市场受到追捧；也有不少业务萎缩的传统企业因为开展新业务而获得新生。

在企业互联网创新的过程中，经常需要吸收一些跨界资源，甚至整合上下游资源，形成合力，或者跟随最新的创新技术等。"互联网＋资本运作"中相对稳健的方式主要有并购和独立融资上市两种。

通过并购快速构建自身互联网体系。

主动并购本企业上下游关键环节核心企业，以实现企业对整个产业链的把控能力，稳固企业市场地位。

当新创企业在本企业所处价值链上构成一定威胁时，通过并购或注资将威胁转化为自身能力。

将部分业务以互联网化形式独立运作，吸引融资乃至上市。

将并非最核心部分的业务剥离开来，采用互联网人才，大胆创新模式及运用新技术，在运营上相对独立。

当进入新市场或开发新产品时，为了减少对母公司的风险，也会更倾向于独立运作，大多数传统企业的电商业务即是如此。

稳健的做法也意味着不够主动和积极，很容易错失关键时间窗口。因此，越来越多传统企业一边内部革新，一边通过资本运作来加快业务拓展步伐。

（三）产业"互联网+"

"互联网+产业"阶段，既包括消费品批发分销，更是各领域工业品、生产资料的互联网化，其本质是对整个产业上下游的互联网化改造，而规模将十倍于"互联网+企业"，大致包含以下三个过程。①流通4.0：其中的一个典型模式是F2R，从工厂（Factory）到线下零售终端（Retailer），把多个渠道环节扁平化，直接供货给线下零售终端，提高供应商销售收入，降低线下零售终端的采购成本，提高整个供应链和物流流通效率。②金融4.0：主要指在线供应链金融服务，既包括在线平台直接接入银行授信，也包括基于在线供应链的P2P金融服务。③工业4.0：工业4.0智能制造至少包括两个特征，一是数字化，全程所有业务都数字化、互联化，我们可称之为物联网，从而实现最大可能的资源配置优化；二是个性化，实际上是数字化基础上的一个特征，根据用户的个性化需求进行柔性生产，即大家都在提的C2B。

这三个4.0的统一定义都起源于工业4.0。为方便归类都起了4.0提法，在实践推进中，工业4.0想象空间最大但也相对"遥远"，金融4.0依赖于流通4.0和工业4.0，流通4.0已经在各行业中如火如荼进行着。

1.流通4.0

基于"互联网+"的流通4.0显然是一个典型的电子商务平台。F2R：Factory是指工厂、厂家，Retailer是指线下的零售商。所以F2R模式就是构建一个平台，把厂家的商品直接供货给线下零售商。所以F2R是B2B的一种，但是更垂直，而且流通的商品不仅包括工业品，也可以是消费品。

2. 金融 4.0

金融 4.0 以对供应链金融的认知为基础。供应链金融的解释为：银行围绕核心企业，管理上下游中小企业的资金流和物流，并把单个企业的不可控风险转变为供应链企业整体的可控风险，通过立体获取各类信息，将风险控制在最低的金融服务。所以说，供应链金融是一个系统化概念，是面向供应链所有成员企业的一种系统性融资安排，一般可以形象地描述为"1+N"。

有了在线交易平台（无论是 B2B 还是 B2C），就有了在线供应链金融。特别是 B2B 由于涉及资金大、主要面向企业，所以更是在线供应链金融的热点所在。

在线供应链金融与传统的供应链金融相比，具有两个特点。

第一，在线供应链金融虽然源于传统的线下供应链金融，但却不是简单的供应链金融的线上版，而是随着互联网技术和大数据应用的日趋成熟诞生出来的一种金融创新。

第二，线下供应链金融"1+N"中的"1"升级为在线的平台后，其主导力大大增加：在互联网、大数据技术基础上如果再引入风险管控体系和能力，理论上就可以摆脱与银行的合作，比如直接构建平台的 P2P 服务。

3. 工业 4.0

18 世纪引入机械制造设备为工业 1.0；20 世纪初的电气化为工业 2.0；20 世纪 70 年代大规模、大批量的简单化生产模式为工业 3.0。

"工业 4.0"概念指的是在制造领域，将资源、信息、物品和人相互关联的虚拟网络——实体物理系统，也称为"第四次工业革命"。"工业 4.0"描绘了一个通过人、设备与产品的实时联通与有效沟通，构建一个高度灵活的个性化和数字化的智能制造模式。

二、"互联网 + 农业"全景

农业同其他行业一样，从农业企业的信息化开始，经历着农业的企业互联网化，一些有资源、有实力的企业已经开始尝试农业产业的互联网化布局，未来的农业也必将走向"互联网 + 智慧"的新时代。

（一）"互联网 + 农业企业"

农业是看上去简单却蕴藏着巨大商机的大产业，信息沟通的瓶颈、组织能力的低水平、产业链上下游分散等问题比比皆是，并且农业的规模化和标准化程度也比较低，整个上下游供需之间的信息存在着相当程度的不对称。另外，物流水平落后、金融资源不充分、品牌意识相对薄弱、食品安全风险等问题都是农业行业正在面临的挑战。

在当前机遇与挑战并存的现状之下，众多企业已经开始行动，逐步探索农业企业互联网化新兴商业模式，如果聚焦卖货、聚粉、建平台三大战役方向之下，可以看到行业内同样会有一定的全新发展。

（二）"互联网＋农业产业"

中国农业产业的互联网化应该说仍处于刚刚起步和初步探索阶段，更多的是在企业层面进行卖货、聚粉、建平台方向上的布局。覆盖农业产业链上下游，在农产品流通、农业互联网金融、农产品生产加工方面尚未出现颠覆式的创新商业模式。即便是目前参与者众多的农产品流通，也仅停留在农产品流通的2.0、3.0模式下，尚未真正借助互联网实现全部农产品从生产企业/农户直接到零售终端或直接到达消费者手里的模式，但相信随着农产品监管政策、溯源体系、仓储物流体系等一系列制约因素的健全和完善，"互联网＋农业产业"的大潮将很快到来。

（三）"互联网＋智慧"

随着互联网技术的不断发展，出现了"大数据"这个词，大数据指的是需要新处理模式才能具有更强的决策力、洞察发现力和流程优化能力的海量、高增长率和多样化的信息资产，在各行各业寻求与互联网结合的大势下，智慧农业、农业大数据也应运而生。

众多从事农业的人对大数据一词津津乐道的同时，有多少人懂它们对农业的真正意义？中国农业网专家庄定云认为，"互联网＋"和大数据本身只是一种工具，没有特殊意义，只有准确作用在实用经济上才能显现出价值；"互联网＋"也是一种思维，意味着开放、共享的胸怀和创新、和平共赢的精神。在农业领域中，互联网与大数据的应用可以节约农产品资源、增加农产品流通率、促进农业生产力发展，有利于实现农业可持续发展。那中国的"互联网＋农业"时代，农业的哪些方面可以与大数据应用相结合，打造智慧农业，进而引领中国农业互联网化的发展呢？

1. 种业市场大数据应用

在种业市场，对购买方来说，他们面临的最大问题是买到假种子、坏种子，蒙受经济损失。对销售方来说，最大的问题是研发能力弱，新技术、好品种少，没有竞争优势。结合这样的种业现状，我们可以看到两大投资热点：一是避免种子质量风险的大数据应用；二是有助于新技术、好品种交流的大数据应用。

（1）大数据应用一：避免种子质量风险的大数据应用

假种子、坏种子很常见，但是种子市场庞大，监管有难度。有大数据应用可以有效减少种子问题风险，弥补种业市场监管难的问题。

避免种子质量风险的大数据应用在国内就有案例。第一个案例是涉及面比较广的"全国种子可追溯试点查询平台"。该平台拥有品种名称、包装式样、审定编号、适宜区域、企业资质等多种信息。一方面，农民可以通过计算机和智能手机输入相关产品追溯代码，辨别种子真伪；另一方面，种子商能收集农民对所购种子的反馈及评价，更合理地制订制种计划、调整育种方向、维护知识产权。第二个案例是中国农业网正在开发的"云种"App，该数据库对种子的发芽率、田间表现等都有详细记录，开发它的目的之一就在于让种子种植者可以有效规避种子质量风险，买到更优质的种子。

（2）大数据应用二：有助于新技术、好品种交流的大数据应用

"研发能力是种企的核心竞争力。"大数据应用可以快速帮助实现种企对于新品种、好品种的开发、研究和交流，增强种企核心竞争力，各大种企必定推崇这样的数据库应用。

国家种业科技成果产权交易平台就是一个新技术、好品种的交流平台。通过该平台不仅能知道种企所需要的品种和技术，而且也有科研机构提供的科研成果，这个平台的目的是最大化发现品种和技术的价值，不仅让种企拥有更多新技术和好品种，也让育种专家拓宽自己的研究方向。

2. 种植过程大数据应用

城镇化不断推进，我国农业人口日渐减少，人力成本增加，传统种植模式不适于农业可持续发展，这对农作物种植提出了新要求，在减少人力成本的基础上，提高农作物种植效率，适应新农业发展的需要。作用于高效率、低风险种植的大数据应用成为种植领域的投资热点。

（1）大数据应用一：大数据智能控制，实现高效种植

从土壤分析到作物种植，从水分分布、天气监测到施肥撒药等数据的智能控制，智能化农业可以有效节约人工成本，提高种植效率。

北京"农场云"智能系统通过数据进行智能化管理。该系统通过参数传感器实时监测大棚内的空气温度、湿度及土壤干燥度等并设置预警信号，把作物生长、温湿度、病虫害等视频及图片信息实时上传到农场云系统。"农场云"还专门分析了每种蔬菜每个月的市场需求量和合作社的排产供给量，以及两者相差的缺口量，这些数据通过"云农场"系统变成了合作社排产计划的缺口分析统计图，有了这个分析统计图，合作社的供给就有计划了，积压蔬菜的问题明显减少。针对病虫害问题，有一个专门的 App，当哪个棚里的作物有了病虫害，或者到了成熟期，农户都可以在 App 上拍照并注明，生产部门在电脑或手机上打开农场云看到后能及时做出判断和处理。

（2）大数据应用二：天气数据预见农作物损失

极端天气常见，对农作物影响巨大，如果能对整个天气数据进行整合处理，预见天气数据对农作物的损失程度，对农民来说，既可以提前做好预防工作，也可以做好保险工作，把损失程度降到最低。

虽然一直在加强对农业保险的政策补贴力度，但是如果有数据库应用能实现对农民面临的风险进行综合判断，这对农民的参保更有参考意义，这也能帮助农民防御极端天气灾害。

3.农产品市场大数据应用

（1）大数据应用一：对接生产和市场信息，缓解供求矛盾

近年来农产品滞销情况频现，农民卖不出，市民买不起，主要是生产和市场信息不对称导致农产品资源分布不平衡。利用生产数据和市场数据的整合，让生产信息和市场信息有效对接，平衡各地农产品供求数量，成为解决资源分布不平衡的关键。对接生产和市场信息，缓解供求矛盾的数据库成为投资热点。

将各地农产品滞销情况和各地农产品市场需求情况转化为可以利用的数据库，对滞销地区、滞销产品、滞销数量以及各地对农产品的需求量等进行准确记录，并且利用这个数据库，点对点分销，既可以及时解决滞销问题，又可以实现市场资源平衡。

（2）大数据应用二：保证农产品品质的可追溯系统

农产品市场竞争激烈，不良商家动歪心思，农产品质量无法保证。"可溯查"农产品追溯系统旨在以信息化数据追溯来改善人们的食品安全隐患，通过农场到餐桌的数据采集与收集，为人们在生鲜与蔬菜的消费过程中提供标准化的选择依据。可追溯系统有利于增加农产品附加值，增强农产品竞争力。实现最准确、最值得信任的农产品可追溯系统也成为农业投资热点。

（3）大数据应用三：大数据管理控制生鲜损耗，向损耗要利润

生鲜市场越来越火，损耗大成为生鲜市场发展的瓶颈。将生鲜损耗控制在最低，也成为生鲜企业盈利的关键。这样的背景下，大数据控制农产品损耗成为农业投资热点。

整个大农业生产围绕农民、土地、农资、农产品交易等都会产生大量的数据，可以产生土地流转数据库、土壤数据库、农资交易数据库、病虫害数据库、农产品交易数据库等，除大数据外，农业行业的物联网、云计算技术也将发挥同等重要的作用，如何更全面地将农业互联网化、智慧化，需要在不断的发展中去发现和探索。

第二节 互联网时代农业的产业链

伴随着土地经营进一步规模化，家庭农场、专业合作社等新型经营主体崛起，从国内外农业发展趋势来看，互联网与农业已开始加速融合，以提高种植效率和产品品质，并实现农产品优质优价销售。可以判定，互联网正潜移默化地改造着中国农业产业链，农业互联网的时代已然到来。

到底互联网对中国农业将会产生怎样的影响和改变，首先我们来看看当前农业的产业链，从产业链入手，来探寻产业链各环节中目前的"互联网+"现状。

一、"互联网＋农资农机"

我国农资行业流通环节繁多、交易成本较高，很大程度上制约着农业产业的整体效益。而农资电商可有效压缩中间环节成本，消除假冒伪劣生存空间，解决农资行业当前矛盾。农资行业进入电子商务领域至少比其他行业晚了 10 年，正是"互联网+"领域中大有开发价值的"蓝海"。"云农场"

等农资电商平台经过近期的发展和改进，对传统农资流通模式造成很大冲击，已经为农资电商行业的发展树立了典范。

长期以来，农资流通模式是：从生产企业，经过市、县农资部门，再到乡镇、村经销商，最后才到农民手中。由于流通环节多渠道，产销两端不见面，厂家不能按农民的需要生产，农民也不能对厂家施加影响。更为严重的是，生产厂家、经营企业、基层经销户，都自建网点，自寻仓库。如此层层加价，成本提高了，农民负担增加了，优质农资产品竞争不过质量差、价格低的假冒伪劣品种，农民深受其害。显然，这种几十年一贯制的农资流通模式，已经成为我国实现农业现代化的一大瓶颈。

整体来看，当前农资行业存在四大核心痛点：终端成本高、价格波动大、信用不健全、资金常短缺。从整个价值链看，当前农资渠道成本太高，利润分配不合理。从市场供求关系看，农资行业产能过剩日益凸显。市场集中度较低，导致行业无序竞争，行业毛利率较低。价格波动较大成为常态，导致生产企业和经销商利润不稳定。此外，产品体系缺乏信用、交易链条资金短缺也是农资行业生产和流通领域的较大痛点。

以上问题在传统生产经营模式下很难解决，因此，"万庄农资"要实现行业经营方式的转型升级，就需要迭代运营思维和模式。但农资行业线上业务仍处于探索期，呈现出参与主体少、业务不精深、交易规模小等特点，没有从根本上解决行业四大问题。

二、"互联网＋农业生产"

作为农业产业链上的关键环节，农业生产承载着产业链上下游的农资、农产品流通两大领域的发展，在互联网快速改变各行各业的今天，农业的生产环节同样没有被遗忘，与互联网结合下的农业生产更具活力和效率，GPS、遥感、物联网、溯源体系等一系列的互联网技术已经开始应用于农业生产环节。

随着互联网向农业领域的不断拓展，像这样的智能化控制系统已不再是什么难事。物联网、GPS卫星定位检测以及RS卫星遥感等技术逐步应用到农业生产中，使作物的种植、估产、病虫害预警等方面实现网络化、数字化管理。

随着智能手机和宽带网络的逐步普及，在开展智能项目研发、推广的同时，种植户们也开始将互联网信息服务逐渐地应用到农业生产中。在生产中种植户遇到问题，就可以在网络上进行交流提问，会有专门的技术人员详细解答，广大种植户可以通过此平台及时获取农业生产各个阶段的科技信息。由于互联网传输技术不受时间和空间限制，许多种植户通过使用微信、QQ 等工具与农技人员进行线上信息、技术交流，同时利用这些信息平台，实现资源信息的共享，更加方便快捷地解决种植过程中遇到的问题。

此外，利用大数据、云计算等技术，逐渐建立起农业信息网络监测体系，实现灾害预警、耕地质量和农作物生长种植的全程监测，将继续发挥互联网技术在农业生产种植中的应用，让更多的"互联网+农业"技术给农业插上腾飞的翅膀，让互联网成为农业发展和种植户增收致富的新引擎。

三、"互联网+农产品流通"

在中国，农产品流通对于互联网的应用，自 1995 年以来，主要经历了三个发展阶段。

（一）第一阶段：1995—2005 年

1995 年郑州商品交易所集诚现货网成立，开始探索农产品网上交易。

1999 年全国棉花交易市场成立，2000 年中华粮网成立，2005 年开创中央储备粮网上交易探索。此阶段主要是一些资讯网站，也有部分大宗商品的网上交易。

（二）第二阶段：2005—2012 年

2005 年易果网成立，2008 年出现了专注做有机食品的和乐康和沱沱工社，这几个企业开始都是做小众市场。2009—2012 年涌现出一大批生鲜电商。随着大量商家进入这个行业，行业泡沫逐渐产生。当时的市场需求尚小，而生鲜电商模式也只是照搬其他电商的运作模式，最终导致很多企业倒闭。

（三）第三阶段：2012 年至今

2012 年被誉为中国生鲜电商元年，生鲜电商风起云涌，成为电商领域的浪潮之巅。当时刚成立一年的本来生活凭"褚橙进京"事件营销一炮走红，随后又在 2013 年春挑起了"京城荔枝大战"，从此生鲜电商引发人们热议。在此期间，市场中涌现出顺丰优选、1号生鲜、本来生活、沱沱工社、我买网、美味七七、菜管家等一大批优秀的生鲜电商平台。C2C、C2B、O2O 等各种模式也竞相推出。与此同时，大批电商下线，且绝大多数生鲜电商目前仍处于亏损状态。

中国农产品流通电商起步至今，经过多年的发展，中国农产品网站电子商务功能和信息服务日益增强，不少优秀网站也不断涌现出来。数据显示，全国涉农电子商务平台已超 3 万家，其中农产品电子商务平台已达 3000 家，而通过电子商务流通的农产品只占流通总额的 1% 左右。同期，我国服装电子商务占整个服装零售业的 17%，3C 产品电商占总零售的比重约为 15%。相比较而言，农产品电商发展潜力巨大。2013 年，我国农产品电商交易额突破 500 亿元，2014 年农产品电商交易额突破 1000 亿元，生鲜电商达到 262 亿元。农产品电商大潮初起，增速虽十分迅猛，但受物流条件所限，整体尚处于试水阶段，并没有真正意义的大规模爆发，亏本运营也是行业普遍现状。

2016 年 9 月，全国农产品电商交易额突破 1700 亿元。下一步商务部将通过促进农商互联，统筹五大联通工作，提高整个农产品流通供给体系的质量和效益。商务部数据显示，我国农产品在线经营企业和商户达 100 万家，2016 年全年交易额已经超过 2200 亿元，占整个电商交易额的比重从 4.6% 上升到 6.2%，增幅达 35%。

发展至今，农产品在电商中的交易额与交易占比正在呈现出环比增长，互联网时代下的大数据便捷性与优势已经不言而喻。

但是在不断地增长过程中，大量问题出现的背后都是综合性的问题存在。我国农产品流通电商亟待解决的问题主要有四项：物流配送问题、标准化问题、品牌问题、信任问题。

1. 物流配送问题

目前，我国冷藏车的拥有量与实际需求量有一定的差距。冷链物流体系构建速度与农产品电商的发展之间出现差距，造成了一定的损耗，也造成了物流成本的高昂。

另外，高昂的物流成本让农产品电商相比较传统的超市分销模式变得缺少竞争力。

2. 标准化问题

据不完全统计，大量的生鲜电商平台，进口食品品类众多。这和我国农产品的非标准化息息相关。

农产品标准化可分为三个方面。

（1）品质标准化

向原产地靠近，考虑相关的认证配套，考虑作业流程标准化，用综合的方式及数据指标来固化产品质量。

（2）工艺标准化

比如把鱼剁碎了卖还是切片卖，肥瘦搭配适宜。

（3）规格标准化

比如重量有300克、500克、1000克之分，外包装有简易装或礼盒装之分，这些需要根据市场定位做调整。

但从当前农产品行业现状来看，市场上农产品标准体系构建不完善，短期之内对这些问题的解决有一定的难度。

3.品牌问题

我国农产品品种多，产量高，不同地域特色催生了一大批特色农产品。比如神农架野生板栗、东北大米、山西小米、西湖龙井等等，但综观这些农业品牌，只有地域品牌，无企业品牌，而且存在以次充好、品牌混乱、质量参差不齐的情况，这样很难形成规模效应和经济效应，更难以形成标准化产品。在品牌传递的价值方面就显得非常乏力。

4.信任问题

农产品很难解决信任问题。任何一个"三品一标"（绿色、有机、无公害、地域品牌）产品，都有无数店在销售，但消费者很难鉴别哪个是真的，哪个是高品质的，市场上也缺乏有效的认证手段。滥竽充数、以次充好的产品很多，电商企业在采购时也面临同样的问题。

我国农产品电商起步较晚，整体还处于市场的探索期，一方面欧美成熟的农产品体系值得我们深入学习与借鉴，充分与互联网结合；另一方面也要注意，农产品电商发展前景广阔，我国农产品电商规模飞速扩张的同时，应当谨防出现农产品电商泡沫。

近年来，农产品电商市场的竞争者越来越多，同质化明显，未来可能面临泡沫风险。因此，我国应当谨防农产品电商市场风险和泡沫，农产品电商企业应当明确供应链的综合一体化发展以及技术的投资是获得市场竞争优势的源泉。农产品电商企业专业化经营是可参考的发展方向。针对我国农产品电商企业同质化经营的问题以及电商泡沫风险上升的现状，发展多样化农产品电子商务交易模式。随着基础设施建设的逐步完善，电商企业技术水平的逐渐提升，我国初步具备了多领域发展农产品电子商务交易的基础。一是可将农产品电子商务与农产品期货合约相结合，推动我国农产品期货市场的发展。二是可设置农产品国际贸易平台，提供信息、交易谈判、支付、物流等服务，减少农产品国际贸易中的谈判成本、信息搜寻成本和支付成本，提高农产品贸易效率。三是注重农产品零售业对电子商务交易的应用，建立起区域内或跨区域的农产品零售网络商店，提高农产品零售业电商交易规模。推动农业电子商务的整体协调发展。通过全面配套的农业电子商务体系来保障下游营销及流通端的农产品电子商务健康有序发展。农场化的集团运作组织方式有利于农产品电子商务的发展，减少农产品电商供应链的管理难度，降低供应链成本。健全完善的冷链物流体系、高效的管理模式带来的低损耗率促进了农产品电商的快速发展。

第三节　互联网时代农业的创新模式

一、"互联网 + 休闲农业"

目前，我国的游客，尤其是来自城市的广大游客，已不满足于传统的观光旅游，个性化、人性化、亲情化的休闲、体验和度假活动渐成新宠。农村地区集聚了我国约 70% 的旅游资源，农村有着优美的田园风光、恬淡的生活环境，是延展旅游业、发展休闲产业的主要地区。在"互联网 +"已经上升为国家战略的当下，面对如此规模的市场，互联网与休闲农业的结合已经势在必行。

农业休闲旅游行业市场空间巨大，但与互联网结合尚处于探索阶段，一方面由于互联网化刚刚起步，另一方面也受限于线下中国休闲旅游实体发展的相对滞后，大多数平台属于信息发布、交易撮合型电子商务平台，在与互联网相结合的模式上创新性不足，但可以预判休闲农业势必在互联网的推动下飞速发展，这一市场非常值得期待和关注。

二、"互联网 + 淘宝村"

随着互联网的飞速发展，在整个农业产业链条均在尝试互联网化的同时，不断有新兴的商业模式或新型的商业群体涌现，淘宝村便是基于旧农村基础，通过与互联网的紧密结合衍生出的新型农村业态。

淘宝村在量化的定义中是指活跃网店数量达到当地家庭户数10%以上、电子商务年交易额达到 1000 万元以上的村庄。淘宝村是阿里巴巴集团农村战略的重要组成部分。阿里农村战略已经形成"双核+N"的架构，"双核"指的是农村淘宝和淘宝村，"N"则指的是阿里平台上多元化的涉农业务。

随着电子商务蓬勃发展，淘宝村的经济社会价值日益显著，孵化出大批草根创业者，创造规模化就业机会，部分网商增加收入，摆脱贫困。一个淘宝村就是一个草根创业孵化器。淘宝村平均每新增 1 个活跃网店，可创造约 2.8 个直接就业机会。

三、"互联网 + 农村金融"

互联网金融出现"井喷式"发展并引发社会各界广泛关注，互联网金融，是指以依托于支付、云计算、社交网络以及搜索引擎、App 等互联网工具，实现资金融通、支付和信息中介等业务的一种新兴金融。互联网金融不是互联网和金融业的简单结合，而是在实现安全、移动等网络技术水平上，被用户熟悉接受后（尤其是对电子商务的接受），自然而然为适应新的需求而产生的新模式及新业务。是传统金融行业与互联网精神相结合的新兴领域。互联网金融的出现在一定程度上解决了多年来传统银行始终没有解决的中小微企业融资难的问题，但同时也对传统金融形成较大冲击。基于农业行业，"互联网 + 农村金融"则主要体现为两个方面。

第一，农村金融不是指扶贫金融、慈善金融。不可能要求金融机构不顾自身的盈利一味地扶持农村金融。扶贫金融和慈善金融可以作为农村金融的有益补充，但绝不是农村金融的全部。

第二，农村金融也不完全是农业金融，而是涵盖了农村、农业和农民的"三农金融"，相较传统金融，"互联网 + 农村金融"更加强调生态系统的概念，能更好地将农村、农业和农民作为一个整体提供服务，从而更充分地发挥出金融服务的大协同作用，促进农村新经济实现跨越式发展。农业电子商务的浪潮已经形成，客观上要求与之相匹配的金融服务，这就如同工业革命进军的号角鼓舞了传统金融的高歌猛进一样，农业新经济也呼唤着可以引领新时代的金融弄潮儿。

　　传统金融在过去发展中出了令人眼花缭乱的理论体系和创新产品，然而，从本质上看，金融的核心功能无非资源配置、支付清算、风险控制和财富管理、成本核算几大类，基于上述几个维度对传统农村金融与互联网农村金融进行对比，探寻互联网农村金融较传统农村金融的优势所在。

　　（一）资源配置维度

　　无论是传统的农业生产还是如今的农业互联网经济，获取资源的主要渠道都是信贷。然而，传统金融在保证农村大企业信贷供给的同时，对小微企业和普通农户的供给明显不足。作为农村金融服务核心部分，对农村住户贷款业务面临三个方面的现实挑战：一是农村住户储蓄转化为对农村信贷的比例不高；二是农村住户信贷中转化为固定资产投资的比例不高；三是农村住户贷款与农村住户偿还能力的匹配度不高。这三个"不高"集中反映了传统金融在农村资源配置方面的能力不足。

　　购置固定资产的比例不高显示出贷款用途进一步复杂化，在银行类金融机构不掌握相关数据的情况下，这一变化将增加贷后管理的难度和潜在的坏账风险。有数据显示农村信贷资金用于购置固定资产的比例仅为0.8%，几乎可以忽略不计。

　　贷款与偿还能力的匹配度不高会直接导致违约风险上升。从实际情况看，目前农村信贷的贷前管理主要强调抵押和担保，也就是强调农户的还款意愿。强调还款意愿是信贷中一项重要技术，然而，仅强调还款意愿而忽视还款能力，也很难保证农户按期还款。一旦短期借款远远超过农户的短期收入，就会造成违约的发生，在实践中即使存在合格的抵押品，金融机构的处置难度也很大。由于一旦发生坏账就会带来较大的损失，金融机构借贷的意愿很难提高。

　　而互联网金融在农村资源配置方面则要优于传统金融。首先，互联网金融基本不会产生传统金融"抽水机"的负面作用。相反，由于农村地区的项目能够提供更高的回报率，互联网金融会吸引来城市的资金，转而投资在农村地区，从而创造出比城市、大企业高得多的边际投资回报率。需要指出的是，虽然利率较高，但是由于期限和金额相对灵活，放款速度快，互联网金融发放的信贷资金实际成本未必很高。其次，从匹配的准确性角度看，互联网金融掌握海量的高频交易数据，可以更好地确定放贷的客户群体，通过线上监控资金流向，做好贷中、贷后管理，在很大程度上克服了农村金融中资金流向不明、贷后管理不力的问题。

（二）支付清算维度

我国农村地区长期以来存在着现金支付的传统，现金支付比例长期居高不下。从支付本身的角度看，现金支付的成本很高。从国际经验上看，现金支付比例高的地方，经济的正规化程度就低，经济中灰色区域就大，偷逃税的现象就多。更进一步说，现金支付比例越高，网络经济、信息经济的发展就会越滞后，会影响农村地区的产业升级和城镇化进程。我国农村地区现金支付比例高首先是长期以来形成的传统，其次是传统金融没有发展出适合农村支付的"非现金化"模式。邮政储蓄的按实际地址进行汇款、农行的惠农卡以及各商业银行都在努力推进的无卡交易改善了农村的支付环境，也降低了现金使用的比例。但是，这些"创新"还是要基于网点的建立和电子机具的布设，没能很好地适应农村地区对现代化支付手段的需求，也就无法切实解决农村的支付问题。

"互联网＋金融"在支付方面已经做出了巨大突破。在互联网金融中，支付以移动支付和第三方支付为基础，很大程度上活跃在银行主导的传统支付清算体系之外，并且显著降低了交易成本。在互联网金融中，支付还与金融产品挂钩，带来丰富的商业模式，这种"支付＋金融产品＋商业模式"的组合，与中国广大农村正在兴起的电商新经济高度契合，将缔造出巨大蓝海市场。

（三）风险控制维度

"三农"领域风险集中且频发。人类的科技发展至今没能改变农业、农村"看天吃饭"的问题。旱涝灾害、疫病风险以及市场流通过程中的运输问题都会导致农民的巨大损失。传统金融采用农业保险＋期货的方式对冲此类风险。国家对农业保险给予了大量政策性补贴，取得了一定的效果，但总体看作用不明显。互联网金融"以小为美"的特征在这方面将大有作为，新的大数据方式将非结构数据纳入模型后，将为有效处理小样本数据、完善风险识别和管理提供新的可能。

（四）财富管理维度

传统金融经过多年努力，在农村地区建立起了"广覆盖"的服务网络，但是这种广覆盖不仅成本高，而且"水平低"，其"综合金融"覆盖也基本不包括理财服务。对传统金融机构而言，理财业务门槛高，流程复杂，占用人力资本较多，在农村地区的推广有限，互联网金融已经做出了很好的尝试。类似"余额宝"的创新产品开创了简单、便捷、小额、零散和几乎无门槛的全新理财模式。在提升了农民财富水平的同时，也进行了一场很好金融启蒙。

（五）成本核算维度

一般可以将成本分为人员成本和非人员成本。对于传统金融机构而言，非人员成本主要指金融机构网点的租金、装修、维护费用，电子机具的购置、维护费用，现金的押解费用等；人员成本主要指人员的薪金、培训费用等。互联网金融在农村可以不设网点，没有现金往来，完全通过网络完成相关的工作。即使需要一些业务人员在农村值守并进行业务拓展，其服务半径也会比固定的银行网点人员的服务半径大得多，从而单位成本更低。另外，互联网金融通过云计算的方式极大地降低了科技设备的投入和运维成本，将为中小金融机构开展农村金融业务提供有效支撑。

互联网金融本身是新生事物，在农村发展的时间相对更短，但由于互联网金融与农村场景天然的耦合性，目前在我国已经出现了若干种"互联网＋农村金融"模式，并可主要分为传统金融机构"触网"、信息撮合平台、P2P借贷平台、农产品和农场众筹平台以及正在探索中的互联网保险等五种主要形式。

1. 传统金融机构"触网"

传统金融机构做了很多有益的尝试。农行的助农取款服务就是一种接近"O2O"的业务模式。通过与农村小卖部、村委会合作，利用固定电话线和相对简易的机具布设，农户就可以进行小额取现。

2. 信息撮合平台

信息撮合平台是利用网络技术将资金供给方和需求方的相关信息集中到同一个平台上，帮助双方达成信贷协议的一种方式，是一种比较初级的互联网金融业务模式。

3.P2P借贷平台

相对于简单的信息共享平台，P2P平台要复杂得多，资金需求方会在网站上详细展示资金需求额、用途、期限以及信用情况等资料，资金提供方则根据个人风险偏好和借款人的信用情况进行选择。

4.农产品和农场众筹

众筹是一种互联网属性很高的融资模式，充分体现了互联网自由、崇尚创新的精神，早期主要服务于文化、科技、创意以及公益等领域。简单来看，众筹类似一个网上的预订系统，项目发起人可以在平台上预售产品和创意，产品获得了足够的"订单"，项目才能成立，发起者还需要根据支持的意见不断改进项目。众筹更加注重互动体验，同时回报方式也更灵活，"投资收益"不局限于金钱，而可能是项目的成果。就农业方面而言，可能是结出的苹果、樱桃甚至挤出的牛奶，也可能是受邀前往"自己"的农场采摘。如果项目失败，则先期募集的资金要全部退还投资者。

5.农村互联网保险

目前来看，农业保险和农产品期货发展迅速但作用不大，究其原因主要有两方面：一方面是中国的农业保险产品对中央财政补贴具有依赖性，商业化运作匮乏；另一方面是小农经济长期存在，大农场、标准化农产品少，在大工业基础上发展起来的传统金融在对接零散农业需求时显得力不从心。实事求是地说，真正对接农村的互联网保险还在探索中。

可以预期，随着互联网技术的进步，大数据、云计算和保险精算的进一步融合，基于农村的互联网保险产品会大量涌现，并更好地服务于国内农村新经济环境。

第四章 互联网时代的智慧农业生产

第一节 智慧设施农业

"互联网 + 现代农业"的指导意见中特别指出："利用互联网提升农业生产、经营、管理和服务水平，培育一批网络化、智能化、精细化的现代种养加生态农业新模式，形成示范带动效应，加快完善新型农业生产经营体系，培育多样化农业互联网管理服务模式，逐步建立农副产品、农资质量安全追溯体系，促进农业现代化水平明显提升。"可见，互联网已经成为助力农业现代化水平提升的重要途径，将互联网与农业相结合，让农业拥有"智慧"，是现代农业发展的重要方向。

所谓"智慧农业"就是充分应用现代信息技术成果，集成应用计算机与网络技术、物联网技术、音视频技术、3S 技术、无线通信技术及专家智慧与知识，实现农业可视化远程诊断、远程控制、灾变预警等智能管理。

智慧农业是农业生产的高级阶段，是集新兴的互联网、移动互联网、云计算和物联网技术于一体，依托部署在农业生产现场的各种传感节点（环境温湿度、土壤水分、二氧化碳、图像等）和无线通信网络实现农业生产环境的智能感知、智能预警、智能决策、智能分析、专家在线指导，为农业生产提供精准化种植、可视化管理、智能化决策。"智慧农业"是云计算、传感网、3S 等多种信息技术在农业中综合、全面的应用，实现更完备的信息化基础支撑、更透彻的农业信息感知、更集中的数据资源、更广泛的互联互通、更深入的智能控制、更贴心的公众服务。"智慧农业"与现代生物技术、种植技术等高新技术融合于一体，对建设世界水平农业具有重要意义。

"智慧农业"能够有效改善农业生态环境。将农田、畜牧养殖场、水产养殖基地等生产单位和周边的生态环境视为整体，并通过对其物质交换和能量循环关系进行系统、精密运算，保障农业生产的生态环境在可承受范围内，如定量施肥不会造成土壤板结，经处理排放的畜禽粪便不会造成水和大气污染，反而能培肥地力等。"智慧农业"能够显著提高农业生产经营效率。基于精准的农业传感器进行实时监测，利用云计算、数据挖掘等技术进行多层次分析，并将分析指令与各种控制设备进行联动完成农业生产、管理。这种智能机械代替人的农业劳作，不仅解决了农业劳动力日益紧缺的问题，而且实现了农业生产高度规模化、集约化、工厂化，提高了农业生产对自然环境风险的应对能力，使弱势的传统农业成为具有高效率的现代产业。"智慧农业"能够彻底转变农业生产者、消费者观念和组织体系结构。完善的农业科技和电子商务网络服务体系，使农业相关人员足不出户就能够远程学习农业知识，获取各种科技和农产品供求信息；专家系统和信息化终端成为农业生产者的大脑，指导农业生产经营，改变了单纯依靠经验进行农业生产经营的模式，彻底转变了农业生产者和消费者的传统农业落后、科技含量低的观念。另外，智慧农业阶段，农业生产经营规模越来越大，生产效益越来越高，迫使小农生产被市场淘汰，将催生以大规模农业协会为主体农业组织体系。

当前，卫星定位系统和电脑结合的技术设备，已广泛应用于拖拉机、播种机和收割机上。比如，将卫星定位系统接收器与电脑显示屏安装在拖拉机和播种机上，农场主形容开这些农机就像开飞机一样，按照提前设定好的耕作路线图，走得不偏不斜，夜间照样可以均匀地精耕细作。把这些技术设备用在收割机上，收割机在收割行进时，驾驶舱里的显示屏就会准确显示出每块地的庄稼产量和重量。卫星和信息技术还可以准确地监测到每块地庄稼的病虫害以及肥料、水分等庄稼营养成分的现状。

智慧农业应用广泛，在以下领域应用较多。智慧农业应用于农业生产环境监控：通过布设于农田、温室、园林等目标区域的大量传感节点，实时地收集温度、湿度、光照、气体浓度以及土壤水分、电导率等信息并汇总到中控系统。农业生产人员可通过监测数据对环境进行分析，从而有针对性地投放农业生产资料，并根据需要调动各种执行设备，进行调温、调光、换气等动作，实现对农业生长环境的智能控制。

智慧设施农业，是在环境相对可控条件下，采用智慧农业的相关技术手段，进行动植物高效生产的一种现代农业方式。智慧设施农业涵盖设施种植、设施养殖和设施食用菌等。设施农业是采用人工技术手段，改变自然光温条件，创造优化动植物生长的环境因子，使之能够全天候生长的设施工程。设施农业是个新的生产技术体系，它的核心设施就是环境安全型温室、环境安全型畜禽舍、环境安全型菇房。关键技术是能够最大限度利用太阳能的覆盖材料，做到寒冷季节高透明高保温，夏季能够降温防苔，能够将太阳光无用光波转变为适应光合作用需要的光波，以及良好的防尘抗污功能等。它根据不同的种养品种需要设计成不同设施类型，同时选择适宜的品种和相应的栽培技术。设施农业加互联网相关技术就组成了现代智慧设施农业。

根据现阶段的智慧农业发展现状进行研讨，阐述了智慧农业中使用了哪些关键技术，最后分析物联网技术在智慧农业中的具体应用，即在系统设计、监控系统操作、无线传感网络子系统以及无线宽带网络传输系统方面应深入实行智慧农业物联网技术。

互联网时代的到来，使我国农村基本普及了网络，具体表现为有线电视、网络和电话等都进入了农村家庭中。未来农业生产发展必然会广泛应用物联网技术。和传统人工耕作的农业方式不同，智慧农业为农业发展开辟了一条新道路。探索智慧农业的应用途径就是需要依据累积的农业生产经验收集和整理大量的信息，并使用物联网技术全力分析、整合和共享相关信息，进而更高效地开展农业生产。近几年，农业物联网技术的发展迅速，相继整合了国家农业农村部的各种试点工作，很多省市都开设了试验工程，对融合物联网技术和农业领域具有非常重要的作用。在这个过程中使用物联网技术可以实现种植、收获和销售等流程的信息化管理，可以更高效地进行农业生产。使用物联网技术还可以加速农业水利水电开发的速度，有利于合理配置农业资源，促进农业的现代化发展。

"重农固本，安民之基，务农重本，国之大纲。"乡村振兴战略是新时代"三农"工作总抓手。"三农"工作对乡村振兴、国家粮食安全、决胜全面建成小康社会、决战脱贫攻坚大有裨益，需要为"三农"发展加引擎，激发农业强、农民富、农村美在内生活力，确保我国农业行业能够稳步发展、实现全面进步。随着智慧农业的深入推进，各种高新信息技术、物联网技术得到了较为广泛的运用，打破了传统农业局限，开辟出科技兴农的新途径，点燃智慧农业新引擎，助力乡村振兴新腾飞。论述了在智慧农业、标准化、特色化农业发展中物联网技术在设施农业中的应用。

一、物联网技术

在互联网技术蓬勃发展的同时，物联网技术也在日益完善，物联网技术主要以物联网为基础，并基于此拓展延伸互联网，实现物与物的信息传递和交流。简言之，就是依托互联网和电子通信技术，将物连接起来，之后再依靠传感器将获取的信息及时传递给控制器，达到智能化远程控制机器的目的。不同于互联网技术，物联网虽然与其紧密相连，但是又区分于互联网技术，物联网是其延伸和拓展，并且能够有效兼容互联网应用服务和资源，因此，物联网本身又是独立的，其可以依托二维码、FID区分对象个体，并获得相应的信息，分析、控制、决策信息，达到智能化管理的目的。当前物联网技术主要分为三类应用，即M2M、传感器、RFID等，其中传感器属于一种新型信息收集节点装置，即通过在监管对象上安装，实时收集各类感应信息，实现收集、传输与控制一体化操作。RFID技术的应用则是依据网络技术，以及对数据库技术的综合，使FID标签与控制对象保持一致，构建起标签与控制对象的完整物联网络。M2M作为人机交互系统，主要功能是实现人与机器、机器与机器间的交互及控制。

二、智慧农业中物联网技术主要功能及关键技术

（一）智慧农业中物联网技术的主要功能

物联网的诞生，颠覆了传统农业结构，将其合理运用到智慧农业中具体包含了以下几点功能。第一，即时监测功能。在智慧农业生产设备中接入物联网，可依托传感器对大棚设施农业中相关数据信息进行收集，比如，棚内土壤温度、空气湿度、二氧化碳、土壤水分、光照、棚外风速、温度等，借助物联网及时将数据传输给服务管理平台，分析处理相关数据，农户进行针对性的调整，确保农作物良好生长。第二，远程控制功能。在条件许可的农田、大棚中安装机电设备，比如，电动灌溉系统、排风机、电动卷帘等等，农业管理人员通过手机、计算机登录系统，对设施农业中的水阀开关、排风扇、卷帘机进行远程控制，还可以根据设施农业的实际情况，设定好控制逻辑，系统根据实际情况开启或是关闭大棚机电设备。第三，查询功能。实现

信息查询是物联网技术的重要功能之一，即农业工作者可以利用信息终端设备，对智慧大棚的各类信息进行实时查询，包括大棚环境条件、设备操作记录、历史影像及环境变化曲线等内容。

另外，在登录信息管理系统后，还能够通过与网络数据库之间的信息互通，实现对市场行情、农业政策、专业通告等信息了解，解决信息不对称的问题。第四，警告功能。警告功能属于智慧大棚中的重要组成，即通过事先对各类信息设备设定阈值，一旦出现大棚传感信息异常，将触发报警功能，因此可以快速掌握并解决大棚出现的紧急情况，确保农产品的安全。

（二）智慧农业中物联网关键技术

1.RFID 技术

RFID 也被称为射频识别技术，这种技术通过无线电信号感知监测目标，并及时将监测数据记录下来。RFID 技术目前被应用到短距离的信息识别和传输中，具体包含了三个方面，即软件处理系统、阅读器、应答器。扫描速度快、耐久性高、数据记忆容量大、抗污染能力强是 RFID 技术显著的特征，因此，当前被广泛运用到物联网中、智慧农业生产中，阅读器获取检测目标信号后再依托天线散发射频信号，在接收到信息后，软件系统再处理相关信息，并将数据信息传输到阅读器，再次进行数据分析，通过这样的举措，科学地控制信息数据。

2. 传感网络技术

在设施农业中传感网络技术具有良好的应用空间，所谓传感网络技术主要就是通过传感器形成网络，在传感网络技术中具体包含了数据处理单位部件、通信部件、传感器等，在智慧农业中传感器可以分布于各个环节中，采集或是传输信息。传感器具有多种节点，并且其具有密集性、随机性和较强的适应性。因此，传感器只有具备了较强的能量储备能力，才能最大限度地发挥自身的价值。在物联网技术中传感器是不可或缺的关键部门，传感器可以促进传输层、应用层、感知层之间联系，更好地为人与物、人与人信息交换、传递夯实基础。

3.Wi-Fi 技术

目前，Wi-Fi 技术深度应用于社会各领域，满足了大众网络连接的需求。Wi-Fi 技术主要是依据其无线网络传输协议，将网络端与用户端数据进行传输，其覆盖距离一般为室内 100 米，室外空旷地域可达 200 米。将 Wi-Fi 技术应用于智慧农业，可以组建完善的感应器传输网络，实现各类信息数据实时传输，并利用交互技术进行远程控制。由此可见，Wi-Fi 技术在物联网技术应用中，占据着不可或缺的特殊地位。

三、智慧设施农业中物联网技术的应用

将物联网技术运用到智慧设施农业中，可以实现实时、多维度、动态化地采集农作物种植环境，基于种植专家知识系统对农作物进行自动控制，比如病虫害、施肥、灌溉等，物联网技术在智慧大棚设施农业系统应用广泛。

（一）系统设计要求

毋庸置疑，智慧大棚系统要全天候地监控设施大棚中的温度、湿度、土壤环境、农作物生长状态、大气环境等，管理人员通过网络互联，监测、管理大棚群，其中主要包含了三个维度，即感知层、应用层、传输层，实时获取大棚的传感信息，对环境信息进行实时监测是感知层主要作用，传输监测数据到数据处理中心是传输层的主要作用。最后则是应用层对信息进行处理或是存储，并将信息数据及时生成各种报告，最后根据系统的设定阈值发出告警提示。从智慧设施农业具体结构层面来说，具体包含了数据处理中心子系统、实时监控子系统、宽带环境感知子系统以及传输网络子系统等。大棚感知系统主要依托传感器科学的监测，设置大棚农业中的光照强度及二氧化碳、一氧化碳浓度，监控大棚设施农业中的土壤 pH 值、温湿度，通过互联网技术确保设施农业以严格统一标准进行生产，促进设施农业生产效率的提升。

（二）视频实时监控系统

将物联网技术中的视频实时监控系统应用到智慧大棚设施农业中，主要就是通过无线高清视频监控技术来监控大棚内农作物的生长情况、内外环境等。当前在智慧大棚视频监控模块中主要包含了三部分，即终端信息系统、视频数据分析处理、无线智能摄像头，在当前的设施农业中无线智能摄像头具有防涌浪、防雷、90°垂直旋转、360°水平旋转等室外防护能力，并且无线智能摄像头可以基于不同的工作环境进行分级管理，监控农作物的生长状态。传统大棚农业中管理人员需要监控多个视频，管理范围广、工作负担大，并且还会经常出现疏漏，其中存在大量未经处理的原始数据，不仅会占

用大量的储存空间，也会因为数据繁多而在查询方面存在较大的困难。将物联网技术中的智能视频监控运用到设施农业中，不仅可以提高视频监控可靠性和实效性，还能大大地提高工作效率。

（三）数据处理子系统

在智慧大棚系统的系统设计中，数据处理模块所发挥的作用至关重要，其承担着信息处理中心的功能，具体由视频应用服务器、数据库服务器、信息交换设备等诸多硬件构成。同时也包含了各类子系统软件提供保障，如系统配置模块、数据存储处理模块、视频监控存储模块、信息远程服务模块等。另外，数据处理子系统针对各自的功能及用途，可以设置不同的管理权限，在实际的管理中通过两者的融合，使大棚感知信息处理指令得到落实，保证各类数据传输、指令执行、远程监控等操作有效性，实现循环内的数据感知、接收及处理功能。通过数据存储功能的应用，还可以建立数据库系统，使原始数据能够随时调取。从数据处理子系统的操作看，主要是依赖于数据处理系统根据需求，向各子系统发送控制指令，如水泵的启停、温度的调控、病虫害的预警等，均可以利用信息指令运行至执行端，提升大棚的智慧管理操作能力，全面展现物联网技术的优势。

（四）无线带宽网络传输子系统

根据现代网络传输技术的发展，无线宽带已经成为网络应用的基本形式之一，即应用 Mesh 网络实施连接运行，如 Wi-Fi 技术、自组网技术等。利用无线网络的全方位覆盖，能够提升智慧大棚的管理性能，使其实现更强的抗干扰能力及穿透能力，同时打破传统有线传输的弊端，压缩网络信号传输的距离，使传输效率得到有效保证。

无线宽带网络传输利用其技术优势，能够保持较高的带宽和频率，可以实现视频图像、IP 视频会议、视频电话等高质量传输，满足智慧大棚的现代化管理要求。从系统的整体结构看，其中主要覆盖 Mesh 设备、蓄电池、太阳能供电等设备，通常由传感网将所采集的信息回传至协调器节点，随后由协调器与 Mesh 网络节点实施通信连接，将所传输的图像及数据等信息传送至数据中心。经过数据中心一系列处理后，再将相关的控制及操作指令发送至各控制节点，从而完成无线宽带的闭环操作。另外，Mesh 网络应用的优势在于，其无须依赖大规模的基站支持，并且对具体的位置选择也较为随意，能够适应国内复杂的地域，甚至是农村偏远地区。因此，将其应用于智慧大棚之中，能够更好地推进现代农业发展，为智慧农业提供更丰富路径。

四、物联网技术在智慧设施农业中的具体应用

（一）系统设计方面

物联网技术在智慧农业当中的应用，可以有效地给农业种植带来更加全面的监测，特别是针对农作物生长的各个环节，都会发挥重要的作用。智慧农业系统中的物联网技术包括三个层面：一是用来实时感知并获取前端信息的感知层，以此可以动态监测农业的种植环境。二是用来实时汇集并传输信息数据的传输层，通过这个层面可以将数据传输到处理中心。三是应用层。作为终端，这个层面可以处理和存储采集到的信息，适当调整相应属性。

（二）监控系统

使用监控系统可以实时监控农业种植环境和农作物的实际生长，这样工作人员可以及时发现并解决存在的问题，进而提高农作物产量。监控系统可以储存获得的大量数据，进而保障后续工作的顺利开展。此外，监控系统还可以抵御危害极大的自然灾害，比如水灾和雷击等。

（三）无线传感网络子系统

无线传感网络子系统中的环境感知模块可以随时监控农业的种植环境，比如可以使用传感器监测智慧大棚中的土壤及大气环境，并严格遵守相关协议进行监测，以此降低传输速率、节约能源和成本消耗等。这个系统具有很多节点，比如协调器以及感知节点等，其中使用感知节点可以有效地感知各种数据信息，并且从多个渠道汇总收获的数据信息，这样系统可以使用协调器将收获的信息上传至上层系统中，通过这种方式有效地监测环境。除此之外，还可以设置多个传感器动态化监测大棚中的温度、湿度、气体浓度、光照和土壤 pH 等指标。

（四）无线宽带网络传输系统

使用无线宽带网络传输系统可以充分发挥 Mesh 网络和太阳能供电系统等设备的优势，以此增强其实践性功能。但操作过程中，这个系统中的网络传输技术必须加强其环境适应能力，还应增强内部的抗穿透和抗干扰能力。

总而言之，物联网技术在智慧农业中的应用水平在一定程度上可以评判国家的农业发展水平。通过有效结合物联网技术可以让智慧农业的生产更

加规范、智能和机械，有利于创造更大的经济效益。现阶段，应用物联网技术实现农业信息化，可以为农业生产提供指导信息，提升农业发展水平，保障现代化信息农业的长远发展。

第二节 智慧大田种植

农业物联网技术在农业生产方面的具体应用十分广泛，在什么时候施肥、要施多少肥料、选用哪种肥料，以及播种、灌溉、除草、防治病虫害、收获等的确定，都可依靠农业物联网技术实现，不劳累而且精确，从此改变农民靠经验来种田的习惯。

3S 技术，即 RS（遥感技术）、GPS（全球卫星定位系统）和 GIS（地理信息系统）的出现，改变了大田种植模式。3S 技术在农业资源调查、监测与利用、土地资源与土地利用研究、作物估产与长势监测、农业灾害监测、预报及应急反应、农业环境监测与管理诸多方面的应用，推动了农业现代化的发展。

以 3S 集成技术、农业智能化、自动控制系统与工程装备为主要内容，广泛应用现代信息技术参与管理的一种先进农业体系，即"精准农业"（Precision Agriculture）出现并迅速发展。3S 技术集成应用可以优势互补。比如，遥感和地理信息系统结合提供了多种数据源，为农田基础数据库奠定了基础，搭载在农业机械上的地理信息系统可以为农田基础数据库提供各种农田操作中和田间作业时的位置以及作物长势监测等数据。全球定位系统和地理信息系统结合，提供了科学种田需要的定位和定量进行农田操作和田间管理。3S 技术在农业大田种植中应用十分广泛，它可以客观、准确、及时地提供作物生态环境和作物生长的各种信息，它是精确农业获得田间数据的重要来源。

第三节 智慧畜禽养殖

民以食为天，食以安为先，智慧畜牧养殖在现代农业中就显得尤为重要，而相关的物联网技术更是重中之重。其中，RFID、条形码等物联网感知技术将在追溯体系起着重要且不可替代的作用。智慧畜牧以管理规范和先进技术为复合手段，全程改造健康养殖、安全屠宰、放心流通和绿色消费四个基础作业环节，集成体现科学调控、集约管理思想的企业经营管理与市场保供决策支持系统，提供政企联动可追溯的示范模式。

在畜牧养殖方面，大型养殖场或养殖试验示范基地的养殖设施主要是开放（敞）式和有窗式，封闭式养殖主要以农户分散经营为主。开放（敞）式养殖设备造价低，通风透气，可节约能源。有窗式养殖优点是可为畜、禽类创造良好的环境条件，但投资比较大。随着信息化在各个行业的迅速覆盖，畜牧业也正在向规模化、集约化发展并与国际先进水平接轨。现代化养殖场越来越企业化，伴随养殖业的集约化、规模化发展，养殖业的管理却缺少现代化企业管理的平台，如何将畜牧养殖业的信息化程度提高到新的台阶，已经变得越来越迫切。据专家分析，畜牧养殖行业信息化正面临着诸多挑战，一是信息化程度较低，大型企业一般采用自行研发的业务管理系统，不能满足企业的快速发展；二是系统没有一个统一的技术平台支撑，业务系统没有与财务系统集成，不能实现财务业一体化，形成信息孤岛；三是成本要求越来越严格，要求分析每一批次、每一业务单元的成本。

第四节　智慧水产养殖

水产养殖业是一项有特色、有活力、有潜力的基础产业，事关国计民生。改革开放四十多年来，我国的水产养殖业受到政策扶持、科技进步、市场拉动和国家综合实力增强等诸多因素的激励，获得高速发展。水产养殖总产量增长，产生了巨大的经济和社会效益。高速发展的中国水产养殖业在给社会带来巨大财富的同时，也给自身带来了许多有待解决的技术和环境问题。21世纪是信息技术日新月异的新时代，人类社会面向信息化快速迈进。水产养殖作为渔业中的重要组成部分，所面临的不仅是严峻的考验，更是难得的机遇，必须充分利用互联网信息技术促进我国水产养殖业从粗放型经营向集约型经营、智能化经营转变，必须架构产业链的信息化平台。

随着水产养殖规模的迅猛发展，水产养殖模式必然向设施化、集约化转变。大规模、高密度的集约化养殖使得管理、控制的难度增大，必须采用现代信息技术手段以提高集约化水产养殖的水平。通过采用信息融合及处理、智能控制、质量安全追溯等技术进行整合，构建水产养殖全程智能控制平台，实现养殖生态、病害防治、精细饲喂、质量安全追溯等信息发布，提高疾病预防水平，减少养殖风险，降低养殖能耗。

　　在集约化水产养殖中，必须做好疾病预警工作，防止出现大规模的疾病暴发。国内关于疾病诊治的系统较多，如甲鱼疾病诊断和鱼病诊断专家系统，青虾和河蟹全过程养殖的专家系统等；关于预警理论及预警系统的研究也较多，但集约化水产养殖信息资源整合却较少，系统比较零散。

第五章 农产品品牌策略

第一节 农产品品牌建设

一、农产品品牌建设概述

（一）农产品品牌个性

1.品牌

（1）品牌的含义

品牌是一种名称、名词、符号或设计图案，或是它们的组合运用，其作用是识别企业提供给某个或某群消费者的产品或服务，并使之与竞争对手的产品或服务相区别。品牌就是符号、认可和资产。

（2）品牌的发展

品牌最早产生是指烙印。后来世界第一个品牌宝洁香皂诞生了。

2.农产品品牌

（1）农产品品牌的含义

农产品品牌是能够将某种农产品与同类农产品相区别，把某种农产品的特点用特定的品牌表现出来，使消费者一看到这个品牌就会想到这种农产品的质量、价格、特色及售后服务的独到之处。

（2）农产品品牌的特性

农产品品牌是品牌的一种类型。农产品品牌价值由消费者决定，由生产者实现。农产品品牌的核心是"农产品＋产业"。

农产品具有差异性，包括品种、区域、生产管理、文化背景等。农产品品牌要具备"特色、品质、创意"核心要素，也就是要具备与其他农产品区别开来的鲜明个性，即"差异"，所以，农产品品牌一定要深深打动人心。

农产品品牌的特殊性源于农产品生产经营的特殊性。主要包括自然环境、生产条件、经营方式等方面。现在对农产品品牌的一些认识如区域品牌、三品一标，这些都是农产品品牌建设过程中的要素和条件。

3. 农产品区域品牌

（1）农产品区域品牌的含义

区域品牌是基于农产品区域特色而自然形成的，具有显著的域内公共性和域外排他性。农产品区域品牌是指特定区域内相关机构、企业、农户等所共有的，在生产地域范围、品种品质管理、品牌使用许可、品牌行销与传播等方面具有共同诉求与行动，以联合提供区域内消费者的评价，使区域产品与区域形象共同发展的农产品品牌。

（2）农产品区域品牌的特殊性

农产品区域品牌一般须建立在区域内独特自然资源或产业资源的基础上。品牌权益不属于某个企业或集团、个人拥有，而为区域内相关机构、企业、个人等共同所有。具有区域的表征性意义和价值。特定农产品区域公用品牌是特定区域代表，因此，经常被称为一个区域的"金名片"，对其区域的形象、美誉度、旅游等都起到积极的作用。

（3）农产品品牌与区域品牌关系

农产品品牌与区域品牌是"小和大""分和总"和"子和母"的关系。

农产品品牌具有极强的个性特质和商业追求，这就要求在农产品品牌建设过程中，务必遵循市场为先导、区域品牌为背景、企业运作为主体、政府搭台为辅助的原则。

4. 品牌与商标

（1）商标的含义

商标是指按法定程序向商标注册机构提出申请，经审查，予以核准，并授予商标专用权的品牌或品牌中的一部分，商标受法律保护，任何人未经商标注册人许可，皆不得仿效或使用。

（2）商标的产生

商标就是商品的标记，它不仅用以区别商品生产者，同时也是商品质量的一种保证，又是提高商品信誉，扩大商品宣传，引起消费者兴趣，繁荣社会经济的重要形式。一般商标是把图像和文字结合起来，两者兼用。

（3）商标与品牌的区别

品牌只有根据相关律法要求进行登记注册后才能成为注册商标，才能受到法律的保护，避免其他任何个人或企业侵权模仿使用。

商标是一个法律的概念，而品牌则是一个市场的概念。

（二）农产品品牌的认知度

1. 品牌发展路线

初期需要打开大众的认知度，之后是提升品牌的知名度，再者是做到对客户满意度的保证，从而获得美誉度。

2. 品牌传播的环境

品牌传播的环境，第一，是在不同的层次消费所针对的群体目标客户的确定；第二，是同行业领先者的引导作用；第三，大众公众群体之间的传媒作用，当前主要分为线上网络传媒与线下传统传媒。即客户本身、竞争关系、视听作用。

3. 品牌目标消费者的需求阶段

品牌目标消费者的需求阶段可分为五个层次：第一层需求，生理需求，处于基层状态；第二层需求，安全需求，是对品牌的安全与信赖；第三层需求，归属感与爱，是需要积极参与社会活动，提高与客户之间的亲密性，这一层的需求是对中端产品而言；第四层需求是自尊的需要，需要品牌自身具备对自己实力的自信，对自己价值的尊重，对自己品牌理念的信仰依赖，这一层的需求是对高端产品而言；第五层需求，自我实现的需求，品牌潜能的发挥，品牌理想的实现，品牌的求知性、审美程度、创造能力与对客户所产生的成就感。

4. 品牌经营的四阶段

品牌经营的四阶段为：商品、名字、品牌、强劲品牌。"商品"即是该产品的名字没有普遍的知名度或与之相关的任何收益；任何一种普遍商品在消费者中赢得知名度并在一定程度上享有声誉时，即成为"名字"；当一个产品拥有相当好的价值定位并将这一价值定位一致性地交付给消费者时，"名字"转为"品牌"；品牌被其目标顾客赋予独特的个性并拥有无所不在的能见度时成为"强劲品牌"。

5.品牌管理

第1步：勾画出品牌的"精髓"，即描绘出品牌的理性因素。用事实和数字勾画。

第2步：掌握品牌的"核心"，即描绘出品牌的感性因素，包括文化渊源、社会责任、消费者心理因素和情绪因素。

第3步：寻找品牌的灵魂，即找到品牌与众不同的求异战略。

第4步：品牌的培育、保护及长期爱护。品牌管理的重点是品牌的维持。

（三）农产品品牌建设

1.农产品品牌建设基础

（1）影响农产品品牌建设的因素

产品质量：安全性、稳定性、商品性、品质特色。

产业发展：规模化、组织化、标准化、技术水平、质量控制、经营管理。

（2）品牌建设要遵循的基本原则

政府引导、企业主体、部门联动、专家咨询、社会参与。

2.农产品品牌建设途径

（1）政府在农产品品牌建设中的工作

以龙头企业为依托，发挥专业合作经济组织、行业协会的作用，通过大力实施农业标准化，推进农业产业化，加快发展安全、放心的优质农产品，鼓励农产品商标注册，开展名牌农产品评选认定，加大营销推介，强化监督管理等工作，培育、做强做大一批特色鲜明、质量稳定、信誉良好、市场占有率高的名牌农产品，促进农业品牌化工作的持续健康发展。

第一，政府推进农产品品牌建设的主要抓手。抓好观念更新，科学认识品牌；遵循品牌成长规律，适应农产品特殊性；正确处理区域品牌、"三品一标"等与品牌建设的关系；做品牌建设的推手，不将品牌建设当抓手。

第二，抓好产业发展，支撑品牌建设。提高农民组织化程度；推进标准化生产；建立质量管理体系（推行良好农业规范、建立可追溯制度）；组织市场推介、塑造品牌形象；抓好制度保障，促进品牌建设；处理好区域品牌与企业品牌的关系。

（2）企业在农产品品牌建设中的工作

立足市场；懂得品牌经营与管理；理解农业发展与产业关系；理顺与

农民的利益分享；要有规划。

二、基于农业产业链的农产品品牌建设模式研究

我国农产品在世界农产品贸易中严重缺乏国际竞争力，甚至农产品的质量安全保障都经常受到国内外的质疑。在现代农业产业化大背景下，分散的小农作坊式的农业生产经营方式已经不能适应现代农业的发展，以大型农业龙头企业为主导的农业产业化生产经营方式已经成为现在及未来的主导方式。打造农产品强势品牌，不仅是现代农业产业化的大势所趋，也是提高农产品质量安全水平、提升我国农产品国际竞争力的有效途径。如何建设农产品品牌问题一直是理论和实践探索的重要课题。从剖析农业产业链结构出发，依托农产品产业链各链环主体，以打造强势品牌的要求抓好农产品产业链的种植养殖、运输仓储、生产加工、分销销售等各环节工作，不仅能使农产品的品质和质量安全得到有效保障，而且能够有效提高农产品的知名度和美誉度，树立农产品的良好品牌形象，为我国农业龙头企业带来更多的品牌溢价，大大增加我国农业龙头企业在国际市场中的竞争能力。

（一）农产品品牌建设要素与农业产业链结构

1. 农产品品牌建设要素

消费者对农产品品牌建设要素指标的认知体现出消费者对农产品品牌的需求倾向，是农产品品牌建设要素确定的依据。农产品品牌建设要素理论指标的设计思路是：在进行基于消费者的农产品品牌要素指标调研的基础上，根据消费者购买行为的经典理论——消费者购买决策的五个阶段（问题认知—信息搜集—比较选择—购买决策—购后评价），以及三阶段模式（刺激—决策—选择）进行设计。

（1）品牌知名度

影响消费者购买的重要指标是品牌知名度，一般可分为提及知名度、未提及知名度以及品牌美誉度 3 个指标。品牌知名度越高，消费者越放心，知名度越高的品牌，购买的人相应会越多。提及知名度是指某一个品牌在别人或相关提示的提醒下才知道这个品牌是自己所知道的品牌。未提及知名度是指某一品牌在未经任何人提醒的情况下，在购买某种商品时对某一品牌知道的比例。品牌美誉度是指某一品牌在社会上被大家共同称颂的程度。社会上被共同认可的品牌其美誉度就高，品牌美誉度是消费者愿意支付溢价的基

础，其溢价形成的原因主要是其品牌产品形成了遍及社会的美誉度。

（2）品牌联想

品牌联想指看到品牌相关标识、符号或听到品牌名称等而想起这一品牌各种属性及其相关情况，主要包括品牌标识、名称、特征、属性及生产这一品牌产品公司的一些情况。①品质质量联想是指当看到某个农产品品牌的名称、标识、宣传广告或者听到其名称、代言人名称及所属企业名称等时，对这一品牌农产品的品质和质量方面的一种总体的联想状况。②安全质量联想是指当看到某个农产品品牌的名称、标识、宣传广告或者听到其名称、代言人名称等时，对这一品牌农产品的质量安全方面的一种总体的联想状况。③企业责任联想是指当看到某个农产品品牌的名称、标识、宣传广告或者听到其名称、代言人名称等时，对生产这一品牌农产品的企业承担的社会责任方面的总体的联想状况。④企业信用联想是指当看到某个农产品品牌的名称、标识、宣传广告或者听到其名称、代言人名称等时，对生产这一品牌农产品企业的信用状况方面的总体联想状况。

（3）质量与品质认知

质量与品质认知是指消费者对某一农产品与其竞争品牌进行比较后，对这一农产品质量与性能的总体评价；同时，还包括对这一农产品外观、标识、营养、口感口味等方面的总体感知。①反映农产品质量标志状况的指标为质量标志水平。普通农产品、无公害农产品、绿色农产品、有机农产品为从低到高的4个衡量指标。②反映农产品地域特征的证明标志是农产品集体品牌，主要有无集体品牌、一般集体品牌、地理标志3个层次。③农产品的新鲜程度和给消费者的视觉感受被称为外观形象水平。农产品进入市场，消费者不但要求无害安全，还要求美观好看有卖相，对于有些初级农产品，例如蔬菜、水果和肉类，消费者特别关心它们的新鲜程度。④农产品被食用后，给消费者知觉和味觉的感受，称为口感与口味指标。消费者购买农产品的一个重要诉求就是好的口感口味，在温饱问题解决后，对口感口味的追求显得格外重要。

（4）价格适合度

价格适合度是指农产品的定价及调价与该农产品品牌定位、消费者品质认知、质量水平状况等衡量指标的契合程度，可分为定价适合度和调价适合度。①定价适合度是指消费者认为某农产品的定价与该农产品在质量水平、品牌形象及消费者可接受心理价格等方面的适应程度。一般而言，消费者希望买到性价比高的产品，而农业企业不希望无限制地提高农产品的性价比。因此，农业企业通常会在性价比和利润之间找到一个平衡点，这一平衡点就是定价适中度。②调价适合度是指农产品在价格执行中调价幅度与灵活程度是否适中。出于农产品的保质期比较短和供求关系经常变化的原因，需要适当调整其价格。但无论是涨价还是降价程度都不能太离谱，否则，会影响该农产品的总体销量和品牌形象。

（5）品牌忠诚

品牌忠诚一般通过购买行为忠诚和口碑传播忠诚度来衡量。①购买行为忠诚是消费者购买某种品牌农产品连续性状况。如果消费者对某一品牌农产品不断进行重复购买，表明消费者对这一品牌的农产品忠诚度高。②口碑传播忠诚是指消费者在购买和连续购买某一品牌农产品的同时，还不遗余力地向他周围的人群介绍、宣传和推广这一品牌农产品，使其周围的人群对这一品牌的农产品形成认知，产生好感，甚至在其影响下产生购买行为。

2. 农业产业链结构

农业产业链定义为：农业产业中具有竞争力的企业及其相关企业和其他组织，以农产品为纽带按照一定的逻辑关系和时空关系，基于供需链、企业链、空间链和价值链4个维度有机组合而形成的具有价值创造和增值功能的链网式链接的一体化组织系统。农业产业链被描述为农产品沿着农户、加工企业、配送中心、批发商、零售商以及消费者运动的一个网状链条。养殖农业产业链是农业产业链中较复杂部分，厘清养殖农业产业链的模式及其结构对整体掌握农业产业链有重要的帮助。猪肉是我们日常生活中消费最多的一种肉食，以猪肉为例说明养殖产业链的模式及其结构。猪肉产业链是一条具体的农产品链，典型的猪肉产业链由猪饲料的生产与销售、育种、养殖、屠宰、加工、流通、销售、消费以及贯穿产业链始终的运输等环节构成。我国养殖和屠宰环节之间存在大量的生猪经纪人，他们从大量分散的养殖户手中收购生猪，再提供给屠宰企业的收购商，生猪经纪人有机地联结了养殖和屠宰环节。此外，猪肉产业链还涉及政府、行业协会、研究机构等辅助性主体，它们以不同的方式对猪肉产业的发展加以影响。

在对猪肉产业链研究的基础上，经过调研分析，结合养殖农业产业和种植产业链的属性特征及其实际情况，归纳出农业产业链的典型模式。在采购环节通常会衍生出原粮或生鲜产品贸易，同时还会衍生出物流运输及仓储产业，这些分支产业对农业产业链的发展起着重要的配合支持作用。

其实，农业产业链的每个链环的环节都会衍生出一个甚至多个分支产业链，与主产业链一起构成一个农业产业链网群。例如，由生鲜品种引进、研发、品种培育、品种销售、品种信息等构成育种、选种植产业链；由饲料生产销售、兽药生产销售、养殖技术指导培训等构成养殖业支线产业链；由生鲜产品的运输物流、仓储保鲜与快捷分销等构成生鲜农产品物流仓储支线产业链等。

农业产业链的各个分支产业链也是相互紧密联系的，共同构成了一个巨大的农产品产业链网。有的大型龙头农业企业把育种养殖、原粮和生鲜采购贸易、屠宰加工生产、储存物流、包装入库和成品农产品分销物流都集合在一起，组建成大型综合性的现代农业产业集团公司，对农产品产业链进行有效的整合运行，提高其整体运行效益。

3. 农业产业链运行机制

农产品品牌建设的运行机制由农业产业链的运行机制来提供和保障，由于农业产业链的链环主体是农产品品牌的建设主体，而农业产业链的主体具有多样性，不仅包括农业企业，而且包括农户（专业户）和从事农产品贸易性质的经纪人和贸易商户，农产品品牌建设的运行主要依据农产品品牌各建设主体间的互动关系活动而展开，农产品品牌建设的最后成效随农业产业链各链环主体间各种机制作用的结果不同而有所不同，因此，农产品品牌建设的运行机制其实就是农业产业链的机制。

农业产业链是一个较为复杂的产业链形态，不但产业链较长，行为主体多，而且产业链行为主体的性质各不相同，既有企业主体、政府主体和农业行业组织，还包括分散的农户和专业户。因此，农业产业链的运行机制也比较复杂。农业产业链的运行机制主要有利益分配、风险共担、竞争谈判、信任契约、沟通协调和监督激励等6种机制。其中，信任契约机制是基础，利益分配机制是核心，风险共担机制是本质，竞争谈判机制是手段，沟通协调机制是关键，监督激励机制是保证。6种机制借助于市场机制这只"无形的手"和政府机制这只"有形的手"共同对农业产业链发生作用，推动整个农业产业链的正常运行。

（二）农产品品牌建设要素与农业产业链的关联性

农业产业链是一个结构复杂、链环环节众多、链环主体多样的链网集合体。在对农业产业链中的典型代表——猪肉产业链进行深入剖析的基础上，探索农业产业链的一般性结构及其运行规律。结合农产品品牌建设的理论与实践，构建了以农业产业链为主线，以品牌建设要素为内容，以品牌建设参与者为主体的"三位一体"模式的农产品品牌建设框架模型。农产品品牌建设与农业产业链各个链环的环节都紧密相关，农业产业链运作及管理与农产品品牌建设的效果直接相关。下面就农产品品牌建设要素与农业产业链的关联性进行深入分析。

1. 农产品品牌知名度与农业产业链的关联性

农产品的质量安全、营养、绿色环保、口感口味等是消费者最重视的几个指标，也是消费者选择农产品的最重要依据。农产品品牌知名度和美誉度来源也各不相同，有的农产品是因为质量安全有保障，有的农产品是因为绿色环保，有的农产品是因为营养价值高等。而农业产业链的诸多环节不仅能有效保障农产品的质量安全，也是农产品品牌知名度建设的重要依据。"壹号土猪"实行"公司＋基地＋农户"的联合经营模式。在基地培育出"壹号土猪"种苗，由农户在公司的无公害农产品产地进行放养；产地均为环境优美、空气清新、无工业污染的果园以及山坡地；农户采用传统的喂养方式，分阶段饲养，用番薯苗、玉米、米糠、麦皮等土饲料喂养；产地有严格的卫生消毒防疫制度，种苗、饲料、兽药均由公司提供，在饲养过程中的每一生长阶段，公司都安排专业的兽医、营养师、保育员在现场进行监督和指导，确保饲养出来的"壹号土猪"无农残、药残、激素残留等，以确保为"壹号土猪"热鲜肉提供质量可靠的原材料。"壹号土猪"正是由于从产业链的育种选种、饲养育肥、防疫宰杀和运输销售等环节来保证其产品质量、口感口味和营养价值，使得"壹号土猪"这一品牌享有很高的知名度和美誉度，肉价格是普通猪肉的 2 ～ 3 倍。

2. 农产品品牌联想与农业产业链的关联性

农业产业链运行及其管理能给农产品品牌联想建设提供众多的素材和

资料。不仅能使消费者对农产品的品质和质量安全产生正向的联想，而且能使消费者对生产该品牌农产品的企业责任和信用等方面产生正向联想。中粮集团有限公司宣称"全产业链"保证生产的农产品"从田头到餐桌"的全程质量安全保障，也使广大消费者从"全产业链"方面对"中粮系"品牌农产品产生了正向品牌联想。雨润集团有限公司的"雨润冷鲜肉：全程冷链让鲜美更安全"使得广大消费者对"雨润"鲜肉有了更多的正向联想。全方位的冷藏保障措施，使"雨润"冷鲜肉从原料检疫、屠宰、快冷分割到剔骨、包装、运输、储藏、销售的全过程始终处于严格监控下，防止了可能的污染发生。雨润集团也因此打造出"从源头到终端"的全程雨润食品安全监控体系，做到"源头有保障，全程有冷链"。雨润集团正是从宰杀、包装、运输、储藏和销售等产业链环节来构建"雨润"牌冷鲜肉的品牌联想而大获成功。

3.农产品质量及品质认知与农业产业链的关联性

消费者对农产品品牌及品质的认知度与其产业链具有密切的关联性。具有强大而完整的农业产业链体系作为保障的农产品的品质质量更加值得消费者信赖，消费者也会更容易识别这样的农产品品牌标识和形象标记。农产品的质量标志水平从低到高分别是普通农产品、无公害农产品、绿色农产品、有机农产品4个衡量指标，农产品的质量标志水平越高，对其产业链的各环节监管要求也越高。农产品集体品牌标志水平可区分为无集体品牌、一般集体品牌和地理标志等几类。政府相关部门、农业行业协会和农业企业为了维护和提升地理标志农产品的品牌形象及品牌美誉度，大多会加强相关农业产业链的监管和建设来提高这一地理标志农产品的产品质量，强化市场对这一农产品品牌的信任度和认可度。为了提高品牌农产品的外观形象水平、营养价值水平和口感口味水平，需要对农产品产业链的选种育种、加工生产、包装保鲜、运输储藏和销售等环节加强监管。"中粮"系列产品在"全产业链"体系保障下"从田头到餐桌"，让百姓吃得放心。中粮以"全产业链"为监管基点，从农产品种植、养殖"源头"抓起，生产加工、检疫检测、质量追溯层层设防，安全措施环环相扣，形成了一条牢不可破的食品安全"绿色"产业链。做到"中粮系"农产品生产要有"出生证"，销售要有"户口簿"，餐饮服务要建采购"台账"。中粮集团正是从产业链出发，不断加强对产业链各个环节的监管，使得广大消费者对"中粮系"农产品的品牌及其品质认知度不断提高。

4. 农产品价格适合度与农业产业链的关联性

价格是众多消费者选择农产品的一个重要参考指标，也是表现农产品品质及质量和档次的一个重要指标。农产品定什么价才算合适，其实是在与市场不断博弈中确定的。品牌农产品的销售商总希望尽量定高价来获得更多的利润，而消费者总希望购买到性价比更高的农产品。具有强大农业产业链保障的农产品不仅质量安全有保障，而且其品质、质量、营养价值和口味口感也会比普通农产品更胜一筹，因此，定高于市场的价格也就成为当然。"雨润"冷鲜肉比普通的猪肉要贵 30% ~ 50%，不能不说其冷鲜保鲜链起了很大作用。由于农产品的保鲜期和市场供求关系的影响，农产品的价格调整也是非常普遍和正常的，具有产业链保障的品牌农产品向下调节的幅度总是比普通农产品的调节幅度要小，由于农业产业链保障，品牌农产品的质量安全、品质质量及营养口感更有保障，向上调节的幅度大多不会低于平均水平。

5. 农产品品牌忠诚度与农业产业链的关联性

品牌忠诚度是考量农产品品牌是否具有市场竞争力的一个重要指标，品牌忠诚度包括购买行为忠诚和口碑传播忠诚，两个忠诚度越高，表明这一农产品品牌越具有市场竞争力。消费者对某一品牌农产品的购买行为忠诚度由很多因素决定，主要包括农产品的品质、质量安全、营养价值、口感口味等因素。品牌农产品建设主体从农业产业链管理出发，对农产品生产的选种育种、种植养殖、运输储藏、包装加工等环节实施科学、严密的监管，保证了品牌农产品的质量安全、品质质量和营养口感。同时，在强大农业产业链保障机制下生产的品牌农产品不仅受到消费者的青睐，也是市场消费者相互传颂和推介的对象。山东平度加强农业产业链建设，打造高端特色品牌农产品，通过对农业产业链的无公害种植基地建设、育种选种、施肥浇灌和加工包装等环节的科学管理，构建农产品"出身"认证和查询平台，消费者可通过手机短信、电话、互联网、超市查询机等多种方式来对所购买的各类农产品进行查询。正是由于从农业产业链的视角不断加强农产品生产过程的管理，使得"平度"各类农产品受到市场的青睐，品牌忠诚度也不断提高。

三、特色农产品品牌建设与乡村振兴战略

特色农产品品牌建设是农业现代化的标志之一，也是乡村振兴战略的

有机组成部分。在乡村振兴战略的背景下，特色农产品品牌建设存在着特色内涵挖掘深度不够，品牌吸引力不强、影响力不大；产业化程度不高，品牌规模效应难以彰显；专业化人才紧缺，特色农产品品牌质量不高等问题。针对存在的问题，提出了加强"三农"工作队伍建设，强化新型农业经营主体的品牌意识；深挖农产品的特色内涵，强化特色农产品品牌质量与效益；推进农村一、二、三产业的深度融合发展，强化特色农产品品牌规模聚集效应的对策。通过特色农产品品牌建设的带动作用，促进乡村振兴战略的实施。

实施乡村振兴战略是党和国家作出的一项重要决策部署，是决胜全面建成小康社会，解决人民日益增长的美好生活需要和不平衡不充分的发展之间的矛盾的重要路径。推进农业农村现代化是乡村振兴战略的重要内容，而特色农产品品牌建设则是农业现代发展的标志之一，因此，强化特色农产品品牌建设在乡村振兴战略中具有重要的意义。立足于特色农产品品牌建设在乡村振兴战略中的作用，探讨在乡村振兴战略背景下，如何推进特色农产品品牌建设，从而以品牌建设助力乡村振兴战略。

（一）特色农产品品牌建设对乡村振兴战略的作用

"建立健全现代农业的产业体系、生产体系、经营体系，加强农业的现代化经营管理，提高农业的规模化、标准化、品牌化、集约化水平，建立科学的管理制度"是实现乡村振兴战略的七大任务之一，明确了"品牌"在其中的重要地位。这也表明了特色农产品品牌建设是乡村振兴战略的有机组成部分，对于乡村振兴战略亦具有重要作用。

有助于提高特色农产品的价值，为发掘乡村价值推动乡村振兴奠定经济基础。发现和科学认识乡村价值是乡村振兴的前提，在乡村价值的诸要素中，起基础性决定作用的是生产价值。提高乡村的生产价值，一方面是通过扩大生产，夯实乡村振兴的经济实力；另一方面是建设特色农产品品牌，通过品牌的"溢价"效益，提高特色农产品的价值。例如，贵州遵义的虾子辣椒，虽然早在明清时期就成为商品，但几百年来其商品化程度极低，很长时间里都属于零星销售。改革开放后，遵义市推进了虾子辣椒产业的集约化，但同时出现了严重的同质化现象，产品的竞争力不强，往往是"增产不增收"，其价值难以得到提升。为提高虾子辣椒的价值，帮助农民实现"增产增收"，虾子辣椒开始了品牌的创建：一是大力发展特色辣椒产业，丰富其品牌的内涵；二是延伸产业链，挖掘其价值；三是提高品牌知名度和影响力。经过努力，"中国辣椒城"品牌应运而生，并打造出强势的地理标志品牌。有了品牌的影响，其辣椒制品销量增长迅猛。由此可见，品牌建设对于提高特色农产品的价值具有直接的作用。特色农产品价值的提升，使农民的收入倍增，不仅富裕了农民、充实了农村，而且还可以延伸产业链、增加就业岗位，促进县域经济的发展，为推动乡村振兴战略奠定坚实的经济基础。

有助于促进农业农村的现代化，为农业农村优先发展推动乡村振兴注入持久的动力。加强推进农业农村现代化是乡村振兴的重要任务，而特色农产品品牌建设则是农业农村现代化的路径选择。特色农产品品牌建设不同于一般的特色农产品的生产，它不仅被用来区分同类产品、提高产品竞争力、占据市场的无形资产，更重要的是通过特色农产品品牌战略的实施，对推进农业农村的现代化建设有重要的促进作用。中国传统农业有以下特点：一是分散经营，集约化程度低，难以形成规模效应；二是人力成本高、消耗资源大，农业效益不高；三是较为孤立，与二、三产业融合度不深。传统农业的这些特点使得农业在社会主义现代化建设的进程中，发挥的作用不如二、三产业突出。因此，农业必须进行转型升级，才能适应新时代发展的要求。以特色农产品品牌建设为抓手，可针对传统农业中存在的问题进行逐一破解，并以此来推动农业农村的现代化转型。特色农产品品牌建设把同一类农产品汇聚在同一品牌之下，按照品牌的要求，分散经营的特色农产品就有了统一的标准、统一的品质，从而提高了农业的集约化程度，提高了特色农产品在市场上的知名度和美誉度，帮助农民走上富裕的道路。农业有了规模，就能与二、三产业进行深度的融合，进而提高特色农产品的价值和农业的地位。由此可见，特色农产品品牌建设把一、二、三产业更加紧密地联系起来，也把城市和农村更加紧密地联系起来，有力地推进了农业农村现代化进程，为乡村振兴提供源源不竭的动力。

有助于提高农民的现代化意识，为培育新型农业主体推动乡村振兴提供队伍保障。农民是乡村振兴战略的主力军，也是乡村振兴最直接的受益者。因此，十九大报告在乡村振兴战略中明确提出了支持和鼓励农民就业创业，拓宽增收渠道。要激发农民创业的潜能，就必须提高农民的现代化意识，而特色农产品品牌建设本身就是现代化的体现，农民直接参与特色农产品品牌建设，其本身就是对农民进行现代化教育的一个过程。特色农产品品牌的建设，让百色农民看到了品牌带来的价值，尤其在电商的推动下，农民的眼界开阔了，许多农民也开起了网店，通过互联网与全国各地客户进行交流互动。特色农产品品牌的建设，有效改变了农民传统的思维模式，增强了农民的现代化意识，这为培育新型农业经营主体，推动乡村振兴所需要的人才队伍提供了有力的支撑。

（二）乡村振兴战略背景下加快特色农产品品牌建设的对策

乡村振兴战略为特色农产品品牌建设创造了良好的条件和环境，也对特色农产品品牌建设提出了更高的要求，针对当前特色农产品品牌建设中存在的问题，提出以下对策。

1. 加强"三农"工作队伍建设，强化新型农业经营主体的品牌意识

要培养造就一支懂农业、爱农村、爱农民的"三农"工作队伍，这表明了对"三农"队伍建设的高度关注。人才队伍建设是特色农产品品牌建设的关键。只有配齐高水平、专业化的人才队伍，才能提高特色农产品品牌建设的质量和效益。针对当前农村的实际和存在的问题，以乡村振兴战略的推进为契机，可从三个方面入手加强"三农"工作队伍建设：一是引进优秀人才。在乡村振兴战略背景下，政府要加大对乡村建设人才引进的力度，出台相关的政策，从人才的发展、人才的激励、人才的保障等方面来吸引农业科技、市场营销、品牌策划、企业管理等方面的人才聚集农业资源区域，为特色农产品的生产、销售、管理和品牌建设提供人才支撑。二是培育新型农民。乡村振兴的主力军是农民，直接受益者也是农民。但因知识结构、文化水平、眼界思维等方面的制约，农民对特色农产品品牌的建设问题认识不到位，因而对从特色农产品的生产、销售到品牌建设的理解都不透彻，自然也就没有太多的行动参与其中。针对这些情况，政府和企业要通过各种形式加强对农民进行培训，帮助他们掌握最新理论知识、科技知识，培养他们的创新能力，开阔他们的视野，培养一大批懂现代农业生产、会农产品营销、能创农业品牌的新型农民。三是用活各方面人才资源。农村是一个广阔的舞台，可以让各方面的人才在此施展才华，政府和企业要进一步解放思想，在乡村搭建有利于发挥人才作用的平台，如创办农业科研基地，鼓励高校和科研院所的专家学者到乡村开展农业科学研究和社会调查，把科研成果扎根于广袤的农村

大地上；也可创办创业创新基地，吸引企业和优秀的创业青年把目光聚向乡村，在乡村寻找创业资源和创业项目，或是延伸企业的产业链，把乡村市场与城市市场更紧密地联系起来。通过搭建平台，把各方面的人才资源聚集在一起，为乡村振兴出谋划策、贡献智慧和力量。加强"三农"工作队伍建设，广泛吸引人才，从而形成新型农业经营主体。由于他们眼界开阔，乐于接受新事物，对这个主体进行品牌建设的培育和引导，就容易得到他们的理解和支持，从而使特色农产品品牌建设的主体意识增强，为特色农产品品牌建设打下坚实的人才基础和群众基础。

2. 深挖农产品的特色内涵，强化特色农产品品牌质量与效益

品牌的内涵非常丰富，特色农产品品牌建设同样是多方面的，对农产品的特色内涵进行深入挖掘，才能把品牌打得更响。在挖掘农产品的特色内涵时，要打开思路，从不同的侧面进行深挖，包括特色农产品的名称、特性、产地以及特色农产品背后的故事传说、风俗习惯，还可延伸至人文精神和人文关怀等。比如，"乡愁"也不失为特色农产品品牌建设的一个思路。随着中国经济社会的发展，人们的生活水平不断提高，人们在满足物质生活的同时，更多地追求精神上的需求，而"乡愁"体现的是情感特征、人文品牌，这样的品牌带给消费者的不仅是特色农产品的实用价值，更增加了特色农产品的精神价值，从而强化特色农产品品牌的质量和效益，助力农民的增产增收，推进乡村振兴。当然，农产品特色内涵的挖掘是建立在农产品品质基础之上的，也就是说，高质量的特色农产品是创建一个好品牌的前提，稳定的产品质量是品牌的支撑。所以，在乡村振兴背景下建设特色农产品品牌的首要任务是抓好农产品的生产环节，这其中最为重要的是抓好特色农产品生产基地建设，确保稳定的产品质量；抓好绿色健康、有机无毒农产品的生产，保证投放到市场上的产品与品牌的价值高度契合，才可能得到消费者忠实的拥护。

推进农村一、二、三产业的深度融合发展，强化特色农产品品牌规模聚集效应。针对特色农产品仍处于第一产业链，其品牌价值的效益没有得到充分彰显的问题，要在乡村振兴战略中大力推进农村一、二、三产业的深度融合发展，发挥特色农产品品牌的聚集效益，形成规模经济。这就要求在特色农产品品牌建设时，要勇于打破传统的第一产业发展的模式，通过特色农

产品品牌的带动引领，主动融入特色农产品的深加工环节和配套的服务环节，通过特色农产品的生产、特色农产品的深加工和特色农产品销售过程中的仓储、电商、物流、服务等环节，拉长特色农产品的产业链，有效促进一、二、三产业的深度融合发展，使特色农产品的附加价值不断提升，强化特色农产品品牌规模聚集效应。比如，江西省泰和县通过实施"现代农业＋"行动，打造了集设施农业、观光农业、旅游农业于一体的现代农业旅游产业园区；通过实施"互联网＋"行动，大力发展智慧农业、农村电子商务等新业态、新模式。这样的行动，有力地促进农村一、二、三产业深度融合发展，从而使特色农产品品牌的建设得到了强力支撑，也为乡村振兴战略做出了贡献。

乡村振兴战略的实施，对解决"三农"问题意义重大，而特色农产品品牌建设在推动农业农村转型发展中具有重要作用。因此，积极主动抓好特色农产品品牌建设有益于乡村振兴战略的推进。

四、农产品品牌建设分析及展望

中国自古以来就是农业大国，农业生产在国民经济发展中扮演着十分重要的角色。进入 21 世纪以来，中国农产品对外出口规模不断扩大，但是由于缺乏有效的品牌支撑，导致中国对外出口的农产品在国际市场上缺乏核心竞争力，所取得的经济效益十分有限。因此，加强农产品品牌建设，不仅是提升中国农产品国际竞争力的重要途径，也是提高出口农产品附加值、助力现代农业强国建设的重要举措。通过分析中国农产品品牌建设现状以及其在品牌优势、品牌结构、质量安全法规、金融服务等方面存在的问题，提出增强品牌优势、优化品牌结构、加强质量安全法规体系建设、创新农业金融服务体系等政策建议，以推进农产品品牌建设发展。最后，对中国农产品品牌未来建设前景进行了展望。

农产品品牌是个符号系统，主要指农业生产者或经营者通过向消费者传达有关农产品质量、产地等信息，以更好地取信于广大消费者。对于农产品生产经营者而言，要想赢得消费者的信赖和支持，一方面要确保自己生产销售的农产品品质过硬；另一方面要诚信经营，注重消费者体验，从而在消费者心里树立起一个良好的品牌形象，迅速占领市场。"民以食为天"，农产品作为人民生产生活必需品，社会公众和媒体对其质量安全格外关注。但是，一方面农业生产受自然条件影响较大；另一方面农业生产周期较长、生产流程复杂，很难对农产品品质进行精确化控制。因此，农产品的品牌化发展之路注定要比一般工业品面临更多的挑战。创响"土字号""乡字号"特色农产品品牌等相关政策文件的相继出台，给中国农产品品牌建设带来了新机遇。

（一）强化农产品品牌建设的对策

在国家相关惠农政策的支持下，农产品品牌建设事业不断发展，农产品品牌数量显著增多，品牌农产品的竞争力也在逐步提升。但是，中国农产品品牌建设相比西方发达国家起步较晚，还存在品牌优势不强、品牌区域发展不平衡、品牌结构有待优化、质量安全相关法律保障体系不够完善、农业农村金融服务体系尚不健全等不足之处。针对这些问题，建议从以下方面进行强化。

1. 拓展农业发展潜力，增强品牌优势

首先，对于一些有着丰富中国文化特色的优势农产品，要努力拓展农业发展领域，延长农业产业链，发展农产品精深加工，大力开展农业产业化经营，朝着产供销一条龙、贸工农一体化的方向奋力迈进。其次，把握好国内国外两个市场，健全农产品市场体系，搞活农产品流通，确保广大消费者能够及时购买到满意的优质农产品；大力发展农业社会化服务体系，为推动品牌农业发展提供及时、有效的服务，不断提高服务质量和水平，为品牌农业发展保驾护航。再次，在努力提高农产品质量水平的同时，要积极采用一些市场化运作方式，加强品牌构思、包装、宣传和推广，提高品牌市场知名度，不断扩大市场份额，实现品牌效益最大化。最后，鼓励一些知名农业企业丰富企业经营形式，通过收购、兼并、合资等方式做大做强，加快培育一批品牌知名度大、核心竞争力强的国际知名大企业、大集团，为农产品品牌建设提供强有力的载体，助力中国"农业强国梦"的实现。

2. 善用区域自然禀赋，优化品牌结构

首先，针对东西部不同的自然禀赋，因地制宜地发展各自的优势农业产业。总体而言，中国东部地区多平原地形，地势平坦、光照充足、水资源丰富，农业基础设施比较完善；西部多山地高原地形，基础设施建设落后，农业农村生产受自然条件约束较大。因此，东部地区应以发展规模化、集约化的优势高效农业为主，加快农村土地流转，推进城乡融合，对农村土地进行统一规划和经营，形成规模效应，做大做强农业农村产业，打造区域农产品自主品牌；西部地区应因地制宜地加强农业基础设施建设，推广小型农业机械，发展区域特色农业，打造特色农产品品牌。其次，加强中国水产品自主品牌建设，延长水产品产业链，发展水产品精深加工，提高水产品出口的附加值，助力蓝色海洋经济又好又快发展。最后，加强中医药产品的自主品牌建设，做大做强中医药产业。

一方面，可以借助中国悠久的中医和中药历史，着力增加中医药产品的文化内涵，增强消费者的价值认同感；另一方面，大力开发国家中医药资源，规范中医药生产，增加中医药的滋补养生功能，延长中医药产业链，推动中医药产业长期健康发展。

3. 加强农产品质量安全法规体系建设

农产品质量安全法规体系的建设一定要立足于中国特殊的国情。从现实情况出发，稳步推进农产品质量安全法律法规体系的建设，为加强食品质量安全监管提供有力的法律依据，努力做到"有法可依、有法必依、执法必严、违法必究"，营造出一个风清气正的食品安全环境。首先，农产品质量安全立法建设应该秉承"以人为本"的原则，强调预防为主、惩罚为辅，注重综合立法和专门立法相衔接，互为配合和补充。其次，从农产品全产业链出发，建立一套完备的法律法规体系来规范、引导农产品全产业链上的各个流程。最后，借鉴发达国家的有益经验，不断更新出台有关农产品质量安全风险防控、评估和预警、质量安全追溯等方面的法律法规，并与时俱进，适时调整和修改。

4. 加大金融惠农力度，创新农业金融服务体系

首先，要加强现有的农业金融体系的支持作用。农村信用社和村镇农商银行是目前中国农村的主要农业金融机构，但普遍存在非农化运营、不良资产较多、农户贷款门槛较高、员工服务态度较差等问题。可通过重组改造剥离不良资产，出台相应的法律规范，要求涉农金融服务机构吸纳的农村地区的存款必须专款专用、主要投向农业生产部门等，提高信用社和农商银行的金融服务水平。农业开发银行是国家政策性农业金融机构，资金来源较少，可以通过积极开拓新业务，扩大资金来源，提高其为农服务的能力。另外，国家还应该通过一些优惠政策，加大其他商业银行对农业农村发展的金融支

持力度。其次，要引导民间借贷资本的健康发展。民间借贷资本也是不容忽视的农村金融服务力量，对于缓解农业发展面临的资金紧张问题具有重要的意义。但是，目前民间借贷资本的存在并没有得到相关法律的承认，可以通过建立健全相关的法律体系来规范、引导它们更好地为农业农村经济发展服务。最后，建立健全农业保险体系。根据近年来农业发展呈现出的新特点、新趋势，适时开发出适合农业发展新特点、新趋势的农业保险产品。对于一些生产风险比较大的农产品，可以通过实施强制性的保险措施，降低生产风险，切实保障农民增产增收。另外，为了提高农业保险的普及度，政府还应对农户加强农业保险的宣传教育，并对参保的农户提供一定财政资金补贴。

（二）中国农产品品牌未来建设前景

1. 农产品质量安全标准化建设深入推进，农产品品牌核心竞争力增强

未来，农产品质量安全的标准化建设将会持续深入，其推进方式将以政府带动模式为主，通过基地示范、建立农业标准示范区的形式，以项目实施带动标准化推广网。以严格的标准体系为基础，再由相关机构执行严格的质量监管，这种"标准＋监管"的模式可有效提高国家对农产品品质监管的成效，从而实现农产品生产管理与国际通行标准的无缝对接，显著增强中国农产品品牌的核心竞争力。

2. 农业农村科研投入不断增加，实现品牌农业的创新发展

未来，政府相关部门将针对国情，在加大对农业农村科研的支持力度时，注意分工协作和精准发力，中央政府对基础性的农业技术研发提供支持，地方政府对本区域内的特色农产品技术研发提供支持，引导社会资金流入农业技术创新部门，并对农业企业自建农业技术研发中心给予资金和政策支持，由此形成一套分工合理、运行高效的农业科研体系，为农产品品牌建设提供强有力的技术支撑。有了雄厚的技术实力，农业企业可以积极发展农产品的精深加工，农产品附加值得到显著提高，从而实现品牌农业的创新发展。

3. 以市场需求为导向，实现农产品品牌差异化发展

未来，基于国家的差异化发展战略，中国农产品品牌建设将向高端化方向迈进。具体来说，首先，农业企业主动开展广泛的市场调研活动，深刻了解不同类别的消费者各自的需求方向和消费偏好，据此生产出消费者更加青睐的特色农产品。其次，农业企业已经有了强大的科研能力作为支撑，能

够针对消费者的消费需求，迅速创造出符合其消费偏好的优质农产品，最后，农业企业时刻关注相关行业未来的发展趋势和消费市场变化趋势，确保自己始终走在时代前列，不断巩固自有品牌的市场地位。

第二节 农产品品牌推广

一、农产品品牌推广

（一）农产品品牌推广意义

品牌推广，也称品牌宣传，是品牌建设的最终目的。农产品的品牌建设推广不仅是让农民种植的产品有了自己的名字，在市场上可以骄傲辨认出自己种植的农产品，而且实现了农产品的市场化、商品化和标准化，农产品品牌建设实现了自身的竞争力，有利于当地经济的发展。具体体现为：农产品品牌推广是现代社会发展的需要；推广农产品品牌有助于降低农产品的生产和运营风险；推广农产品品牌可以有效地提升农产品企业的市场竞争。

（二）农产品品牌推广成功的主要影响因素

要适应现代社会和市场需求，成功地推广一个农产品品牌是一件十分不容易的事。除了正确地选择品牌推广方式之外，还要注意影响农产品品牌推广成功的因素。

1.农产品本身的特点可成为品牌推广的"卖点"

要想让消费者购买产品就必须给消费者一个购买你产品的理由。这个理由，从消费者角度讲就是"买点"，从营销者角度讲就是"卖点"。

2.推广方式必须与农产品品牌目标定位相一致

"自说自话""对牛弹琴"，实质上说的都是没有找到目标人群，所谓对什么样的人说什么样的话，那么，任何一个营销推广的进行，必须明确目标人群在哪里，有针对性地对他们进行教育、影响，甚至直接说服购买。如何让推广效果得到提升，提升品牌的知名度，找对目标人群很关键。例如，一种农产品一旦定位为高端产品，绝对不能选择路边店、小型零售店，更不能走街串户乱吆喝。如果是定位于大众消费，包装和定价就不能太高档，也不适宜在高级大卖场中出现。

3. 品牌名称必须易于传播和推广

简洁、上口、易读易记易懂、富于启发、寓意吉祥的品牌名称是品牌传播的第一要素；让消费者听见、看见品牌就忘不掉则是品牌推广的最高境界；让消费者用过产品后还想买，这是品牌推广成功的标志。

4. 产品包装要有助于品牌推广

包装是品牌形象的重要构成部分，是品牌形象的直接体现，也是品牌持续传播的主要载体。精美、灵巧、实用、特色鲜明的包装一旦与产品的特性相适应，便会快速直接地刺激消费者的购买欲望，甚至消费者在使用后也舍不得扔掉，便会发挥更为持久的促销作用。

长期以来，农产品销售中一直对包装不够重视，存在着"一流产品，三流包装"的普遍现象，这也是许多农产品卖不上价钱，品牌效应难以发挥的主要原因。目前人们逐步对农产品的包装重视起来了。

5. 宣传推广力度要适度

进行品牌宣传推广，需要一定的资金投入。如果投入过低，不仅宣传的范围会受到限制，而且宣传的效果也会大打折扣。如果投入过高，超出企业的预算或承受能力，虽有可能获得一些促销效果，但可能增加成本，降低利润。因而，农产品企业的品牌推广费用必须与企业的实力相匹配，量力而行。

6. 品牌推广要随产品生命周期变化进行调整

农产品品牌的宣传推广不可能是固定不变、一劳永逸的，也是随着市场发展阶段的变化而变化。通常情况下，在产品生命周期的引入期，应以通知性的广告为主，配合促销鼓励消费者尝试使用新产品，旨在提高产品品牌的知名度。在成长期，消费者对品牌的认知水平大大提高，应加强广告和促销，促使消费者现实购买，重在提高产品品牌的美誉度。在成熟期，广告诉求重点应转变为提醒老顾客重复购买。品牌推广突出人员推销的力度，争取维持高水平的销售，重在提升顾客的品牌认知度。

7. 高档定位的农产品品牌应"自上而下"推广

高档定位的农产品品牌，一般价格都比较高，其目标对象多为城市高收入阶层或者社会声望和地位都比较高的消费阶层，这类人通常都有一定的社会影响力，在消费过程中有时也会产生"榜样"（暗示）的作用，容易形成消费模仿和时尚流行。通过公共关系、人员推销、团购、免费品尝、食用等方式，让这部分人养成该品牌产品消费习惯，从而带动更多的人模仿和从众消费。

8.遵循由近及远的原则开展品牌推广活动

一方水土养一方人。因地理位置、气候、土质和水质的差异性等，造成农产品本身品质、口感等方面的差异，加之传统社会物流运输条件的有限性，使农产品的销售和消费具有明显的区域性；农产品品牌的传播除具有口碑性、区域性之外，还具有明显的由近及远的传播特点。农产品的推广最好实行"本地带动、周边辐射，由近及远、循序渐进"的推广策略，既可以节省费用，又可以稳步发展。

（三）农产品品牌推广方式

农产品品牌推广的方式多种多样，并无固定的模式。近年来我国农产品营销中最有效的品牌推广方式为口碑传播、电视广告、利用产品本身的推广、公共关系、人员推销、网络广告、实地推广、终端促销、互联网推广等。

1.口碑传播

口碑传播就是让满意的人告诉他身边的亲朋。在亲朋之间交谈的时候，人们都是没有戒心的，信息可以直接到达受众的心底。口碑传播是平时人们面对面的沟通方式，它是最直接、最高效的方式，容易成为一个"圈子"中一个时间段的谈论话题。口碑传播的说服力比广告、比公关、比其他任何推广方式的说服力都要强。让别人主动为你说好话，让消费者去为你的产品做推广、做销售。口碑传播的要领是产品品质确实好；要有意识地对产品特点进行总结，并概括成朗朗上口的传播语言效果更好。

2.广告策略

广告是借助大众媒体的营销宣传，是农产品品牌推广的主要工具。广告表现手法宜采用符合目标客户品位的表现手法，以务实为主，强调简明、可信，以单刀直入的方式表明项目的利益点和支持点，不追求前卫创意和过度的艺术表现；突出产品卖点，以媒体品牌塑造和产品性价比两大推广线为主，构成总体的广告推广策略。运用广告宣传农产品需要注意准确地把握消费者的真正需求，卖点要鲜明，表现形式要有创意。

3.产品推广

许多消费者对产品本身的品牌推广感兴趣。例如，将产品的商标或品牌的名称贴在果品本身，通过将品牌文字或图案留在果品身上，让顾客非常直观地感受品牌，印象非常深刻。只是这种推广方式的适用范围有限，很多农产品难以操作。

4. 公共关系

适合农产品品牌推广的公关策略主要有：相关会议的展示和演讲，如参加农产品博览会、交流会、相关专题的研讨会等，展示产品形象，宣传产品特点，传播品牌概念；利用与消费者息息相关的活动或者节日等进行品牌推广；公益服务，如向特定公众进行赞助等，这是公关常用的方式，树立企业的美誉度和知名度；书面材料。

5. 网络推广

企业利用网络来进行农产品品牌的推广，取得了非常明显的效果。以建设网上农产品品牌推广基地为目标，打造网上品牌资源集成服务中心，农产品品牌培育中心、护牌创牌信息中心，使全区特色农产品"抱团"打品牌。网站展示内容主要分为三个方面：一是企业形象展示，通过简介、荣誉，全面展示品牌企业的风采和实力；二是农产品形象展示，分门别类地展示南湖区知名品牌的农产品，显示当地的区域特色，将一些不为外地人所知的优质农产品利用互联网推到前台；三是产品品牌形象展示，通过一些家喻户晓的品牌展示，引领农产品品牌形象整体提升。

6. 人员推销

人员推销是企业的销售人员用面谈的方式，向具有购买欲望的顾客介绍商品、推销商品，实现企业销售目标。品牌农产品推广需要建立强大的推销队伍，可以结合目标市场。重视人员队伍的招聘、培训、评估和激励，并注重人员推销技巧的运用，通过演示和演说积极传递品牌农产品的新信息，建立长期的客户关系。

7. 实地推广

由于农产品品质具有实际体验的特点，让人们对农产品的原产地倍感兴趣，认为原产地产品才最正宗，因而乐意借旅游、出差、路过到原产地购买。所以，可利用好原产地优势进行品牌推广。

8. 终端推广

终端产品展示可直接激发消费者的购买欲望和购买行动。因此，农产品企业必须重视渠道终端现场的品牌推广工作。终端品牌推广集中体现在品牌宣传、品牌展示（包装）、摆放位置、导购员的介绍等方面。设计吸引人眼球的宣传品（海报、吊旗、条幅、展板等）、产品外包装至关重要。

（四）农产品品牌战略规划

1.定位目标群体

（1）寻找品牌目标消费群体

不论是农业种植业，还是养殖业，首先要定位目标群体，选定目标人群可从消费观念入手。

（2）从消费心理切入，消费者需要生态

就农产品本身而言，在消费者的心中是绿色、生态的代名词。在农产品的品牌建设中，品牌需要与农产品本身所具有的大众印象相符合，突出自身的绿色与生态，加深消费者对农产品绿色生态的认知与理解，立足于消费者的消费心理。

（3）从消费风俗切入做好品牌定位

例如，消费者到了每年的五月初五端午节，有吃粽子的风俗习惯，所以，粽子的品牌销售，就要考虑人们消费的习俗。

2.锁定品牌核心价值

品牌核心价值也就是做好品牌定位，要给消费者一个购买的最好理由。农产品的价值凸显应该从自身多方位入手，从产品功能切入；从产品造型切入；从价值虚拟切入。

3.设计品牌名称与标志

品牌名称是品牌中可以用语言称呼的部分。品牌标志，是品牌中可以被认出、易于记忆但不能用言语称谓的部分，包括符号、图案或明显的色彩或字体，又称"品标"。品牌标志是一种"视觉语言"。它通过一定的图案、颜色来向消费者传输某种信息，以达到识别品牌、促进销售的目的。

品牌即是产品名称加上品牌标志。二者是构成完整的品牌概念的要素。品牌标志自身能够创造品牌认知、品牌联想和消费者的品牌偏好，进而影响品牌体现的质量与顾客的品牌忠诚度。

4.打造风格个性

农产品从包装个性切入，从风味个性切入，从品种个性切入。

5.追加品牌文化底蕴

首先，从广告文化切入，通过各种广告刺激引发消费者的购买兴趣。其次，从品牌故事切入。最后，从产品寓意切入。

（五）农产品品牌与名牌的创建

1.农产品品牌创建步骤

（1）建立品牌价值链

抢产地。很多地方特色农产品以产地区隔。消费者对于农产品的地域性优势非常认可。因此，如果能够将产地的优势抢占为品牌价值链，将为品牌成为品类"老大"创造最重要的砝码。抢工艺，地方特产独家占。这是品牌最有竞争力的价值链。抢文化，地方名特产品独家占据。抢标准，为跟进者断路。主要集中在无公害、绿色、有机三项最感性的硬指标上。打造全产业链，让对手无懈可击。全产业链是指由田间到餐桌所涵盖的种植与采购、贸易／物流、食品原料／饲料、养殖／加工、分销／物流、品牌推广、食品销售等多个环节构成的完整的产业链系统。

（2）塑造品牌形象

外在美就是要有一套原生态外衣，原汁原味、原生淳朴、原生态品味、原生态的风格人人喜欢。但一个产品的价值60%来自包装，因为消费者有时候往往并不了解产品本质，往往借助于包装形象、文字说明、生动展示才能感觉到，这一点却是许多农产品经营者所忽视的。

农产品除常用的绿色外，多采用橙黄色、金黄色、红色等象征阳光、档次、生命的色调，尽量在包装的正面设计一个鲜明的形象，消费者在5米之外就能看到，而在外包装的背面可以采用图片配合文字的说明方式，介绍产品的来源、历史、产地、文化、特色、营养成分、食用人群、食用方法等，包装和产品品质匹配，相得益彰，塑造品牌价值。

对内包装而言，有必要制作一些精美的折页和手册，或者小的工艺品，介绍产品和产地的人文背景、自然环境、风土人情等，加深消费者对产品的了解、信任与好感。

（3）提高农产品品质

对于农产品的生产经营者来说，要想让自己有更大的收益，绝不能吃祖宗和当地特殊环境的老本，加强对品种的改良，包括外观、口感、营养成分、安全性、加工工艺等，这是提升农产品附加值的基础所在。

（4）快速占据消费者心智

终端媒体化。公关借势。品牌植入。

2. 名牌农产品的创建

对照品牌的内涵，名牌农产品的特征是什么？一般来讲，名牌即强劲品牌、强势品牌。

（1）名牌含义

名牌是品牌成长的"社会链"，即知名度→可信度→美誉度→忠诚度→依赖度。

知名度，对于大众而言，第一感觉是我听说过这个品牌；可信度，是大众第一感觉是我信任这个品牌；美誉度，是大众的第一感觉是我喜欢这个品牌；忠诚度，是大众在遇到品牌时，会继续使用这个品牌；依赖度，大众对该品牌具有较高的依赖性，在日常可能会有无法离开这个品牌情况产生。

（2）创建强势农产品品牌的步骤

检测环境。农产品品牌战略规划的第一步就是探索空间环境，包括品牌所在的宏观环境、品牌与消费者的关系、品牌在消费者心中的认知、品牌资产的情况。

搜索资源。品牌的创建不仅依靠自身资源，也要充分利用产品资源、历史资源、人脑资源、科技资源、渠道资源、权利资源、资本资源、事件资源等。因此，首先要找到适合自己的社会资源环境，其次把社会资源与产品的卖点嫁接好，最后用一个载体抢占社会资源。

洞察机会。作为农产品，消费者冲动性购买行为较多，因此，要把注意力放在强化购买动机和终端互动激发上。

想象突破。就是利用品牌联想创设品牌心理优势。想，是大胆假设，构建梦想；象，是细心求证，成竹在胸。品牌联想是指消费者享用该农产品的名称品种后所联想到的一切事物。借助联想，使自己的农产品品牌与竞争对手的品牌相区别，从而为自己的产品开辟一个细分市场，避免与同类产品直接竞争。

创造基因。这也是品牌战略规划的核心内容，首先要提炼品牌的DNA——品牌核心价值。这是一件技术加创意性的工作，必须有极强的差异性、能够为消费者提供一定的附加值，还要有一定的包容性；其次是品牌的个性、文化识别系统；再次是品牌着陆识别系统；最后是品牌组合战略。

演绎传奇。情感、信任、愉悦，这些令消费者难忘的体验才是品牌不断演绎的关键。情感诉求是寻求认同、塑造品牌的最高境界，要学会表达自己品牌对消费者的热衷。学会讲故事，把有趣、动情、历史资料和产品内容串联起来。

持续动力。品牌总是有新鲜时刻，也有老化的一天，经久不衰的品牌经营者就懂得如何使品牌保持新鲜，品牌拥有者和经营者需要维护自己的品牌，时刻处于历久长新的状态。

（3）强势农产品品牌的实施

实行农业产业一体化经营，实施精品发展战略，全力培育名牌农业，塑造农产品名牌形象。依靠龙头企业核心竞争力打造农产品名牌。

提高农产品品质，保证农产品价值和品牌质量，打好农产品名牌基础。"产品＋人品"摆脱低价值的农产品经营者，必须想方设法在品质上做到与众不同、出类拔萃，这样就有可能卖出高于普通产品数十倍的价格，品质体现价值，确实如此。

搞好市场营销，做好品牌的宣传策划，维护品牌的形象，促进农产品名牌的形成。

农户、企业和政府相互协作，共同实施农产品品牌名牌战略，以品牌塑造区域形象（企业与城市品牌），产业集群与品牌集群，带动产业和地方经济的发展。

加强农村信息网络建设。鼓励和帮助农民上网，培养新一代"网农"接受网络信息服务，提高农民的信息应用能力，政府引导发展农产品网络营销示范体系。

二、乡村振兴需求下农产品品牌形象推广策略

在农产品品牌发展缓慢、品牌竞争力不足的背景下，山西运城地区的农产品要想获得发展，就要积极挖掘农产品品牌优势，促进产品推广，提高产品营销实力。为了促进农业发展水平的提高，加快农业经济的发展，做好农产品品牌的推广是十分重要的，因此在农产品品牌的推广中，要格外发挥市场流通的作用。

每个地区的农业发展都离不开品牌的推广，提升农产品的品牌形象，可以极大地提高农产品在市场上的竞争力。但是在实际的农产品发展中，还存在一些农产品发展资源短缺、品牌发展优势不够健全的情况，不利于农产品发展中品牌资源的开发。因此为了促进农业的发展，就要重视农产品品牌的推广，积极树立良好的品牌形象，优化品牌推广的办法，提升农产品发展的价值。

农产品指的就是从农业生产活动中获得的动植物、微生物等产品，具体可以将这些产品分为有机产品、绿色产品和无公害产品等。在农产品的发展中，所谓的品牌形象树立，就是所生产出来的优质产品进行包装以后，对其进行社会化形象的树立，保证产品的质量，为产品的发展提供必要的保障。因为在日常的农产品购买中，消费者比较重视的就是产品的安全性，只有绿色健康的农产品才能得到消费者的青睐，因此在农产品的市场投入中，还是要重视农产品品牌形象的推广。

（一）立足乡村产业振兴需求，做好品牌推广顶层设计

注重发挥新型农业经营主体带动作用，打造区域公用品牌。乡村振兴战略指导意见的提出为我国乡村产业振兴相关工作的实施起到了科学的指导作用，为各区域农产品品牌战略的实施提供了强大的驱动力。对于农产品品牌形象推广工作而言，除了需要做好基础性的产品、品牌策划工作外，更需要立足乡村产业振兴需求，将农产品品牌战略放在区域产业振兴总体规划中，从而实现战略发展顶层设计的优化。在乡村产业振兴发展背景下，借助政府的影响力，提升区域农产品品牌社会影响力，为农产品品牌社会推广奠定坚实的基础。

（二）借助媒体优势，加大品牌推广宣传力度

品牌推广是品牌信息从设计、营销方向向消费者传播的过程，通过加深消费者对品牌的认知程度，在品牌效应的作用下实现产品社会形象的树立。基于乡村产业振兴的需要，在农产品品牌推广过程中，可以积极借助媒体的信息传播优势，加大农产品品牌宣传推广力度。

1.加强对传统媒体传播优势的利用

任何时候，以电视、报纸、广播为代表的传统媒体都是信息传播不可或缺的一个重要手段，其独特的信息传播形式及内在效应是新媒体所不具备

的。对于乡村产业而言，可以借助传统权威媒体报道乡村产业振兴的契机，加强媒体宣传的辐射作用，将农产品品牌以案例的形式加入权威媒体宣传报道中。例如，鼓励当地政府将农产品品牌的宣传与推广列入政府性政策、公益宣传内容中，在公益广告、电视宣传片的作用下借助政府的权威形象来加深大众对农产品品牌的社会认可度；借助行业协会组织农产品展销会的契机，通过报纸、电视、广播、专栏，对农产品品牌相关内容进行连续报道，增强产品品牌媒体曝光率。并在报道中对那些存在不正当生产经营行为的企业予以曝光，引导行业内部形成正确的品牌观。

2.加强对新媒体传播优势的利用

随着互联网时代的到来，新媒体已经逐渐成为一种主流的社会媒体传播方式，新媒体强大的信息传播功能打破了传统媒体的信息传播局限。在新媒体的作用下，农产品生产企业不仅能实现农产品品牌信息在社会中的迅速传播，而且有助于拓展农产品销售渠道。为此，企业可以利用微博、微信、网络在全球范围内进行农产品信息推广，增加农产品的社会新鲜感，增加品牌人气；可以开设企业微信公众号，实现企业农产品品牌信息的实时发布，并通过发布与产品相关的美文，深化公众对农产品品牌的认识；可在搜索网页加入农产品宣传广告，或是将农产品品牌植入电影、电视剧中，借助电影、影视剧的社会影响力，发挥新媒体的宣传推广效应。

（三）借助文化力量，增加农产品品牌内涵

在社会主义市场经济迅猛发展的当下，人们已经不再满足于丰厚的物质生活所带来的满足感，开始追求精神层面的富裕。尤其是处于当今社会文化、经济全球化发展的大背景下，随着不同地域文化之间的叠加，那些极具地域文化特色的产品更易受到消费者的追捧。因此，在农产品品牌推广过程中，企业不仅要注重农产品品质，更应重视农产品精神文化层面价值的挖掘，赋予农产品品牌一定的文化内涵，使消费者能从农产品品牌文化解析上捕捉到其精神层面的需求，这与结构需求层次理论是相对应的。因此，农产品生产企业要在农产品社会推广过程中注重挖掘地域文化资源，为农产品的社会化推广定下地域文化、乡土情感的基调，从而吸引具有相同精神文化需求的消费者关注农产品品牌。这对于塑造农产品品牌社会形象、实现精准营销都是极为有益的。

在乡村产业格局逐渐扩大化的时代背景下，农产品品牌形象推广已成为乡村产业发展的重要一环，直接关系到农产品品牌的市场认可程度、产品销量情况等。为此，今后企业管理者要结合乡村产业振兴需要，加大农产品品牌形象推广投入，提升农产品市场认可度，为农产品规模化、产业化发展提供更多机遇。

三、乡村振兴背景下农产品品牌推广创新模式研究

（一）强化品牌意识，打造自有品牌

随着全球农产品市场格局的改变，农产品市场竞争已经由规模竞争转变为农产品品质和差异化品牌优势的竞争，农业品牌成为农业综合竞争力的显著标志，贯穿整个农业供给体系。要适应世界农业发展的新趋势，必须打造自有品牌。政府要积极引导，整合区域内优质农业资源，形成"政府引导、农业新型经营主体主导、消费者参与"的品牌合力。政府建立品牌农业专项基金，帮助新型农业经营主体建立优质农产品产业基地；对区域特色农产品企业给予政策扶持，加强对农业企业、家庭农场等经营主体品牌知识培训，为农产品品牌培育奠定基础，打造良好品牌发展环境。新型农业经营主体也要强化品牌意识，形成兼顾企业、消费者、社会三者利益的社会营销观念，注重顾客体验，开放农产品的品牌建设过程，加强与消费者互动，建立与顾客共同成长的品牌。

（二）完善农产品质量监管体系，创建优质品牌

优质的农产品品质是形成良好品牌声誉的关键。特色农产品品牌尤其是区域公用品牌要增强竞争优势，就要从企业自律、行业监管、品牌保护三方面努力。一是实现生产标准化，农产品生产企业要将农产品的标准化作为品牌建设的关键，保证农产品在选种育种、种植生产、加工包装、储运、销售等各环节达到质量标准要求，形成整个农业产业链的标准化，满足消费者的品牌预期；政府及行业协会要完善农产品质量认证体系，打造可视化农产品品牌认证标志，加强对农产品品质的质量监管；三是加强对区域性的公用农产品品牌的创新与保护，对于符合条件的特色农产品申请地理标志性农产品标识或者商标。通过建立"产地标准化生产＋质量监管＋品牌保护"的模式，实现对农产品品牌的品质化管理，为本土品牌农业实现国际化发展奠定基础。

（三）建立现代化物流体系，优化品牌服务

农产品与其他商品相比具有明显的差异，尤其是生鲜农产品，其保质期较短，远距离运输损耗大，对包装、运输要求高，这些特点要求特色农产品必须建立现代化的物流体系，才能适应现代"互联网＋农业"的网络营销模式的需求。一是完善物流基础设施，建立现代化保鲜仓储设施、智能化分选、加工及包装设施；二是打造农业大数据平台，建立农产品品种、价格、客户信息反馈、全产业链追溯等专业农产品服务大数据平台，构建智慧化、效能化、服务化的市场信息与物流信息服务体系；三是加快特色农产品的冷链物流体系建设，加大对特色农业产业物流主体的扶持力度，加快"冷藏＋冷储＋冷运"现代化冷链物流建设，降低农产品物流成本，提高农产品品牌竞争力。

（四）多方协作，形成品牌营销合力

农产品品牌一直被视为企业的无形资产，有影响力的农产品品牌不仅能够提高市场份额，而且可以引领消费者消费观念，激发消费潜力。而要建立有影响力的农产品品牌，需要多方协作，形成品牌营销合力。首先，政府牵头，整合本区域内的优质农业资源，特色农产品品牌的构建、宣传及推广；其次，行业协会协调，加强政府、新型农业经营主体、经销商、农业科研院所等利益相关主体之间的联系，提供特色农产品地理标志申请、地理标志使用管理等保障服务；再次，新型农业经营主体主导，生产优质农产品，建立专门品牌宣传网站，利用新媒体营销优势，积极参与农产品品牌建设与推广工作；最后，农业科研院所及高等院校提供科技支撑，加强良种培育，推广现代农业种植技术，提供特色农产品品牌策划服务。通过各方通力合作，打造有竞争力和影响力的优质特色农产品品牌。

四、乡村振兴背景下农产品品牌推广体系构建

（一）乡村背景下农产品品牌推广体系构建影响因素

1. 政策与制度支持

在乡村振兴战略背景下，农产品品牌推广体系的构建，需要加强政策与制度支持，不断完善我国农产品品牌推广工作机制，加强农产品品牌培育过程中参与主体的扶持、奖励，引导农产品品牌化发展。

2. 人力资源保障

在乡村振兴战略背景下，农产品品牌推广很有必要，而农产品品牌推广需要相关人力资源给予支持。农产品品牌推广人才，应能按照相关要求开展推广工作，创新农产品品牌推广方法，构建农产品品牌推广体系。缺乏相应的人力资源保障，农产品品牌推广体系则难以形成。

3. 推广资金投入

在乡村振兴战略背景下，涉农企业要善于利用各种媒介资源开展农产品促销活动，整合农业品牌资源，塑造名气响亮的农产品品牌。这就需要涉农企业加大资金投入力度，综合运用媒体广告、农产品博览会、农产品招商会、网络营销、专题报道、展销会和公共关系等多种促销手段，进行农产品品牌的整合传播，这些整合传播需要投入充足的经费。

（二）乡村振兴背景下农产品品牌推广体系构建路径

1. 建设农产品品牌推广平台

在乡村振兴战略背景下，需要充分利用互联网、云计算、物联网、现代视频技术以及雷达技术等，促进农业科技创新，实现农产品市场营销和管理的创新，充分利用现代技术建立农产品品牌推广的可视化平台；充分利用微信平台，培养农产品微商，通过农产品微商大力推广农产品品牌；重视农产品电子商务交易平台建设，在农产品电商平台对品牌农产品进行展示与推广，使更多的消费者了解农产品品牌；借助网红直播平台，结合农产品电子商务交易平台，开展更多的营销活动，提高农产品品牌的知名度。

2. 通过媒介资源融合进行农产品品牌推广

为了提升农产品品牌的知名度和美誉度，可以充分融合传统媒体和新媒体工具，利用电视、广播、报纸、网络等媒体宣传推介，建立线上+线下的立体化农产品推广系统。线下主要通过举办或者参加国内外农产品博览会等传统营销推广方式，或者举办农产品营销策划大赛等来推广农产品品牌；线上主要通过内容营销、网络营销、话题营销、网上活动营销等，塑造农产品整体品牌形象。

3. 建立农产品品牌推广人才体系

建立农产品品牌推广人才体系，需要培养具有农产品品牌意识和品牌塑造能力的相关主体。因此，要实施农产品品牌推广人才培养战略，重视具有互联网思维的农产品品牌推广人才的培养，建设农产品电子商务化的专业人才队伍，注重这些主体的品牌意识与品牌塑造能力的培养，有效地支撑农产品品牌推广并提升农产品的品牌价值。

在乡村振兴战略背景下，发展现代农业是战略目标。农业现代化发展离不开农产品品牌推广体系的构建。而农产品品牌推广体系的构建需要顺应时代变化趋势，应用科学技术，建设农产品营销推广平台，不断创新营销手段与方法，整合媒介资源，塑造农产品品牌的整体形象，获取农产品品牌推广的政策支持和制度保障，培养农产品品牌推广人才等。

五、新媒体在农产品区域共用品牌推广中的应用

近年来，农产品品牌发展日益受到重视，新媒体在农产品品牌推广中具有明显的优势。为了分析新媒体在农产品区域公用品牌推广中的应用，促进农产品品牌发展，将大泽山葡萄品牌的推广作为研究对象，以创新扩散理论为依据，通过收集、分析、比较关于买方对大泽山葡萄品牌各项指标的调研数据，从消费者角度出发，运用创新扩散模型中的认知、说服、决策、实施、确认这5个阶段分析得出该品牌在推广中存在传播模式单一、顾客关联较少、信息互动缺失、质量保障不力、售后跟进不足的问题。基于新媒体的特性对农产品品牌推广中问题的适配性，从新媒体传播视角出发，在社交平台传播、网络微公益、质量链平台等方面提出了有效解决品牌推广问题的对策与建议，比如进行多渠道推广、建立微公益平台、设立公众号跟进等措施。

（一）多渠道推广

社会性网络服务（SNS）是一种新兴的网络应用，它是基于实现六度关系理论发展起来的社会网络关系系统网络形态。SNS用户分布广泛，基于网络体系特殊的人际、网际传播方式，SNS具有传播速度快、爆发性高的特点，能短时间聚集很高的人气和关注值，并且能大范围传播，能够有效解决品牌外向度低的问题。利用SNS进行推广传播，首先，要了解每个社区的特性。在社区中进行品牌推广，需要清楚每个社区反感什么样的推荐信息、偏向于谈论什么样的话题，这样才能找到特定市场的目标人群，从而有针对性地分享有关农产品区域公用品牌的信息，使品牌得到更好的传播。其次，账户的名称要与传播的品牌相呼应。在社区当中进行分享、参与的时候也正是名片被传播的过程，因此账户名称应当能够代表某个品牌，这样品牌才能够伴随

发布内容而被传播。

目前，网络直播带货已成为品牌推广销售的热潮，反映出当下消费者较为感兴趣的方式是通过短视频了解产品的基本信息。因此，可以通过众多短视频平台拍摄其产品培育、采摘、运输的过程，借此形式扩大传播面、增添人气，并可从视觉、听觉方面刺激消费者的购买欲望。

（二）微公益传播

当前，人人参与、人人贡献、人人可做公益的微公益理念得到越来越多民众的认可。在网络环境下发展出来的社会公益实现了信息的高效率传播与分享，且采用的平民化参与方式使网络微公益的平台与活动越来越多，民众也愿意通过微公益的活动形式帮助他人，实现自我价值。一个产品或者品牌要迅速流行，必须有深厚的可以激发人们共鸣的精神或者举措，从而在说服阶段贴合消费者的兴趣。在传播农产品公用品牌过程中可以为民众提供一个网络微公益平台，为做公益的人和需要帮助的人搭建桥梁，通过这种方式使人们在自我价值实现的同时接收到品牌的信息。这时，该品牌的推广与相应潜在消费者的心理满足存在关联，有利于对品牌进行二次推广和培养忠诚顾客。

一方面，平台为高校等提供社团活动的机会，向民众发起捐款活动，以及发送更多公益行动通知和参与方式等；另一方面，需要与接受帮助的群体、组织、地区牵头或者与活动主办方进行沟通。在活动过程中，平台可以为双方无偿提供某品牌的产品，有助于树立良好的口碑，扩大品牌影响力。

（三）质量链保障

质量链是浪潮基于云计算、大数据、区块链、人工智能、物联网等新一代信息技术，联合其合作伙伴，构建起的第三方全要素质量数据公共服务平台，链接政府、企业和消费者，践行高质量发展要求。通过质量链小程序或者网站，扫描包装盒上的二维码，便能够查看农产品的生产企业、产地、生产标准、生产批次，以及流通、基地等溯源信息，用数据传递质量信任。因此，质量链搭建区域品牌高质量发展公共服务平台让更多优质的农产品放上链接，是切实保障品牌质量的可行措施，有利于品牌创新扩散过程的实施与确认阶段的顺利进行。

（四）公众号跟进

针对农产品区域公用品牌售后服务的缺失，建立微信公众号集中进行产品问题咨询与反馈是一种有效可行的措施。使用微信公众号跟进售后可以很好地覆盖消费者范围，同时，公众号在发布推文、转发朋友圈等功能方面为措施的执行提供了有利条件。公众号可以分为3个栏目，分别为投诉、咨询、质量反馈。其中，投诉项主要负责处理消费者来信以及投诉意见，咨询项用来解答消费者对产品各方面信息的询问，质量反馈项则征集消费者对产品质量的意见，这3个栏目均根据收集到的信息及时发布相关推文，以方便潜在消费者随时查阅。

第六章 基于地方产业特色农产品电子商务平台建设

第一节 农产品电子商务模式简介

基于"为农、惠农、助农"的理念，提出构建以科技特派员基地系统、电子商务系统、市场反馈系统相结合的基于地方产业特色的农产品电子商务平台。该平台整合多个主体，开发多种功能，实现多重价值，推动农产品供销模式的转变，由产销分离走向融合。平台围绕农产品的生产、政府监督、企业销售、市场反馈等多个环节来设计，以达到各环节的循环互动。平台主要基于 Web 开发技术和 SQL Server 数据库管理技术，集前台农产品电子交易功能与后台系统管理功能于一体，包括在线商城、系统管理、基地管理、农产品知识服务等功能板块。

具有代表性的农产品电子商务的业务模式主要分为 7 种：①目录模式，这种模式也称为网上黄页；②信息中介；③虚拟社区；④电子商店；⑤电子采购；⑥价值链整合；⑦第三方交易市场。

以上 7 种模式可以分为 3 类。

第一类是初级模式，包括目录模式、信息中介、虚拟社区。其共同点是不进行农产品实物的网上交易，而是为农产品网上实物交易提供服务。

第二类是高级模式，包括电子商店、电子采购、价值链整合。其共同点是进行农产品实物的网上交易。

第三类是适合现阶段我国国情的第三方交易市场模式。不同的农产品电子商务模式，解决或缓解了目前农产品贸易中存在的不同问题，因此有不同的网络适应性；价值链整合和第三方交易市场能有效地解决农产品交易环节过多的问题；信息的畅通、透明能够规范交易各方的行为，网上商店、电子采购、价值链整合、第三方交易市场4种模式中规范的交易流程、科学的交易方式能够减少传统交易中存在的交易不规范的顽疾；农产品电子商务的7种主要模式都具备信息的收集、发布功能，并且采用这些模式的企业为了聚集人气和提供完善的服务，都加强了信息的服务能力，使参与者能得到比较全面的相关交易信息，在一定程度上消除了信息的不对称性；信息中介能有效降低农产品交易中收集信息的成本；电子商店、电子采购、价值链整合、第三方交易市场能分别不同程度降低交易成本；第三方交易市场，通过有效的网络交易手段及合约交易，能够减少交易的波动幅度。同时，针对农产品交易量大、生产的季节性和区域性特点，农产品电子商务也有不同的模式适应性。

第二节　农产品电子商务平台系统需求分析

一、系统概要

农产品电子商务是在农产品的生产加工及配送销售过程中全面导入电子商务系统，利用网络信息技术，在网上进行信息的发布和收集，同时依托生产基地与物流配送系统，在网上完成产品或服务的购买、销售和电子支付等业务的过程。发展农产品电子商务实质上是用现代信息技术服务于"三农"，促进农业增产、农民增收和农村全面进步，推动新农村建设。

二、基于地方产业特色的农产品推广需求

中国幅员辽阔，地区差异巨大，各地区农产品产出也不尽相同。随着政府的支持力度加大，以及各地区都在发展自身品牌，让品牌效应在农产品生产、加工、销售中起着不可或缺的作用。品牌的树立，不仅能够打造出地方农产品独有的特色，更为农产品的销售推广提供了一条捷径。在现有的基础上实施品牌战略，充分利用资源，发展并打造具有地方特色的农产品销售平台，对提升农产品的生产、销售具有积极作用。

三、业务功能需求分析

业务需求是反映企业组织对软件系统开发的高层次目标要求，也就是软件系统开发的建设目标。①系统的功能需求和非功能需求限制约束着系统的设计范围，在满足这些预期功能运用的需求上，还必须使系统在后续的使

用过程中取得一定的社会经济效益。

农产品电子商务平台的社会效益主要体现在系统能够有效解决一系列社会及经济问题。

目前存在的社会及经济问题有：①我国目前农产品在生产与销售环节过于分离的问题；②无法实现地方特色农产品和市场之间的有效对接，引发农产品品质与安全无法保证的问题；③农产品在生产与需求环节相对脱节、错位的问题；④农产品的开发、品种改良、技术更新等一系列问题。

针对以上社会和经济问题，系统功能还需要满足以下功能需求。

第一，农产品企业产品推广与销售相结合。电子商务平台应能够提供农产品企业与企业之间、农产品企业与科技特派员之间交流合作服务；为了解农产品生产、完成农产品销售提供一体化产销服务，从而降低农产品生产成本，提高农产品销售利润。

第二，农产品企业产品安全认证与销售相结合。要能够通过对农产品的质量追溯，合理、安全地准入符合质量的农产品，使农产品与市场之间有效对接，提高农产品销售质量和农产品市场的安全质量。

第三，农产品的展示平台。农产品的生产规模与市场需求是农产品产销过程中最需要探析的环节。生产出来的农产品信息无法及时告知消费者，而消费者的需求也不能实时反馈到生产企业，产、需沟通不畅一直制约着农产品的生产和销售。电子商务平台给企业和个人提供了一个很好的宣传平台，让企业和个人能够很好地宣传企业形象、产品品牌、产品质量等；消费者对产品的需求也将实时反映在产品的交易量和搜索量上。

第四，农产品生产技术推广平台。系统功能还应包括发布科研机构动态及成果信息，提供企业技术创新及生产改革所需技术支持和咨询等，实现技术供求双方信息的共享性、远程性、交互性和及时性，提高科技成果转化的成功率。

四、平台模块设计

根据业务功能需求分析，农产品电子商务平台遵循软件工程开发技术和方法，开发过程包括了系统分析、系统设计、系统实现等相对独立的环节。整个系统分为在线商城、系统管理、基地管理、农产品知识服务等4个模块。其中在线商城模块包括农产品展示、比价搜索、订单管理、在线支付、物流跟踪、农产品质量追溯、农产品准入等 7 项功能；系统管理模块包括会员管理、管理员管理、品牌产品管理等 3 项功能；基地管理模块包括科技特派员基地、现实版"QQ农场"示范点等 2 项功能；农产品知识服务模块包括农业农资行情、农业专家系统、在线咨询等 3 项功能。

五、非功能需求

农产品电子商务平台是 B2B 和 B2C 交易模式的一个第三方电子商务平台，在开发过程中要充分设计和规划主要技术指标，满足安全性、交互性、易用性、稳定性、性能好、容错性的要求。

（一）安全性

电子商务平台的安全问题一直备受关注，但同时这一块也是开发一个电子商务平台的焦点和难点。网上购物已经成为一种时尚、快捷的交易方式。这种高密度、开放式的交易同时又和电子商务提出的安全保密性是互相矛盾的。特别是现在网上流行的"黑客"技术的攻击，更是让电子商务平台的安全性遭受严重的威胁。不难想象，一旦安全、保密工作做不到位，那么国家和个人的财产安全、信息安全将会遭受不可估量的损失。因此，在开发该项目时，安全性必须首先考虑。安全问题主要涉及可靠性、有效性、完整性等一些安全要素。考虑到这些，农产品电子商务平台系统主要通过用户认证、权限控制、视图、审计、数据加密等机制，满足系统的安全性要求。

（二）交互性

和传统市场交易一样，电子商务平台交易也需要将各方的交易信息进行对接。电子商务平台又区别于传统市场交易，是将交易信息集成化管理地呈现在交互界面，信息量大、涉及面广。电子商务平台的信息交互不是简单的买方和卖方之间的互动，同时包括了产品、物流等信息的交互。作为第三方交易平台，为使产品简单便捷、完整有效地弥补买方和卖方信息获取不对称，降低买卖双方对接难度，获取买卖双方信任度，需要开发友好的用户与机器交互界面。

（三）易用性

系统用户针对非专业的计算机操作人员，充分考虑系统用户的知识水平的不同层次，特别是文化基础相对较低的基层用户，网站页面作为软件系统的用户界面必须保证其易用性。网站页面的设计以简洁大方为原则，信息的组织框架应该科学且分类明确，以保证用户在使用本系统时不会感觉不知道从何处入手，同时能确保用户准确、便捷地获取自己所需要的信息。

（四）稳定性

电子商务的发展是随着网络经济的不断发展而不断改进的。电子商务平台在日常生活中涉及的领域很广，使用次数、人数将会面临一个庞大的数字，所以系统的稳定性是人们一直追求的。任何一次系统故障都将会给用户带来时间和金钱上的损失。同时，电子商务平台是一个庞大的系统，由多个子系统集成，因此必须要考虑系统运行的稳定性、可靠性。

（五）性能好

电子商务系统面向广大用户，多用户的并发操作将会给系统造成压力。因此，保证系统高性能运行，可以采取一些措施，如缓存的虚拟扩充，这样就会适当提高系统运行速度，减轻系统压力。

（六）容错性

电子商务系统的容错性就是当电子商务系统出现一定的运行性故障时，能够依靠电子商务系统自身的能力保持连续正确地执行其程序和交易功能。容错性是系统稳定性的一个补充。电子商务系统不存在无任何故障的"完美"系统，当系统出现可预知的错误时，可通过磁盘冗余阵列、数据库的容错备份等提高系统的容错性，让系统依照事先约定的方式继续工作。

第三节　农产品电子商务平台系统设计

一、系统技术架构

（一）软件架构设计

系统的软件设计可分成两种架构：①应用系统层；②基础应用层。如表 6-1 所示，应用系统层需要设计的应用模块有在线商城模块、农产品知识咨询系统模块、基地管理模块、系统管理模块。基础应用层分成 3 个子层，有数据库子层、支撑软件子层、基础硬件子层。数据库子层提供了软件系统的数据库服务，支撑软件子层为系统中操作系统和软件的应用平台，基础硬件子层为系统运行提供了网络和硬件运行平台。

表 6-1 软件架构

层次	子层	内容
应用系统层		在线商城模块
		农产品知识咨询系统模块
		基地管理模块
		系统管理模块
基础应用层	数据库子层	公共数据、子系统数据
	支撑软件子层	操作系统 数据库管理系统 应用开发平台
	基础硬件子层	网关、防火墙、应用服务器、数据库服务器

（二）硬件架构设计

系统的硬件架构包括建立一个较规范的、安全的网络基础设施平台所必需的各项基本设备设施，具体包括数据库服务器、应用服务器、备份服务器、交换机、路由器、防火墙、VPN 设备、UPS 等。具体性能要求如下。①服务器：服务器均独立配置；要求每台服务器有 2 个以上处理器、4GB 以上内存。②交换机、路由器：企业级核心交换机；企业级路由器。③防火墙、VPN 设备：企业级硬件防火墙，具备 VPN 功能。④网络防病毒系统：针对运行 Windows 系统的服务器、数据库系统进行网络防病毒监控；对连接到专网的各接入点前置服务器进行网络病毒防范；要求采用中央集中控制和管理。⑤ UPS：额定输出为 8kW/10kVA；输入电压为 165 ~ 265V；输出电压为 220V、240V 或 380V。

（三）网络架构设计

通过建立 Web 服务器对互联网中的用户提供服务。系统中包含应用服务器、管理终端、数据库服务器、Web 服务器、防火墙等。管理终端主要对业务进行管理，管理员通过管理终端连接到应用服务器对相关业务进行操作。数据库服务器、应用服务器和 Web 服务器是整个系统的核心部分，存储了本系统的业务数据、业务流程，通过系统服务器提供对外服务。在系统网络中还有电子钱包支付服务器，为客户在线支付提供服务。电子钱包服务器可以是银行服务器。防火墙的作用主要是防止一些非法数据或程序对服务器进行攻击，对整个系统的业务进行保护。会员用户通过互联网的连接进入服务器，获取系统提供的业务数据，得到整个系统提供的服务。

二、系统功能设计

（一）在线商城模块

在线商城模块由农产品展示、农产品准入、农产品质量追溯、比价搜索、订单管理、在线支付、物流跟踪7部分组成。其中在线商城的农产品展示主要是通过系统后台管理系统发布，最后在系统的在线商城模块中展示。在线商城模块还包括链接系统会员注册，以及系统的使用简介等相关信息。通过在线商城的主界面，用户可以浏览网站上的各类农产品信息，包括热门产品分类、抢先出炉的产品信息、热销抢购产品信息、特价处理的产品信息等；还包括登录和注册的链接，用户可以注册、登录，成为网站会员，以会员的权限浏览网站；对于初次浏览和使用网站的用户，主页上提供用户购物指南、支付/配送方式、购物条款、新手上路等信息，为用户浏览网站和使用网站功能提供帮助。总之，在在线商城模块，任何用户都可浏览系统提供的数据，能够对信息进行查询、搜索，但对于要通过本电子商务平台进行交易的人，则需要注册登录来访问。以下给出每一个子模块的具体功能设计。

1.订单管理子模块

电子商务平台能够完成交易是通过订单的方式进行的。订单的方式实现了在网站平台完成"以物易物"的交易过程。订单管理系统的功能是帮助买卖双方完成信息交换，实现产品销售。因此，电子商务系统如果没有订单管理模块就失去了存在的意义。通过订单管理系统，消费者能够完成在线下单交易，生产者得到信息提示，再提供给消费者产品服务。订单管理系统可以帮助消费者和生产者完成信息交换，只是在这个过程中双方的权限和功能是不一样的，在这个过程中需要系统管理员进行监管和维护。订单不是一成不变的状态，根据交易过程的发展，订单产生后也会有不同的状态，主要包括未付款、已付款、未发货、已发货、交易完成、退/换货、退款、订单取消等。注册会员通过对系统前台的操作，拥有查看订单、下/退订单的权限，同时注册会员在浏览多种商品时，可以将购买的商品暂时存储在个人购物车中，方便统一结算。会员还可以进入个人中心页面来实现以上的功能。

生产者和系统管理员都是通过系统后台管理系统操作权限，这部分内容与系统管理模块有些重叠。生产者的订单管理主要包括输入订单、确认订单、打印订单、完成订单等权限；系统管理员则是在订单产生后对订单交易完成前后进行监督和统计，以便为之后与生产者进行结算提供凭据。

通过对订单管理模块的设计思路分析，我们可以将订单管理模块的主要功能设计为购物车管理、生成订单管理、处理订单管理和处理退货管理四大功能。注册会员在搜索商品的过程中，可暂时将需要购买的商品存放在个人购物车中，然后返回继续搜索商品；当客户对所选的商品不满意时，可以在购物车中随时将其删除。最后客户完成商品搜索，就可以生成订单。同样，如果不想付款购买了，可以取消订单。而管理员通过处理订单，对客户已经购买的商品进行后续处理，顾客在收到商品后，不满意也可以退货。每一个业务流程都具有相对独立性。下面逐一介绍每个功能的业务流程设计。

（1）购物车管理

客户在购物车中可任意添加需要购买的商品，同时也可随时修改和删除。客户在使用购物车功能前须完成会员注册。

（2）生成订单

客户在完成商品选定后，点击支付，完成填写购物信息。购物信息主要包括收货信息确认、配送方式确认、支付方式确认。最后点击确认支付，完成订单。

（3）处理订单

客户在完成付款、提交订单后，系统管理员对订单进行审核处理。当订单审核不通过时，将信息反馈给客户，如缺货等因素。通过审核后，管理员对订单生成相应的发货单，准备提交并发货。而客户在系统管理员未发货的状态下，可以申请取消订单，并要求退还已支付的款项。系统管理员在订单未取消的状态下，将货物发往物流公司，让物流运送货物。

（4）处理退 / 换货

客户在收到货物后，验收货物，发现货物不满意或货物质量有问题，可选择退货或者换货。

2. 在线支付子模块

买家完成订单确认后，在提交订单之后就是买家的付款环节了。买家需要通过电子商务平台的在线支付模块完成付款。该平台为用户提供多种支付方式，使买卖双方之间的交易更加方便、顺畅。在线支付模块主要采用第三方支付方式、网上银行支付方式或其他支付方式进行付款，最终完成网上付款交易。

在线支付模块以第三方支付方式为主要形式。这方面以电子商务网站——淘宝网为例：在通过网站交易时，由支付宝进行担保，首先由买家买下所需要的商品并确认下单，然后买家付款到支付宝，买家确认收货后，支付宝付款给卖家，最终完成交易。

3. 物流跟踪子模块

通过电子商务平台进行的交易，关键是要将货物安全、低损耗地送到客户手中。我国当前在农产品的运输这一方面，运输途中的损耗率达到25%~30%，如此高的损耗率往往令买家和卖家产生交易纠纷。为降低损耗率，排除纠纷源头，电子商务系统必须拥有具备物流跟踪功能的模块。

物流跟踪模块的主要功能是在买家付款、卖家发货后，在卖家根据买家登记的交易地址，委托第三方物流运送商品的过程中，将物流的信息收集到系统中，方便客户查询产品的运输情况。

农产品电子商务平台可以和一些知名度高的物流公司绑定在一起，通过平台配送方式的绑定，使客户自主选择物流公司；同时，平台对物流公司的信誉提供一定的担保。这一种处理方式，也为平台更好地跟踪货物运送流程提供了条件。

（二）系统管理模块

系统管理是特定的管理人员对系统的日常运行进行维护，主要是对网站的监管，向网站添加、删除数据信息。针对农产品电子商务平台，管理员除了做一些与现在普通电子商务类似的日常管理工作，还需要有针对性地做一些与农业、农产品相关的数据信息管理，如农产品推广、农业技术推广等数据信息的更新与维护。

系统设计的系统管理模块包括会员管理模块、管理员管理模块、品牌产品管理模块。下面针对每一个模块详述其功能设计。

1. 会员管理模块

系统管理员可以通过用户登录注册管理系统对所有注册用户进行统一管理。系统管理员可以通过查看系统前台注册会员的注册信息对会员的基本信息进行增加、删除、修改、查询，对注册会员进行注册审批管理，同时还可以对在线下单、分类查看、积分换赠品、订单状态查询、销量统计等权限分配进行管理。运用不同的功能，对用户进行会员审批通过，能够增加用户对网站的浏览量；同时权限的设置，可以使会员享受更多权限，为用户的交易带来更多权益。用户登录管理系统还区分普通会员和特殊会员功能权限。

系统的设计对会员管理模块的主要设计思路如下：会员管理模块从权限上划分功能，可以分为个人会员子模块和企业会员子模块，因为个人会员和企业会员使用的功能不一样，在管理上需要进行区分，采用分类管理模式。系统主要通过对注册会员进行信息验证和信息修改，开放其不同的使用权限；会员管理模块在使用流程上可以分为用户注册子模块、用户登录子模块和用户信息自修改子模块。会员通过运用以上3种子模块，拥有和使用系统给予的使用功能。下面将着重论述用户注册子模块和用户登录子模块。

（1）用户注册子模块

用户注册子模块是用户在首次使用电子商务平台时所需要运用的基本功能。客户通过在系统上注册用户基本信息，包括姓名、性别、出生年月、家庭住址、联系方式、邮箱等信息，来注册账号，在通过系统的信息验证后，成为系统的 VIP 用户。

（2）用户登录子模块

完成了在系统上的会员注册，用户就可以根据登录模块的登录要求，输入会员账号，以非游客身份来浏览网页，拥有和使用系统的其他功能。

（3）用户信息自修改子模块

个人会员和企业会员都能修改会员账户中的信息，如会员账户的名称、收货地址、密码，还包括对订单的管理。但在订单管理上个人会员和企业会员的权限是不一样的，就是对订单的处理功能上有所不同。

2. 管理员管理模块

整个系统的运行，都需要管理员进行统筹管理。因此，我们可以知道，管理员是一个系统最为忙碌的人。管理员不但要更新数据，而且要为新注册的用户分配权限，如果是一个大型网站，每天更新的数据量将会很大。管理员在系统中获得的权限级别比较高。根据不同的任务关系，管理员获得的权限也是不同的，可以简单分为系统管理员和普通管理员。本系统将管理员管理模块分为系统管理员子模块和普通管理员子模块。系统管理员和普通管理员具有不同的任务需求，因此两个子模块的区分主要表现在各自的任务不同上。系统管理员具有添加、删除普通管理员的权限。两者的任务在事先制定好的模块中设定好，并存储在数据库中。系统管理员的功能主要包括商品功能、订单功能、会员功能、营销推广功能、页面管理功能、统计报表功能。

3. 品牌产品管理模块

品牌产品管理模块就是对农产品进行管理的模块。农产品管理在农产品电子商务系统开发中是首先要考虑的模块之一，因为这一环节是电子商务系统最核心的部分，它起着连接消费者和产品生产者的桥梁作用。

农产品管理系统主要开放权限是针对系统管理员和农产品销售者的。销售企业负责对农产品基本资料进行上传并且更新最新农产品销售信息，可以包括农产品促销信息、农产品特性的描述等；系统管理员则对企业上传和更新的农产品信息进行监督、管理、维护，审核企业上传的农产品信息，把握好农产品销售的最后一道环节。

农产品管理主要对商品进行两方面的管理描述。

首先，本系统的农产品管理主要针对农产品的基本信息进行立体展示，提供适合销售政策的销售方式。农产品信息的正确上传和更新能带来更好的销售效益，也更符合产品的市场价值。因此农产品信息应包括多个方面。商品详情主要包括商品名称、商品品牌、商品配料、商品产地、商品规格、保质期、生产许可证、产品标准号、卫生许可证等产品生产、加工信息。

其次，农产品信息量很大，用户在浏览时往往花费大量时间。因此，本系统的农产品管理可对商品的类型、标签和品牌进行更新和维护。其中，对农产品的类型可以进行分类搜索，包括坚果类、果仁类、零食类、礼盒类、功效类等，以满足不同用户人群的需求。农产品在标签设置时根据系统管理员的管理理念进行自行设置，包括抢先出炉、热销抢购、特价专区3个标签栏。

品牌产品管理模块包括科技特派员绿色农产品和地方主打农产品两种品牌产品的功能管理。

科技特派员绿色农产品：科技特派员已成为推动农村经济发展的一支重要力量。他们创建了科技示范基地，这些基地以绿色农产品的开发、加工为主。本系统功能模块支持科技特派员绿色农产品的发布、展示，可大力促进该类产品的市场对接。

地方主打农产品：支持地方主打农产品的在线发布、展示，一方面通过原有主打农产品扩大电子商务平台的影响力；另一方面，通过平台改变地方主打农产品的销售模式，使销售渠道进一步扁平化，提高销售额及利润。

（三）基地管理模块

基地管理系统是本系统开发的特色系统之一，对基地建设和发展起到管理和指导作用。由于是基于科技特派员基地农产品来开发电子商务平台，因此通过网站需要对基地进行信息化、系统化管理。该权限只对系统管理员开放。系统管理员可以对基地的图片、产品生产管理、基地管理等信息进行上传和更新。企业生产者和注册会员都可以从系统中对基地信息进行查询和浏览。同时系统还给生产者提供了对基地进行远程监控的功能。

基地管理模块的设计主要由科技特派员基地管理子模块和现实版"QQ农场"示范点子模块组成。

科技特派员基地：支持科技特派员基地的信息化管理功能，支持图片、基本信息、主要产品的管理功能。

现实版"QQ农场"示范点：借助物联网技术，通过视频，实现远程监控租地、耕地、播种、施肥、除虫、除草、采摘等功能，使用户体验现实版的"QQ农场"。

（四）农产品知识服务系统模块

农产品知识服务系统是本系统开发的又一特色系统，系统通过两种方式提供农产品知识服务。

一是人机信息交流。首先，系统管理员可以将相应的农业科技知识、农业农资市场行情信息上传和更新在网页上，供注册会员和企业浏览。其次，在系统上建立相应的农业知识库和数据库，结合运用人工智能工程技术，提供机器智能化服务，随时可解答企业和注册会员的农产品知识咨询。

二是人人信息交流。这种咨询方式主要是以科技特派员为解答主体，通过网站开发的在线咨询平台，使企业等咨询者与科技特派员直接交流，实现知识的快速传递和问题的快速解决。

该模块可分为农业农资行情子模块、农业专家系统子模块和在线咨询子模块。

农业农资行情：提供实时农业农资市场行情信息，为农民提供市场行情指导。

农业专家系统：建立相应的农业知识库、数据库，并结合推理判断程序，运用专家知识，进行推理。平台运用人工智能知识工程的知识表示、推理、知识获取等技术，总结和汇集农业领域的知识和技术、农业专家长期积累的大量宝贵经验，以及通过试验获得的各种资料数据及数学模型等，建立农业专家系统。该系统支持智能化的分析推理功能，为作物栽培、植物保护、配方施肥、农业经济效益分析、市场销售管理等各种领域自动提供解决方案，弥补特派员服务时间有限的不足。该系统可作为人数有限的专家群体的一个有效补充。

农业专家系统主要由知识库、数据库、推理机、解释器、知识获取等组成。

知识库主要是用来存放专家提供的知识以及农产品相关技术经验。系统通过知识库中的知识模拟专家的思维来解决问题，知识库中的知识量决定了整个专家系统的水平，因此，知识库需要相对独立，提高知识库的可扩展性。

数据库主要用于存储中间结果、运行信息、最终结果。推理机针对当前问题的条件或已知信息，反复匹配知识库中的规则，获得新的结论以得到问题求解结果。解释器作为专家系统与用户的人机接口，其功能是根据用户的提问，对结论、求解过程做出说明，从而使专家系统更具有人情味。知识获取主要是为了扩展知识库中的知识量而建立的，负责专家系统与专家之间的信息传输与管理。

在线咨询：以省县市科技特派员为主要专家群体，在线解答农民有关农产品生产、加工、销售等方面的疑惑和难题，为农业生产提供技术指导。

三、系统数据库设计

（一）E-R图

E-R图是对实体需求进行综合、归纳与抽象的过程，最终形成一个概念模型。它是逻辑结构设计的基础，主要提供了表示实体型、属性和联系的方法。

（二）数据库表的分析

系统将涉及大量的数据，包括农产品、会员用户、收货信息、订单、购物车、消息评论、技术内容等大量数据。根据数据的不同可以创建不同的数据表。

1. 农产品表

农产品表是电子商务模块的主体，是整个交易活动中必不可少的部分。农产品的逻辑结构设计为：农产品（商品编号，商品重量，品牌，商品名称，商品价格，商品详情）。

2. 会员用户表

会员用户包含了用户的基本信息，将会员用户的逻辑结构设计成：会员用户（用户名，密码，真实姓名，出生日期，联系地址，联系手机，邮箱）。

3. 收货信息表

收货信息表的逻辑结构设计为：收货信息（真实姓名，收货地址，联系手机，固定电话，邮编）。

4. 订单表

订单表描述了客户在一次交易中信息的不同状态。订单表和多个表有关联，根据订单的概念设计，将订单的逻辑结构设计为：订单（订单号，用户名，商品编号，订货时间，订货数量，真实姓名，收件地址，邮编，支付方式，订单金额，联系手机，邮箱）。

5. 购物车列表

购物车列表用于存放客户选定后没有生成订单的商品数据信息。逻辑结构设计为：购物车（商品名称，图片，商品积分，商品价格，优惠价格，数量，统计）。

第四节 农产品电子商务平台系统实现

一、在线商城功能实现

（一）商品主页

网站会根据商品的类别、标签和主打产品来显示农产品。主打产品可以显示特写图案；类别展示主要是将农产品分成五大类别，并在每一类别之后列出该类产品的主要产品品名。用户可以点击相应浏览项的链接，直接进入该产品的销售主页。

（二）商品标签展示

网站会根据商品上传和更新的时间，以及商品交易量、商品促销信息将商品分成 3 个标签栏，主要是表明商品品种、商品价格等信息。

二、用户操作

（一）在线注册会员

进入网站首页，在首页的右上角处有一个免费注册链接，点击进入会员注册窗口。点击进入会员注册窗口后，按照会员注册要求完成注册。

完成注册后，不要急于进入网页浏览，首先点击进入会员中心。会员中心的功能包括交易记录、收藏夹、商品留言、个人设置、预存款、站内消息。在初次进入会员中心时，对收货地址进行修改可以方便以后购物需要，在对密码进行修改时要谨慎。

（二）会员登录

若已注册了会员，就可以直接点击"请登录"链接，进入登录窗口，输入相应登录指令后，就能以会员的权限浏览网站了。

（三）在线订单、在线支付、物流跟踪

客户在本电子商务平台购物的基本步骤为：搜索商品→添加到购物车→进入购物车→去结算→填写购物信息→确认无误→下订单→在线支付→完成订单。

客户可以在网站首页的搜索平台进行商品搜索，将搜索到的商品加入购物车。当客户还要继续搜索商品时，可以点击"继续购物"。如果对所选商品不满意，可以选择删除和清空购物车两个按钮。最后完成所有的商品搜索后，就点击"去结算"进入购物信息阶段。

填写购物信息分为 3 个部分：收货信息确认、配送方式确认、支付方式确认。

根据要求填写客户本人收货信息。在填写完收货信息确认后，就可以选择配送方式，最后就可以选择支付方式。

完成订单后就等待卖家发货，客户可以通过网站主页中的标签栏查看物流情况。

三、系统管理实现

（一）商品的系统管理实现

系统管理员的第一功能就是商品管理，在商品管理的功能菜单上主要

包括商品管理、商品分类管理、前台虚拟分类、商品类型管理、规格管理、品牌管理、商品批量处理。下面具体介绍几个商品功能模块的功能。

1. 商品管理

商品管理主要包括商品列表、商品添加、商品到货通知。商品列表主要将商品按照编号和名称以列表的形式列出，方便操作。

添加商品在商品管理中最为重要，企业生产的产品要进入网站销售，必须由管理员通过添加商品来实现。管理员只要点击添加商品按钮，就会弹出一个新的网页，然后进行商品添加。

到货通知主要是在商品缺货的状态下，对客户进行信息提示，信息状态有被通知的会员用户、联系方式、通知时间、登记时间、通知状态和缺货状态等。

2. 商品分类管理

商品在系统后台进行分类，方便客户在系统前台浏览和查询。

3. 前台虚拟分类

前台虚拟分类包括虚拟分类列表、添加虚拟分类、导入商品分类3种功能。虚拟分类列表展示虚拟分类的状态。添加虚拟分类，主要是添加分类的名称等信息。导入商品分类功能主要是将添加的虚拟分类导入到虚拟分类列表。

4. 商品批量处理

为更方便地管理商店商品，系统推出了商品上传的批量处理功能。

（二）订单功能实现

订单功能主要是通过订单管理、单据管理、售后服务管理以及快递单管理来实现的。

1. 订单管理

订单管理信息主要包括订单未处理、已付款待发货、已发货、已完成、已退款、已退货、已作废几种。每一笔订单的信息包括订单的订单号、订单来源、下单时间、订单总额、收货人、付款状态、发货状态、配送方式、支付方式等。

2. 单据管理

单据管理主要有收款单、备货单、发货单、退货单4个操作功能。对不同状态下的单据，可以进行删除、导出、筛选、处理等操作。

　　3. 售后服务管理

　　售后服务在开启后，商店顾客可以用此功能方便地提交退货信息，商店管理员可以对退货商品进行管理、处理留言。

　　4. 快递单管理

　　系统管理员在管理快递单时，要选择好快递单的模板。系统管理员通过添加模板功能，可以方便快捷地建立快递单打印模板，方便发货。具体方法是：点击添加模板，添加模板后，点击编辑，进入模板的编辑页面，然后对发货单进行编辑。

　　在完成发货后，系统管理员就可以添加发货信息。点击发货信息管理，进入管理界面，然后点击添加发货信息，输入相应的发货信息。

　　（三）会员

　　系统管理员能够管理注册会员信息。系统管理员需要删除、添加会员时，点击会员列表，进入会员列表管理界面，勾选需要删除的会员，按删除键，就可删除会员；添加会员时则是按添加会员按钮，进入会员添加界面，然后按要求添加会员。系统管理员还能对会员注册项进行管理，点击会员注册项，然后点击新增注册项。当自定义后，顾客在前台注册会员时需要填写的表单项目，会相应增加。

　　系统可以向会员开放购买咨询、商品评论、商店留言、消息管理等一些功能的权限。

　　（四）营销推广

　　营销推广是电子商务系统不可或缺的功能。系统在应用中实现了促销活动、优惠券、赠品兑换、捆绑销售、购物积分、搜索引擎优化、外围引流等营销推广模式。

　　（五）页面管理

　　页面管理是指对商店页面的内容和外观进行管理，即商店页面装修和商店公告、购物须知等文章都可以在这里进行处理。页面管理主要包括站点栏目、文章管理、友情链接、网页底部信息、模板列表等项目。

　　（六）统计报表

　　统计报表功能模块可以显示网站的统计信息，方便管理员查询，主要包括访问统计、销售统计和预付款统计。访问统计可以统计到详细的网店访问量、访客来源、页面浏览量、当前在线客户等；预付款统计记录每一位会员预付款进出的流水记录，可以按时间段查询网店预付款总流水情况；销售统计可以允许管理员对销售额、销售排行、销售转化率等多个指标进行查看。

四、农业信息技术推广与专家系统

农业信息与技术的推广方式主要有：加大宣传科技特派员产品和绿色产品的功效、保健作用；在农产品种植、加工上提供相关技术支持；以信息发布与展示的方式，将农产品种植、加工技术完整、有效地提供给用户；在科技特派员产品的推广和销售过程中，重点宣传科技特派员在农产品生产中的重要作用，同时加大科技特派员基地的建设。本系统将这些主要信息及时发布在网站上，起到信息普及与宣传作用。

第七章 智慧农业经营管理

第一节 新型农业经营主体服务平台

智慧农业生产经营其实质就是用先进的管理办法来组织现代农业的生产和经营。智慧农业经营管理是农业和农村经济结构战略性调整的重要带动力量。解决分散的农户适应市场，进入市场的问题，是经济结构战略性调整的难点，关系着结构调整的成败。智慧农业经营管理对优化农产品品种、品质结构和产业结构，带动农业的规模化生产和区域化布局，发挥着越来越显著的作用。

智慧农业经营管理的实现有助于提高农业竞争力。加入世贸组织后，国际农业竞争已经不是单项产品、单个生产者之间的竞争，而是包括农产品质量、品牌、价值和农业经营主体、经营方式在内的整个产业体系的综合性竞争。积极推进农业产业化经营的发展，有利于把农业生产、加工、销售环节连接起来，把分散经营的农户联合起来，有效地提高农业生产的组织化程度；有利于应对加入世贸组织的挑战，把农业标准和农产品质量标准全面引入农业生产加工、流通的全过程，创出自己的品牌；有利于扩大农业对外开放，实施"引进来，走出去"的战略，全面增强农业的市场竞争力。智慧农业经营管理对促进农业和农村经济发展，加快实现农业现代化具有重要意义。

当前农业在城镇化发展、农村劳动力减少、劳动力成本上升和国家土地流转政策支持的背景下，土地高度分散、家庭个人作业方式为主、产业化程度低的现状，将向集约化的规模农业进行转变。由此，新型农业经营主体（合作社、种植大户等）将面临承担未来现代农业发展中坚力量的问题。

构建新型农业生产经营体系是实现农业创新发展的首要条件，鼓励互联网企业建立农业服务平台，支撑专业大户、家庭农场、农民合作社、农业产业化龙头企业等新型农业生产经营主体，加强产销衔接，实现农业生产由生产导向向消费导向转变。

构建新型农业生产经营体系就是要创新农业生产经营机制，探索出一条生产技术先进、适度规模经营、市场竞争力强、生态环境良好的新型农业现代化道路。农业的转型升级必须依靠科技创新驱动，转变农业发展方式，要把现代社会中各种先进适用的生产要素引进和注入农业，从过度依赖资源向依靠科技人才、劳动者素质等转变。培育新型农业生产经营体系，首先，重点是支持和培育种养殖大户、农民专业合作社、家庭农场、农业企业等新型生产经营与产业主体，它们是未来农业生产的主要承担者，是实现农业现代化的主力；其次，要依靠科技来发展农业，把物联网作为现代农业发展的重要渠道、平台和方向，加大研发、推广与应用力度；最后，必须把生态环境可持续作为实现农业现代化的重要目标，协调并兼顾农业高产高效与资源生态永续利用，以有效解决资源环境约束为导向，大力发展资源节约型和环境友好型农业。通过构建新型农业生产经营体系，必然会为现代农业发展与农业现代化的实现插上翅膀，让百姓富与生态美在发展现代农业中得以有机统一。

现代农业对新型农业经营主体提出了更高的要求，由原来的个体农户只重视种植到需要对农业生产的全产业链（采购、生产、流通等）诸多环节进行整合。在新型农业经营主体整体实力较弱的前提下，如何培育新型主体，依靠新兴的力量帮助农业新型主体发展壮大是一个亟待解决的问题。互联网的本质是分享、互动、虚拟、服务，充分发挥互联网的优势，通过互联网技术与外部资源的对接，将打开整体服务于新型农业经营主体的局面。以互联网为依托，构建新型农业经营主体服务平台，将为农民带来更多便利的服务，充分让新型农业经营主体、农资厂商、农技推广人员等都参与其中，共同实现其价值。

创新农业互联网服务平台，决胜新型农业经营主体成长对于智慧农业发展而言，能够帮助新型农业经营主体成长，是构建智慧农业平台的重点。从服务模式来看，智慧平台的构建可以独辟蹊径，采用领先业内的互联网"平台＋社群"的模式，致力于用互联网整合农业供应链，打通上下游及周边服务，提升专业大户、家庭农场、农民合作社等新型农业生产经营主体的经营理念和效益，帮助新型农业经营主体快速发展。

一、服务平台，深耕新型农业经营主体服务

通过创新的互联网供应链服务平台，输出财务管理、供应链管理、企业管理等知识，协助新型农业经营主体组织和管理供应链，同时嫁接政府、金融资源，以及与农产品加工、农资企业等上下游企业集中谈判获得的成本优势，将服务直接对接到新型农业经营主体。

通过将互联网金融成功对接到新型农业经营主体，将互联网的资金100%引入农业生产中来，并通过资金按农时分布、灵活配置的方式，协助经营主体对资金的使用进行管控。

智慧平台构建可以将农技服务直接布局到移动互联网，进而为新型农业经营主体提供更好的农技服务。通过设置权威专家、农艺师、一线专家的三层专家体系，以及南北方不同作物的维度，将最先进、最实用的农技课程进行层层渗透和传递。农户可在平台上自由创建讨论群组，建立自己的交流圈子，并可在手机上传种植作物的图片，描述生长情况和病情，几分钟后便可获得平台专家的解答。

通过智慧平台构建智能化应用软件与互联网服务平台，搭建农产品收购商和新型农业经营主体之间的桥梁，让农产品高效地流通起来，"订单农业"也将成为收购商和新型农业经营主体未来的一个契合点。

二、社群化运营，构建新农人生态圈

互联网将散落在各地的分散需求聚拢在一个平台上，形成新的共同需求，对用户来讲形成了新的社交关系。将高质量的农技内容，来自互联网金融的资金等服务嫁接到农管家的服务平台上，以此来支持新型农业经营主体进行土地流转和组织职业农民进行农业生产。

应用软件的搭建与应用建立了种植户与专家对话的平台。专家和普通的种植户可以在 App 上自由问答，搭建自己的交流圈子，后期还可以帮助经营主体管理社员，组织农业生产活动等。

互联网"平台+社群"模式在响应国家"互联网+"现代农业的指导意见下，切实帮助了新型农业经营主体的快速成长，通过整合农业供应链，打

通上下游及周边服务，嫁接到合作社、种植大户层面，传统农耕下较为分散的单一诉求点，在这个互联网服务平台上得到了整体"打包服务"。

第二节 新型农产品电子商务平台

一、农产品电子商务的发展

农产品电子商务是指在互联网开放的网络环境下，买卖双方不谋面地进行农产品商贸活动，实现消费者网上购物、商户之间网上交易、在线电子支付及相关的综合服务活动的一种新型的商业运营模式。

自 1949 年新中国成立以来，我国的农产品流通经历了 4 个主要阶段的历史演变。第一个阶段是 1949—1978 年，五大流通组织系统分工明确，行政体制代替市场体制，这个阶段重生产、轻流通，此时国民经济百废待兴，力求解决基本农产品的买难问题。第二个阶段是 1978—1992 年，此时我国恢复了农村集市贸易，政府积极促进城市农副产品市场实施建设。改革多层次批发体制、行政管理体制和企业所有制，此时生产力水平提高，开始考虑解决农产品卖难问题。第三个阶段是 1992—2008 年，此时农产品流通基础设施主要靠民间资本商业化投资，市场逐渐向社会化、民间化、微观化和市场化转变，在这个阶段商品市场繁荣，解决优质农产品买难及突发性卖难问题。第四个阶段是 2008 年至今，农产品电子商务逐渐成为农产品流通的新形式，也相应出现了新基础设施、新要素、新主导权倒逼农产品流通升级。如今的阶段要让个性化需求彰显，安全品质要求提高，同时解决农产品买好难及卖好难问题，而农产品电子商务平台无疑在生产者与消费者之间搭建了一个友好的桥梁。

中国是一个农业大国，自中华民族发展之际，农业生产就是国民生产经济中一个必不可少的环节。当前，农产品电子商务发展迅速，成为促进农产品销售、拉动农民增收、带动经济社会发展的重要"引擎"。

二、农产品电子商务的优势及特点

（一）农产品电子商务的优势

农产品电子商务具有信息化、网络化、交易便捷化等优势，特别是可以减少许多传统流通中的环节。农民能够以合理价格出售农产品，提高收入；

消费者能够买到物美价廉、新鲜度更高的产品。

什么样的商品适合做成电商呢？主要有以下几类。首先是货值高、售价高的产品，更容易做成电子商务平台，因为物流成本占比相对较小，如松茸，容易形成价格优势；其他产品如新疆红枣、核桃等，具有较强的地域特色，地域品牌知名度及认知度高的产品，也可以做成电商；除此之外，耐储存、易运输的产品，如忻州糯玉米、杂粮等有运输优势，做成电商也有一定的竞争力；以及上市周期较长的产品，如吉县苹果；保质期短，对储存要求较高的产品适合做O2O同城电商配送。

以往，农产品销售与流通受商品低附加值、低流通效率等影响，往往很难大规模生产与发展。我国目前的农产品流通、销售模式与特点见表7-1。

表7-1 我国主要农产品流通销售模式

模式	渠道关系	商品附加值	物流半径	物流成本	组织程度	流通效率	渠道关系
生产者主导	中间环节少、极不稳定	低	极其有限	高	低	规模较小、效率低	生产者主导
零售商主导	较稳定	较高	有限	较低	较低	较高	零售商主导
批发市场主导	不稳定	较高	大	高	较高	低	批发市场主导
龙头企业主导	契约约束，相对稳定	高	大	较低	产销关系紧密	一般	龙头企业主导

如今的互联网为农产品流通重塑了一个流通主体，这里由生产者到消费者，中间经历了经纪人、批发商、服务商以及零售商，稳定了渠道关系，加速了农产品的流通。而由类似阿里巴巴、淘宝这样的电商平台，也带动起一大批地区农产品以"土特产"的形式加工、包装以及销售。

（二）农产品电商平台特点

农产品电商平台有如下特点。平台实现统一为客户提供信息、质检、交易、结算、运输等全程电子商务服务。支持网上挂牌、网上洽谈、竞价等交易模式，涵盖交易系统、交收系统、仓储物流系统和物资银行系统等。融物流配送服务、物流交易服务、信息服务、融资担保类金融服务等于一体。平台系统将实现基础业务、运营业务、平台管理和运营支持四个层面的业务功能。实现各层级会员管理、供应商商品发布、承销商在线下单交易、订单结算、交易管理、担保授信等全程电子商务管理。为了支持平台业务向农产品产业链两端延伸，满足开展订单农业、跨国电子交易及跨国贸易融资等业务的发展需求，平台支持多种交易管理流程共存，支持标准及可灵活拓展商品，具备交易规则灵活性、结算多样性及管理复杂性的特点。在配送和销售过程中，通过制定和实施符合现代物流要求的技术标准，对农产品在流通过程中的包装、搬运、库存等质量进行控制。形成"从田头到餐桌"的完整产业链，由市场有效需求带动农业产业化，提高农业生产区域化、专业化、规模化水平。

第三节 农村土地流转公共服务平台

土地流转和适度规模经营是发展现代农业的基础。土地流转服务体系是新型农业经营体系的重要组成部分，是农村土地流转规范、有序、高效进行的基本保障。建立健全农村土地流转服务体系，需要做到以下几方面。

一、健全信息交流机制

信息交流机制是否健全有效，直接关系土地流转的质量和效率。当前，由于农民土地流转信息渠道不畅，土地转出、转入双方选择空间小，土地流转范围小、成本高，质量不尽如人意。政府部门应加强土地流转信息机制建设，适应农村发展要求，着眼于满足农民需要，积极为农民土地流转提供信息服务与指导；适应信息化社会要求，完善土地流转信息收集、处理、存储及传递方式，提高信息化、电子化水平。各地应建立区域土地流转信息服务中心，建立由县级土地流转综合服务中心、乡镇土地流转服务中心和村级土地流转服务站组成的县、乡、村三级土地流转市场服务体系。在此基础上，逐步建立覆盖全国的包括土地流转信息平台、网络通信平台和决策支持平台在内的土地流转信息管理系统。

二、建立政策咨询机制

农村土地流转政策性强，直接关系农民生计，必须科学决策、民主决策。为此，需要建立政策咨询机制，更好发挥政策咨询在土地流转中的作用。一是注重顶层设计与尊重群众首创相结合。土地流转改革和政策制定需要顶层设计，也不能脱离群众的实践探索和创造。要善于从土地流转实践中总结提炼有特色、有价值的新做法、新经验，实现政策的顶层设计与群众首创的有机结合。此外，农村土地流转涉及农民就业、社会保障、教育、卫生以及城乡统筹发展等方方面面的政策，需要用系统观点认识土地流转，跳出土地看流转，广泛征集和采纳合理建议，确保土地流转决策的科学性。二是构建政策咨询体系。建立土地流转专家咨询机构，开展多元化、社会化的土地流转政策研究；实现政策咨询制度化，以制度保证土地流转决策的专业性、独立性；完善配套政策和制度，形成一个以政策主系统为核心，以信息、咨询和监督子系统为支撑的土地流转政策咨询体系。

三、完善价格评估机制

土地流转价格评估是建立健全农村土地流转市场的核心，是实现土地收益在国家、村集体、流出方、流入方和管理者之间合理、公平分配的关键。因此，必须完善土地流转价格评估机制。一是构建科学的农地等级体系。农村土地存在等级、肥力、位置等的差异，不仅存在绝对地租，也存在级差地租。应建立流转土地信息库，对流转土地评级定等，制定包括土地级差收入、区域差异、基础设施条件等因素在内的基准价格。二是建立完善流转土地资产评估机构，引入第三方土地评估机构和评估人员对流转交易价格进行评估。三是制定完善流转土地估价指标体系。建立切合各地实际、具有较高精度的流转土地价格评估方法和最低保护价制度，确保流转土地估价有章可循。四是建立健全土地流转评估价格信息收集、处理与公开发布制度。信息公开、透明是市场机制发挥作用的前提。应建立包括流转土地基准价格、评估价格和交易价格等信息在内的流转土地价格信息登记册，反映流转价格变动态势，并通过电子信息网络及时公开发布。五是建立全国统一的流转土地价格动态监测体系，完善土地价格评估机制。

伴随着土地流转制度出台，加快了各地相继实施农地流转试点，就直接促进农村产权交易所的成立，为农地入市搭建平台，建立县、乡、村三级土地流转管理服务机构，发展多种形式的土地流转中介服务组织，搭建县、乡、村三级宽带网络信息平台，及时准确公开土地流转信息，加强对流转信息的收集、整理、归档和保管，及时为广大农户提供土地流转政策咨询、土地登记、信息发布、合同制定、纠纷仲裁、法律援助等服务拓展相关内容。

第四节 农业电子政务平台

一、农业电子政务的发展

电子政务是指政府机构运用信息与互联网技术，将政府管理和服务职能通过精简、优化、整合、重组后到网上实现，打破时间、空间以及条块的制约，从而加强对政府业务运作的有效监管，提高政府的运作效率，为公众和企业及自身提供一体化的高效、优质、廉洁的管理和服务的一个过程。

随着信息技术和互联网技术的飞速发展，电子政务已成为全球关注的热点。电子政务的发展程度已成为影响各国政府核心竞争力的重要因素，世界各国都在大力发展电子政务。在这种全球环境下，我国政府抓住机遇大力推进电子政务建设，重塑政府形象，提高政府行政效能和管理水平已成为当务之急。

二、农业电子政务的特点

与传统政府的公共服务相比，电子政务除了具有公共物品属性，如广泛性、公开性、非排他性等本质属性外，还具有直接性、便捷性、低成本性以及更好的平等性等特征。

我国农业生产和农业管理的特点决定了我国非常有必要大力推进农业电子政务建设。我国与发达国家相比，在以市场为导向进行农业生产、农产品的竞争地位等方面还有相当大的差距。通过大力发展农业电子政务，农业生产经营者可从农业信息网及时获得生产预测和农产品市场行情信息，从而可实现以市场需求为导向进行生产，增强了生产的目的性和农产品的竞争地位。大力发展农业电子政务还可从根本上弥补当前我国农业管理体制的不足，实现各涉农部门信息资源高度共享，为农业生产和农村经济发展服务。

三、农业电子政务的应用

我国是农业大国，农村人口多，在地理分布上十分分散，人均耕地少，生产效率低，抗风险能力差，农产品在国际竞争中处于劣势地位。目前，我国农业正处于由传统农业向现代农业转变的时期，对信息的要求高，迫切要求农业生产服务部门能提供及时的指导信息和高效的服务。与传统农业相比，现代农业必须立足于国情，以产业理论为指导，以持续发展为目标，以市场为导向，依靠信息体系的支撑，广泛应用计算机、网络技术，推动农业科学研究和技术创新，在大力发展农业电子商务的同时，还应发展农业电子政务，以推动农产品营销方式的变革。

第五节 农业信息监测平台

改造传统农业关键是采取以经济刺激为基础的市场方式，激励生产者采用现代生产要素。所谓的市场方式就是以面积、产量、价格、库存、消费、贸易等产销信息变化，引导生产者进行科学决策。不只是生产者经营决策，消费者自由选择，商品和要素平等交换，都是以市场信息为依据的。可以说，公开、透明、全面的信息是现代市场体系、现代农业管理的数据基础。

目前经济发达国家都由政府主导，建立了从采集、分析到发布的农业信息监测预警体系。特别是对于农业部门而言，信息监测预警应该成为服务农场主、经营者和需求者决策的重要工具，成为农产品市场变化的风向标。可见搭建农业信息监测预警体系对农业发展具有重要意义。

农业信息监测预警系统主要包括农业灾害预警、耕地质量监测、重大动植物疫情防控、农产品市场波动预测、农业生产经营科学决策以及农机监理与农机跨区作业调度。

一、农业灾害预警

农业灾害包含农业气象灾害、农业生物灾害以及农业环境灾害三部分，是灾害系统中最大的部门灾害。农业灾害的破坏作用是水、旱、风、虫、雹、霜、雪、病、火、侵蚀、污染等灾害侵害农用动植物、干扰农业生产正常进行、造成农业灾情的过程，也就是灾害载体与承灾体相互作用的过程。有些灾害的发生过程较长，如水土流失、土壤沙漠化等，称为缓发性灾害，大多数灾害则发生迅速，称为突发性灾害，如洪水、冰雹等。

农业灾害严重威胁了农业生产的正常顺利进行，对社会产生负面的效应。首先，对农户的生产生活造成了危害。其次，导致与农业生产相关的工业、商业、金融等社会经济部门受到影响。资金被抽调、转移到农业领域用于抗灾、救灾，扶持生产或用于灾后援助，解决灾区人民生活问题，因为其他部门的生产计划受到影响，不能如期执行；在建或计划建设项目被推迟或是退回，延期或搁置；社会经济处于停滞甚至衰退萧条的状态。最终影响到国家政权的稳定。综上所述，可以看出对农业灾害进行预警对于增强人们对农业灾害的认识，进一步提前制定相应的减灾决策以及防御措施，保障社会效益具有重要意义。

二、耕地质量监测

耕地质量分为耕地自然质量、耕地利用质量和耕地经济质量三类，其主要内容为耕地对农作物的适宜性、生物生产力的大小（耕地地力）、耕地利用后经济效益的多少和耕地环境是否被污染 4 个方面。通过耕地质量等级调查与评定工作，将全国耕地评定为 15 个质量等别，评定结果显示我国耕地质量等级总体偏低。

耕地质量监测是法律法规赋予农业部门的重要职责。为了实时掌握耕地质量变化情况及其驱动因素，并结合相应的整治措施以实现耕地质量的控制和提高，推进我国耕地质量建设、促进耕地的可持续利用，耕地质量监测成为不可或缺的重要环节。

三、重大动植物疫情防控

随着动植物农产品的流通日趋频繁，重大动植物疫情防控工作面临新的挑战，严重威胁着农业生产、农产品质量安全以及农业产业的健康发展。因此，将重大动植物疫情防控作为保障农民收入，加快农业经济结构调整，推进现代农业发展方式转变的重要任务具有重要意义。

对于动植物疫情防控工作，关键问题不是在具体的防疫工作和防疫技术上，而是在于动植物群体疫病控制的疫情信息分析上，否则将使"防—控—治—管"各个环节缺乏先导信息的指导，防控行为的时效性、有效性、协调性和经济效益等方面都受到极大影响。要建立处理突发重大动物疫情机制，加紧建立和完善动物疫情监测网络，加强动物防疫基础设施建设和基层防疫队伍建设。因此，建立动植物疫情风险分析与监测预警系统，将动植物疫情监测、信息管理、分析与预警预报等集于一体，利用现代信息分析管理技术、计算机模拟技术、GIS 技术、建模技术、风险分析技术等信息技术，从不同角度、不同层次多方面对疫病的发生、发展及可能趋势进行分析、模拟和风险评估，可以提出在实际中可行、经济上合理的优化防控策略和方案，为政府决策部门提供有效的决策支持。这对于从根本上防控与净化重大动植物疫病，确保畜牧业、农业、林业的可持续发展，推进社会主义新农村建设具有重大的现实意义和深远的历史意义。

四、农产品市场波动预测

农产品市场价格事关民众生计和社会稳定。为避免农产品市场价格大幅度波动，应加强农产品市场波动监测预警。农产品市场价格受多种复杂因素的影响，使得波动加剧、风险凸显，预测难度加大。在我国当前市场主体尚不成熟、市场体系尚不健全、法制环境尚不完善等现状下，农业生产经营者由于难以对市场供求和价格变化做出准确预期，时常要面临和承担价格波动所带来的市场风险；农业行政管理部门也常常因缺少有效的市场价格走势的预判信息，难以采取有预见性的事前调控措施；消费者由于缺少权威信息的及时引导，在市场价格频繁波动中极易产生恐慌心理，从而加速价格波动的恶性循环。因此，建设农产品市场波动预测体系对促进农业生产稳定、农民增收和农产品市场有效供给具有重要意义。

五、农业生产经营科学决策

科学决策是指决策者为了实现某种特定的目标，运用科学的理论和方法，系统地分析主客观条件做出正确决策的过程。科学决策的根本是实事求是，决策的依据要实在，决策的方案要实际，决策的结果要实惠。

目前，我国农业生产水平较高，已摒弃了传统的简单再生产，农民对于农业生产经营的目标已经由最初的自给自足转向谋求自身利益最大化。为此农民必须考虑自身种养殖条件、自身经济水平、所种植农产品的产量、农产品价格、相关政策等会对其收益造成的影响。但农民自身很难全面分析上述相关信息，并制定相应的农业生产经营决策。农业信息监测预警体系采用科学的分析方法对影响农民收入的相关信息进行分析，为农民提供最优的农业生产经营决策。合理的农业生产经营决策不仅有利于提高农民的个人收入，同时对于社会资源的有效配置、国家粮食安全均具有重要意义。农机监理与农机跨区作业调度农机监理是指对农业机械安全生产进行监督管理。跨区作业是市场经济条件下提高农机具利用率的有效途径，通过开展农机跨区作业，有力地促进机械化新技术、新机具的推广。

但是近年来，农业机械安全问题越来越突出，成为整个安全生产的焦点之一。此外，由于外来的跨区作业队对当地的农业生产情况不了解，如何有序、高效安置各个跨区作业队的作业地点及作业时间，引导农机具的有序流动，做到作业队"机不停"、农户不误农时等问题均亟待解决。农业信息监测预警系统通过对农业机械事故发生的规律进行分析，找出其内在隐患，进一步将隐患消除在萌芽状态；通过对当地农业种养殖现状进行分析，找出其最优作业实施流程，对于最终实现农业机械安全、优质、高效、低耗地为农业生产服务，提高农业机械化整体效益具有重要意义。

第八章 互联网时代的现代农业信息服务运营模式

第一节 政府主导型现代农业信息服务运营模式

在"互联网+"背景下，随着我国农业信息化不断深入发展，现代农业商业得到了前所未有的发展进步，农业信息化是一个横跨多学科领域、涉及政府多部门的综合性系统工程，其实现离不开学科间互相融合以及政府及其领导下各部门的支持与配合。

国务院及其农业组成部门制定全国农业信息化指导方针，各省、自治区、直辖市政府及所属农业主管部门结合实际制定具体实施步骤，使农业信息化建设有章可循，是农业信息化体系标准的制定者；政府及其农业主管部门有权对农业信息化的立法提出方案，使农业信息化建设有法可依，是农业信息化建设中的管理者；政府及相关农业部门有权对农业信息化建设过程进行指导监督，促进农业信息化建设健康发展，是农业信息化建设中的实施者和保护者。因此，建设政府主导型农业信息化体系对我国农业的发展、农村的进步、农民素质的提高十分重要。

政府主导型服务模式蓬勃发展，各部委合力推进基层农村信息化建设。现实中，小规模农户占主体、农村中介组织有待完善、基层信息服务设施差、农民信息意识薄弱等因素决定了政府主导仍然是我国农村信息服务的主要模式。部委是贯彻中央精神、推动政府主导型服务模式发展的主要力量。农业农村部、工业和信息化部、商务部、中组部、文化和旅游部等部委相继实施了"三电合一"农村信息服务项目、信息大篷车、信福工程、农村党员现代远程教育工程、全国文化信息资源共享工程等，这些重大工程和项目推动了农村信息服务工作的深入开展，有效促进了农村经济社会发展和农民增收。地方政府积极探索信息服务模式。各地不断创新，纷纷建立具有地方特色的信息服务模式，全面提升农业信息服务能力。

"互联网+"背景下的政府主导型现代农业信息服务运营模式主要有：以农业农村部主推的"12316"呼叫平台为例的综合服务平台模式，以蔬菜种植环境智能监控平台、水产养殖环境监控平台、生猪养殖环境监控平台为例的行业服务平台模式，以舆情监测系统、农业病害防控平台、粮食产量评估系统为例的单一功能服务平台模式。

一、综合服务平台模式

（一）"12316"——农业信息服务的品牌

"三农"热线就是综合运用电话语音技术、文本语音合成技术和计算机技术，建立电话语音系统，为农业生产经营者提供语音咨询和专家远程解答服务，使农民通过电话接受农业信息服务。农业相关部门开通全国农业系统统一的公益服务热线号码"12316"后，决定依托"12316"代码，全力打造三农综合信息服务平台。12316综合信息服务平台在"三农"工作中发挥着积极实效，确实对农民生产生活产生了重要影响，对构建和谐社会具有重大意义。

（二）"12316新农村热线"

"12316新农村热线"看似一个语音版的农业信息化解决方案，实际上是在总结了多年农业信息化建设经验的基础上，经过在各区域反复试点后，精心打造的集网络、电话、电视、电台、平面媒体等多种方式于一体，上下贯通，以"1+N"模式构建的"三农"综合信息服务平台。该平台是由众多相关部门共同参与建设的，"12316新农村热线"由农网门户、三农数据存储及备份、语音呼叫服务、短彩信服务、音视频发布5个子平台组成。建设运行中打造了5个中心。

1.专家咨询中心

"热线"平台对农民的访问电话进行集中接入，由平台客服人员根据不同情况导航给专家。在后台组建了各个层次、各个领域的权威专家服务团队，人数众多，由他们对农民提出的问题进行解答。

2.指挥调度中心

依托专家以及省、市、县、乡四级农业部门，建立了快速反应机制，对需要到现场解决的问题，平台根据需要直接指挥省、市、县各级专家赶赴生产第一线，深入农户、田间地头进行诊治和处理。

3. 信息发布中心

依托广播电台、电视台及平面媒体，建设了多媒体信息制作发布中心。与电视台、电台合作，开设专栏，把农民普遍关心的共性问题制作成电视、广播专题节目；与《吉林日报》等各大报纸合作，开设专栏，由平台统一提供文字通稿。

4. 资源处理中心

省农委依托建在网通的"热线"平台、建在移动及联通的短彩信平台，对农民的大量原始信息进行采集。后台人员对信息进行分析，形成标准化答案，及时为数据中心积累和丰富数据。同时建立预警制度，对农民集中反映倾向性问题、隐患性问题形成信息专报，及时预警。

5. 平台服务中心

统一构建了平台体系，依托国家"金农"工程、文化信息共享工程、农村党员远程教育等多项工程，在省级集中规划、建设了综合信息基础平台。开发建设了农业农村数据中心、科技信息专家服务系统、市场信息采集发布系统及动物疫情远程诊治系统等多个应用系统。

该模式的主要特点如下。

组织上实现了行政力量与事业力量、社会力量、企业力量的"1+N"格局。在省农业农村信息化建设领导小组框架内组建了"热线"领导组织；整合农业部门、农口院校、科研单位力量，联合建设了服务、推进组织；引导电信运营商、媒体、IT企业组建了联盟性组织。

平台上实现了省级综合平台与多层级平台、多部类平台、多属性平台的"1+N"格局。采用聚合技术，将省、县（市）、村（乡）三层平台融合在一起；通过支撑平台，将网络平台、语音与短彩信平台、媒体平台融合在一起；开发相应组件，将公益服务平台、政务内网平台、电子商务平台融合在一起。

资源上实现了农业部门建设与涉农部门共享、发挥市场机制作用的"1+N"格局。不断增强信息的采集、分析和综合处理能力，同时，广泛开展涉农部门间信息交换；组建了各个领域专家组成的服务团队，根据分析预测超前储备信息；与此同时，走资源有偿提供、有偿使用、在互利的基础上交换等市场化路子，提高资源质量。

渠道上实现了电脑网络与传统介质（广播、电视、纸质媒体等）、通信类介质（电话、短彩、手机 WAP 等）的"1+N"格局。在省级层面，采取了省平台集中方式，将"三网""三电"融合在一起；在基层，以产业化龙头企业、批发市场、合作组织、信息站点为主体，培育起了乡村社团化的信息服务组织，通过手机报、邮箱、QQ、视频、网站等多种方式开展专业化服务。

应用上实现了为农村经济发展服务与为农村政治、文化、社会建设服务的"1+N"格局。开发了科技信息专家服务系统、市场信息采集发布系统及电子商务交易系统等，为农民致富服务；开展了农村政策应用，鼓励广大农民群众通过"热线"反映诉求；通过整合教育、文化、人保等相关部门的应用系统，引导农民在线学习、娱乐，在线接受就业指导。

投入上实现了政府投入与运营商投入、市场主体投入的"1+N"格局。推行以市场换投资的策略，引导运营商开拓农村信息服务市场。

二、行业服务平台模式

（一）蔬菜种植环境智能监控平台

中国的农业经济和农业建设发生了翻天覆地的变化，生产条件大大加强，在党的方针、政策的指引下，农民开辟了自力更生、发家致富的新途径，其中大棚作业生产就是一个很好的致富形式。

大棚生产是一项非常耗费时间和精力的体力劳动，作物的栽培、灌溉、施肥、喷药、授粉等都是很费时间的工作，农作物的花叶和茎秆都需要十分细心的呵护。另外，建棚也需要很大的劳动付出，大棚在建造伊始就要挖地基，在棚的基部还要做上 5 米来高的砖墙。

蔬菜大棚虽然有着比较可观的经济效益，但是大棚本身有着较烦琐的构建工序，建棚的材料趋于多样化。据不完全统计，建棚需要的原材料有十余种之多，从钢筋、水泥支撑、塑料、草毡、拉棚和放棚的自动化装置，到建棚土地的挖掘等。大棚建造以后，如何在最短时间内实现最大的经济效益？如何尽快缩短成本回收周期？如何保证大棚蔬菜的成长质量？对于上述问题，大棚的温度、湿度以及二氧化碳的控制是一个至关重要的因素。

在现代大棚种植技术中，采光、温度、湿度、二氧化碳浓度是大棚蔬菜能否茁壮生长的四要素。并且，这四个方面也是互相依赖、相辅相成、不可分割的，是一个有机的整体。在现代大棚种植技术中，四个方面的制约关系完全可以构成一个学科体系，只有掌握四者之间的微妙关系才能使得蔬菜增产。细心的菜农发现，合理配置四者之间的关系，控制好各自的用量及其排放，不仅有利于节约肥料，优化资源配置，同时有利于保持土壤养分不至于快速流失。配置不好，则农作物会出现生病甚至坏死现象。好的资源配置结构，更有利于种植循环再生类的蔬菜，比如茄子、辣椒等，这类蔬菜是循环生长的，如果大棚内的温度、湿度、二氧化碳浓度能合理配置，精确调控，可以最大限度地保证这类可循环蔬菜的循环生长，那么，菜农的利润和收益还是比较大的。

蔬菜种植环境智能监控平台是确保农民朋友大棚蔬菜顺利生长的重要环节，是确保菜农取得期望经济利益的重要保证。为了最大限度地扩大蔬菜大棚的规模，有的菜农往往要雇用工人；而且，很多菜农在扩大蔬菜大棚规模的时候，往往不在同一地点建棚；再加上塑料大棚本身的管理难度较大，大棚作物需要耐心而细致的照料，找雇工（包括长工和临时性的短工）是比较普遍的。而有了雇工以后，就要为其配置相应的权限，特别是对于临时性的短工，这种方法其实是为了防止意外的发生，最大限度地保护大棚资源。

通过这个平台，可以对蔬菜大棚内的若干个点实现温湿浓度的即时采集和控制，可以省去菜农很大一部分时间和精力，使其有更多的时间可以用在蔬菜的护理上，或者用在蔬菜大棚规模的扩大上。这个平台给菜农预留了若干个可控制的按钮，以及一个液晶屏幕。通过液晶屏幕，可以即时显示大棚内不同位置的温湿度和二氧化碳浓度的值；通过若干个按钮，菜农可以开机和关机，可以输入温度的上限和下限值，可以手动调节温度，并且这些温度值可以通过发光管显示出来。菜农可以手动调节湿度值和二氧化碳浓度值。菜农可以通过查阅相关农作物资料，搞清楚不同农作物需要什么样的温湿度和二氧化碳浓度，从而通过调节来构造一个最适合作物生长、资源配置合理的环境。菜农在这个平台运行期间可以放心地去完成一些更重要的劳动，而不必再为温湿度和二氧化碳浓度的采集花费时间和精力。

（二）水产养殖环境监控平台

近年来，随着移动互联网技术的大力推广以及无线网络的大规模建设，物联网技术、嵌入式技术等多种高新技术开始在监控领域得到发展和融合，远程监控、无线视频监控技术有了很大的进步和提高。通过远程监控，技术人员无须亲临现场就可以远程监控工业生产和现场设备的运行状态，实时采集和集中现场数据，根据数据进行分析判断，实施远程故障诊断和控制。远程监控的应用，极大地提高了生产效率，给企业和生产带来了巨大的经济效益。伴随着嵌入式技术、物联网技术和移动互联网技术的不断发展和成熟，使用手机等终端设备进行远程监控成为现实。随着网络互联技术、物联网技术、远程监控系统等各种高新技术在水产养殖生产中的大力推广和运用，水产养殖的移动化、自动化和网络化成为整个行业发展的必然趋势。

水产环境监控平台是一种具有信息监测及实时控制功能的综合系统，具有防范能力强、部署方便、适用范围广等特点，当前远程视频技术与信息监控技术在监控领域的融合更带来了实时、直观、准确等丰富的优点。pH、水温、溶解氧和水位等都是水产养殖中水生动物的生活环境因子。这些环境因子影响着水生动物的生长发育，直接决定着水生动物的存活率、品质、生长发育情况以及产量。其中水温、溶解氧浓度、pH对水产养殖水生动物的影响最大，对水产养殖鱼虾类等的影响起到了主导作用。使用物联网技术，只需要在养殖场所设置好所需的传感器，工作人员不必亲临现场就可对养殖环境做监测，传感器会根据事先设置好的网络传输通道，把监测到的情况报告给工作人员，或者传输到计算机中。即使在远离观测现场的异地，也能方便地对各种环境要素如温湿度、光照、溶解氧等数据进行采集读取。安装上摄像头以后，足不出户，鱼塘就可以一览无余，轻松实现24小时不间断监测。可以根据事先设定的条件，当水温、溶解氧等条件超出设定范围时，系统就会通过短信、中心控制机软件等向工作人员报告，请工作人员下命令。平台客户端能实时监测养殖现场不同水质参数的动态变化，客户端能够从服务器获取养殖场各水域的水温、pH值、溶解氧、水位等实时信息。用户可以选择单通道或者多通道视频监控，用户可以通过手机客户端远程控制摄像头云台，调整摄像角度。客户端能实现远程控制养殖现场电气设备功能，用户可以设定不同时间间隔来定时控制养殖现场的设备进行喂食、增氧等功能，并可以针对特殊情况进行手动操作，例如开关水泵和增氧机等。

（三）生猪养殖环境监控平台

我国养猪业发展迅速，从原来的散养户模式逐步向集约化养猪业发展，逐步成为世界养猪大国。养猪业的快速发展促进了我国农业发展的进程。在进入 21 世纪以后，养猪业规模化、产业化发展尤其迅速，养猪生产将以适度规模化、规范化、标准化模式为主体，综合利用多项现代化技术来提高养猪业整体生产水平和效益。推动猪只养殖业的信息化，有利于降低生产成本，提高生产效率；有利于实现养殖场控制系统的全面自动化及数字化；有利于养猪场生产的集中管理等。我国养猪业将朝着优质、高效和安全的目标发展，综合应用信息技术、计算机技术、系统工程技术等先进技术已成为我国养猪业发展的主导方向。

在市场经济竞争加剧的形势下，每头猪的利润空间被挤压得很小。如何在市场竞争中获得优势？显然粗放型的饲养方式不再适应养殖场的要求。精细化饲养可降低养猪成本，提高养猪效益，特别在大规模养猪企业，精细化饲养的效益更加明显。生猪养殖环境监控平台利用计算机、智能控制和系统集成等数字化技术措施，实现了对猪舍环境的智能监控。

对猪舍环境的智能监控主要体现在以下两方面。

一是通风。所谓通风就是把猪舍内污浊的空气直接排至舍外，把新鲜空气（如净化、降温、加热等）补充进来，实现降温、净化空气等作用，从而保持舍内空气环境符合卫生标准和满足工艺的需要。舍内通风能够降低舍内温度，使舍内的环境温度保持在适合生猪生长的范围内；能够降低舍内湿度，使舍内环境湿度保持在适合生猪生长的范围内；能够调整舍内空气成分，排除有害气体，如氨气、硫化氢、二氧化碳等。

二是调节温度。猪在适宜的环境中，能借助物理调节维持正常体温，且温度是猪只健康生长过程中关键的环境因素，因此猪舍必须安装完善的加热与降温设备。给猪加热和降温的第一步是提供隔热良好的猪舍和设计合理的通风系统。加热及降温系统可以是全猪舍式，也可以是局部式。全猪舍系统依靠室内红外灯升温和喷淋泵降温来控制整个舍内的温度。局部系统则是控制生猪周围的环境而不是整幢猪舍，因而显得更加有效。

三、单一功能服务平台模式

（一）墒情监测系统

土壤墒情监测系统能够实现对土壤墒情（土壤湿度）的长时间连续监测。用户可以根据监测需要，灵活布置土壤水分传感器；也可将传感器布置在不同的深度，测量剖面土壤水分情况。系统还提供了额外的扩展能力，可根据监测需求增加对应传感器,监测土壤温度、土壤电导率、土壤pH、地下水水位、地下水水质，以及空气温度、空气湿度、光照强度、风速风向、雨量等信息，从而满足系统功能升级的需要。

受季风气候影响，年内年际雨量分配及地区分布明显不匀，导致旱涝灾害频发。这一现象已成为制约我国经济发展和社会进步的重要因素。墒情是反映干旱程度的重要参数之一，墒情监测是进行旱情预报预警的基础。建立墒情监测网能使人们及时了解旱情的发生，对旱情做出有效的评估，制定出合理有效的抗旱决策，使有限的水资源得到优化配置和合理使用。同时，根据土壤墒情制定合理的灌溉制度，实现适时适量的"精细灌溉"，提高水资源的利用率，实现节约用水、高效用水，在当前水资源日益短缺的形势下亦具有重要意义。

依据防汛抗旱的相关要求，结合抗旱工作的实际情况，墒情监测系统的建设目标是，建立起重点抗旱的旱情监测系统，建立起墒情采集点、旱情信息站、旱情分中心的通信网络，建立起分中心的旱情数据库及相应的分析管理软件系统等。

（二）农业病害防控平台

白粉病是小麦生产中发生范围较广、危害较重的一种气候型病害。有研究表明，该病发生流行程度与气象条件及其变化关系密切，且在菌源、品种、耕作栽培方式等条件相对稳定的情况下，当地气候条件是决定其流行程度的关键要素。

为了系统地提供小麦白粉病气象服务，提高农业决策部门防治白粉病的准确性和科学性，基于"小麦白粉病发生气象条件监测、预警和评价体系"课题组研制的小麦白粉病气象指标与模型，研制了小麦白粉病防控气象服务平台。该平台集成了地面观测气象数据库、病害资料数据库等7类数据库100余种基础数据，实现了20余项统计分析功能，集数据采集、加工处理、病害监测预警、中长期预报、影响评估及服务产品编辑输出于一体，实现了小麦白粉病的监测预警、预测预报、影响评估、服务产品制作发布一体化，并基于 GIS 技术开发了预警、测报、评估结果图形显示等功能，可直观显示该病的地域分布及未来发生情况。

系统构建了 7 类数据库。

1. 地面观测气象数据库

包括温度、湿度、降水等 6 种常用气象要素，系统具备与历史值比较，任意时段雨量、极值、积温的计算以及界限温度初期与终日的确定等统计分析功能，并可进行相关图表分析。同时，该系统提供利用方差分析预测积温出现的日期，进而预测生育进程等功能。

2. 病害资料数据库

主要为白粉病历史发生情况，包括分区普查资料、系统调查数据以及历史发生资料。

3. 农情资料数据库

主要为农气站点冬小麦及麦田墒情等数据资料。

4. 气候背景数据库

包括大气环流指数以及海温资料。

5. 田间实测小气候、生物数据库

包括田间实时气象数据、小麦白粉病系统观测资料以及小麦农学特征数据。

6. 模型库

包括监测预警、预报、影响评估指标及模型。上述指标模型均由"小麦白粉病发生气象条件监测、预警和评价技术"课题组自行研发，系统具备较强的延展性，可随时加入新的指标及模型。

7. 预报方法库

集合 10 种预报方法，用来进行白粉病发生、发展的预报预测。

平台操作简单、功能强大、内涵丰富，显著提高了白粉病气象服务水平，取得了显著的社会效益、经济效益，为政府领导、农药企业宏观决策提供了科学依据。

（三）粮食产量评估系统

粮食综合生产能力的高低，直接关系到粮食的有效供给，关系到国家的粮食安全，而提高和保护粮食综合生产能力是确保我国粮食安全的主要途径。对粮食综合生产能力的评估是粮食综合生产能力研究的基础，因此，有关我国粮食综合生产能力的评估方法及其研究也在不断深化与完善。

粮食综合生产能力是指耕地资源的粮食综合生产能力，是农业资源综合生产能力的一部分。我国对粮食综合生产能力的认识贯穿于不懈发展粮食生产，提高粮食产量的过程。我国长期以来一直采取各种措施努力提高粮食的实际产量，并将粮食综合生产能力等同于粮食实际产量，在粮食综合生产能力的研究中多以粮食产量作为粮食综合生产能力的表征变量。农业资源是农业生产过程中由光、热、水、土、肥及其他生产要素与生命物质组成的一个相互联系、彼此依存的耦合系统，只有调节农业资源系统内部的土—水—肥—气以及其他生产要素与植物生产的关系，使之处于协调状态，农业资源才会充分发挥其生产能力。所以，粮食综合生产能力可以定义为：在一定地域、一定时期和一定的经济社会条件下，由以耕地资源为主的农业资源诸要素综合投入所形成的，具有较高转换效率的可持续的粮食产出功能。可以看出，粮食综合生产能力的形成有着自身的特点和规律。

第一，粮食综合生产能力是由多种要素相互作用的最终结果，也可以看作比较诸要素综合投入过程的不同组合，以及相对可持续和高效组合生成内在功能。因此，粮食综合生产能力需要不断优化各构成要素的组合和匹配。

第二，粮食综合生产能力既表现为一定的粮食产量，又包含一定的粮食增产潜力。各构成要素的作用不可能同时得到充分发挥，当期粮食产量一般要低于粮食综合生产能力，也就是说，粮食综合生产能力是包括粮食现实产量和粮食增产潜力的综合能力。

第三，粮食综合生产能力的阶段性提高，取决于构成粮食综合生产能力的某个或多个要素的阶段性突破。因此，粮食综合生产能力的提高是一个缓慢的过程。

第四，粮食综合生产能力是波动和变化的。粮食产量年际性波动正是生产能力不断变化的反映。即使粮食综合生产能力达到某一较高水平，也必须不断做好巩固和提高工作。

与粮食总产量有关联的影响因素有：粮食单产、粮食播种面积、复种指数、化肥施用量、有效灌溉面积、农村劳动力、农机总动力、农村用电量、粮食收购价格和受灾面积等。但是，在不同地区、不同考察期内，影响因素及其排序是不相同的。

中国是一个粮食生产大国，同时更是一个粮食消费大国，对中国粮食综合生产能力的研究具有举足轻重的作用。综观国内粮食综合生产能力评估的研究，成绩是显著的。

第二节　市场化运作现代农业信息服务运营模式

农村信息化和其他领域不一样，天生"贫血"，农民信息化意识薄弱、资金缺乏，要想在贫瘠的土地上结出信息化的硕果谈何容易？因此，农村信息化从诞生起就依靠政府"输血"长大。

随着农村信息化的深入，政府探索农村市场化的力度开始加大，模式不断翻新，有越来越多的 IT 企业开始觉醒，搭车农村信息化。

目前，企业参与市场化运作的模式有两种：一是企业直接出资，用于建立信息化培训中心和体验中心，如广东省的模式；二是以捐赠或者以成本价出售的形式提供相关产品，如正在全国如火如荼推广着的信息化大篷车。

虽然农村信息化并不是个立竿见影的买卖，但是很多厂商还是抱着为长远目标考虑、为农民服务的心态参与其中。对农村信息化来说，厂商的纷纷加入无疑是件好事，但并不是企业介入就能解决所有问题。企业与资金涌入之后，政府该如何引导资金的有效投入？如何在服务"三农"的大前提下，协调不同企业为同一个目标整合资源、更好地合作？在探索农村信息化长效发展机制上，各方要做的工作还有很多。

第三节　涉农企业主导型现代农业信息服务运营模式

中国在推进工业化、新型城镇化和农业现代化的进程中，应切实解决基层农技推广服务"最后一公里"不到位问题，加速农业科技成果转化以保障农产品有效供给；同时要建构和完善以国家农技推广机构为核心，涉农企业、农业科教单位、农民专业合作社和群众性科技组织等社会力量广泛参与的多元化推广模式。随着农业科技推广体制改革深入发展，涉农企业在基层农技推广体系中的作用日趋凸显。国家鼓励和支持涉农企业采取多种形式为农民应用先进农业技术提供服务。

尊重市场规律和客观实际，针对当地农技推广服务实践存在的"农技单位有人才、缺经费，技术难以进村入户；涉农企业有资金、想服务，缺乏技术和人才"，推广机制不健全、"最后一公里"难以贯通的现状以及农资市场门店多、规模小、产品良莠不齐、技术服务缺位等问题，进行大胆创新和实践，涉农企业主导型农技推广服务"大荔模式"应运而生，并成为现行国家基层农技推广体系的有益补充。

该模式的基本思路是以市场需求为导向，采取"政府引导、群众点菜、科技送餐、企业买单"的服务方式；通过"政府出钱养兵、企业出钱打仗"的运行机制，创建"政府引导、企业主导、市场运作、技企结合、技物配套、密集覆盖、农资农技双连锁、综合配套服务"的农技推广服务新模式，以此推动现代农业发展，促进农民增收致富。

在移动互联网背景下的今天，我国已形成了涉农企业主导型移动农业商业模式，包含农业企业主导型、电信运营商主导型、IT企业主导型。

一、农业企业主导型现代农业信息服务运营模式

国内农村信息化项目大多数采取的是自上而下的推进方式，由政府出资大量采购信息设备和资源，在各地建设试点，向农民"送"信息。这种模式下，建设内容与农民实际需求有一定差距。农业企业主导型一般采取自下而上的发展模式，由最了解农村的基层人员策划实施，因地制宜，直指农民最核心的需求，如老百姓买东西、销售产品的需求，村务公开、村财公开的需求等。在推广上，农业企业主导型先在村级应用，后通过镇、县、市、省平面推进，以点带面、逐步铺开，采取典型培育和引领带动的发展方式。

由于农村信息化建设涉及面广，牵涉到众多政府部门的职能，以及农民群众切身利益，因此农业企业主导型具有较强的公益性质。市场经济环境下，农村信息化事业要具有生命力，必须走市场化道路，单纯依靠政府输血，无法实现可持续发展。农业企业主导型以"政府引导、社会参与、市场化运作"的发展思路，取得了显著的成效。

二、电信运营商主导型现代农业信息服务运营模式

农业是我国国民经济的基础，党和国家一再强调把解决好"三农"问题作为各项工作的重中之重。

中国移动作为国有重要骨干企业、最大的电信运营商，近年来非常重视落实"服务三农"的指导思想，以助力政府落实农村信息化建设为己任，发挥自身优势，提出了"三网惠三农，助建新农村"的工作目标，即利用信息通信技术优势，构建"农村通信网""农村信息网""农村营销网"，为广大农业、农村、农民提供服务，助力社会主义新农村建设。

中国电信积极落实普遍服务，推动农业农村信息化工作，围绕农业农村特色需求，整合资源，开展各类信息化应用，并打造了农业农村信息化平台，提供丰富信息内容，以强烈的社会责任感，推动农业农村信息化发展。

三、企业主导型现代农业信息服务运营模式

随着互联网覆盖范围的不断扩大，我国网民中农村人口占比也在随之增高，城乡网民规模的差距继续缩小。农村地区日益成为目前中国网民规模增长的重要动力。就整体发展而言，农产品电子商务仍然有很大的发展空间。面对这样一个大市场，很多企业抓住了契机，开启了以农业电商为中心的移动农业商业模式。

第九章 大数据支撑农业监测预警

第一节 大数据支撑农业监测预警的理论基础

一、大数据支撑农业监测预警概述

大数据是继物联网、云计算、移动互联网之后发展起来的最重要的技术和思想之一。大数据思维带来的信息风暴正在变革我们的生活、工作和思维方式，大数据的诞生和发展开启了一次重大的时代转型。正是大数据现象的出现和数据应用需求的激增，加速了信息化的深入发展，而大数据的海量性、多样性、时效性、真实性以及潜在价值，为我们提供了认识复杂事物的新思维、新方法、新手段，成为提升国家综合能力和保障国家安全的新利器。

农业信息监测预警是基于信息流特征，对农产品生产、市场流通、进出口贸易等环节进行全产业链的数据采集、信息分析、预测预警与信息发布的全过程活动；也是集农业信息获取技术、信息处理技术、信息服务技术于一体，对未来农业运行安全态势做出判断，并提前发布预警，为政策制定部门和生产经营管理者提供决策参考，有效管理农业生产和市场流通，从而实现产销对接、引导农业有序生产和稳定农产品市场的有效手段。开展农业信息监测预警工作是欧美等发达国家一贯的做法。

在信息化快速发展的今天，农业大数据作为大数据的重要实践部分，正在推动农业监测预警工作的思维方式和工作范式的不断转变。农业大数据推动农产品监测预警的分析对象和研究内容更加细化、数据获取技术更加便捷、信息处理技术更加智能、信息表达和服务技术更加精准。伴随大数据技术在农产品监测预警领域的广泛应用，构建农业基准数据库、开展农产品信息实时化采集技术研究、构建复杂智能模型分析系统、建立可视化的预警服务平台等将成为未来农产品监测预警发展的重要趋势。

我国已步入推进农业供给侧结构性改革的关键时期，面临的形势更加复杂，各种制约因素相互交织，深层次矛盾亟待解决。大数据作为现代信息技术的重要组成部分，在准确研判农业农村经济形势、破解农业发展难题等方面将大有作为。加快发展农业大数据建设，特别是推进大数据与农业产业全面融合，深化大数据在农业生产、经营、管理和服务等方面的创新应用，将为我国农业现代化建设注入新的活力、提供新的动力。

二、大数据是农业状态的全息映射

农业状态全面立体的解析是全面了解和分析农业发展状况和存在问题以及制订解决方案、准确进行农事操作的重要依据。对农业状态全面的、立体的反映依赖于农业数据获取的广度、深度、速度和精度，农业状态全样本信息特征的获取是全面、立体反映农业产业状态，促进产业之间深度耦合、提升农业产业效能的基础。

农业系统是一个包含自然、社会、经济和人类活动等的复杂巨系统，包含其中的生命体实时的"生长"数据，呈现出生命体数字化的特征。农业物联网、无线网络传输等技术的蓬勃发展，极大地推动了监测数据的海量爆发，数据实现了由"传统静态"到"智能动态"的转变。现代信息技术将全面、及时、有效地获取与农业相关的气象信息、传感信息、位置信息、流通信息、市场信息和消费信息，全方位扫描农产品全产业链过程。在农作物的生长过程中，基于温度、湿度、光照、降雨量、土壤养分含量、pH 等的传感器以及植物生长监测仪等仪器，能够实时监测作物生长环境状况；在农产品的流通过程中，GPS 等定位技术、射频识别技术实时监控农产品的流通全过程，保障农产品质量安全；在农产品市场销售过程中，移动终端可以实时采集农产品的价格信息、消费信息，引导产销对接，维护和保障农产品市场的供需稳定。如中国农科院农业信息研究所研制的一款便携式农产品市场信息采集设备"农信采"，具有简单输入、标准采集、全息信息、实时报送、即时传输、及时校验和自动更新等功能。它嵌入了农业农村部颁发的 2 个农产品市场信息采集规范行业标准，11 大类 953 种农产品以及相关指标知识库，集成了 GPS、GIS、GSM、GPRS、5G/Wi-Fi 等现代信息技术，实现了市场信息即时采集和实时传输。大数据的发展应用正在改变着传统农产品监测预警的工作范式，推动农产品监测预警在监测内容和监测对象方面更加细化、数据快速获取技术方面更加便捷、信息智能处理和分析技术方面更加智能、信息表达和服务技术方面更加精准。

三、大数据是农业预警决策的科学支撑

预警决策是依靠历史所积累的正、反两个方面的历史经验所作出的判断，而大数据是对历史积累描述的最好体现。农业监测预警包括数据获取、数据分析、数据应用。数据获取是农业监测预警的基础，数据处理是农业监测预警的关键，数据应用则是监测预警的最终目标。数据获取是基础环节，是把农业生产、流通和消费的物质流、能量流衍生成为信息流的过程。数据分析是农业监测预警的核心环节，是运用一定的技术、方法，借助计算机、相关软件等工具，将涉农数据进行汇集、分类、计算、转换，将杂乱无章的数据转换为有序信息的数据加工过程。数据应用是农业监测预警的最终目的，是对大量数据进行分析处理后，将结论型、知识型的高密度信息和高质量信息推送给用户的过程。大数据的获取、分析以及应用等是农业监测预警不可缺少的重要过程，对农业预警决策的科学性起到重要的支撑作用。

因此，大数据的核心价值不仅仅是对过去客观事实和规律的揭示，更重要的是在对大量数据采集传输的基础上，利用分析工具实现对当前形势的科学判断以及对未来形势的科学预判，为科学决策提供支撑。

在大数据的支撑下，智能预警系统通过自动获取农业对象特征信号，将特征信号自动传递给研判系统，研判系统通过对海量数据自动进行信息处理与分析判别，最终自动生成和显示结果，得出结论，发现农产品信息流的流量和流向，在纷繁的信息中抽取农产品市场发展运行的规律。智能预警系统最终形成的农产品市场监测数据与深度分析报告，将为政府部门掌握生产、流通、消费、库存和贸易等产业链变化，调控稳定市场预期提供重要的决策支持。

四、大数据是农业发展的新型资源

大数据是以容量大、类型多、存取速度快、应用价值高为主要特征的数据集合，正快速发展为对数量巨大、来源分散、格式多样的数据进行采集、存储和关联分析，从中发现新知识、创造新价值、提升新能力的新一代信息

技术和服务业态。信息技术与经济社会的交汇融合引发了数据迅猛增长，数据已成为国家基础性战略资源，大数据正日益对全球生产、流通、分配、消费活动以及经济运行机制、社会生活方式和国家治理能力产生重要影响。

农业大数据作为重要的农业生产要素，正在日益显现出其重要的社会和经济价值。根据农业的产业链条划分，目前农业大数据主要集中在农业环境与资源、农业生产、农业市场和农业管理等领域。

农业自然资源与环境数据主要包括土地资源数据、水资源数据、气象资源数据、生物资源数据和灾害数据等。

农业生产数据包括种植业生产数据和养殖业生产数据。其中，种植业生产数据包括良种信息、地块耕种历史信息、育苗信息、播种信息、农药信息、化肥信息、农膜信息、灌溉信息、农机信息和农情信息等；养殖业生产数据主要包括个体系谱信息、个体特征信息、饲料结构信息、圈舍环境信息、疫情情况等。

农业市场数据包括市场供求信息、价格行情、生产资料市场信息、价格及利润和国际市场信息等。农业管理数据主要包括国民经济基本信息、国内生产信息、贸易信息、国际农产品动态信息和突发事件信息等。

随着海量信息的爆发，农业跨步迈入大数据时代。统一数据标准和规范，构建农业基准数据（即以农业信息的标准和规范为基础，以现代信息技术为手段，收集并整理的产前、产中、产后各环节的基础精准数据），推动数据标准化，并综合使用农业大数据的相关技术，建设农业大数据平台，对农业大数据进行分析、处理和展示，并将所得结果应用到农业的各个环节，才能更好地推动我国传统农业向现代农业转型，助力我国农业信息化和农业现代化的融合。

五、大数据支撑农业监测预警实时信息分析研究

农业监测预警是指导农业生产、管理农业发展的重要手段与高端工具。我国政府多次印发相关文件，推动农业监测预警工作的深度开展。农业监测预警信息服务是农业监测预警工作的重要组成部分，随着移动终端服务系统开发技术的不断进步，移动终端硬件成本不断下降、质量不断提高、产量不断攀升、价格趋于亲民，未来移动终端设备将在我国农村大规模普及，移动终端服务系统将成为助力农业监测预警工作升级的重要手段。然而，当前我国农业监测预警信息服务系统开发中面临诸多问题，包括技术开发与农业监测预警专业知识结合不足，系统缺乏适用性；系统功能较为复杂、信息展示类型单一，系统缺乏易用性；数据采集标准不一、数据网络化程度低，缺乏规范有效的数据获取方式与手段，因此，农业监测预警信息服务工作无法有效落地。监测预警信息需要有效落地，真正服务于农业、农村、农民，才能发挥农业监测预警的巨大作用。但是，由于我国农业信息化程度较低，农业基础设施不足；农民收入较低，智能移动设备缺乏普及；农民信息素养较低，缺少上网意识；农业附加值较低，涉足农业的互联网企业较少；农业相关产业利润较少，农业信息从业人员不足；农业全产业链环节复杂，数据采集困难；农业品种复杂，数据标准不一，信息分析困难等种种原因，导致农业实时信息服务工作难以有效开展。如何破解农业实时信息服务难题，解决农村信息"最后一公里"问题，是当前农业监测预警服务工作需要重点解决的问题。

（一）大数据支撑农业监测预警

农业监测预警是指对农业生产、消费、市场等农业过程与环节进行信息特征提取、信息变化观测、信息流向追踪，并对未来农业运行态势进行分析与判断，提前发布预告，采取应对措施，以防范和化解农业风险的过程。

农业监测预警工作作为指导农业生产、管理农业发展的重要手段，通过释放市场信号、发布产品报告、显示权威预期，从而引导本国农业生产，同时也引领着世界农业的发展。

我国农业监测预警工作的实施随着政府的大力支持、科研人员的不懈努力以及与国外交流的不断深入，我国已初步构建了较为完整的农业监测预警工作体系，开展经常性的农业监测预警工作。当前，农业农村部建立了农产品市场监测预警信息月度发布制度，构建了 18 个品种分析研判平台，将所有重要农产品品种都纳入预警范围，并开展重要产品产地与市场信息的及时监测；在现有中国农产品监测预警体系的基础上，创新形成符合中国国情的农业展望工作制度，成功举办中国农业展望大会，开启了我国提前发布市场信号、有效引导市场、主动应对国际变化的新篇章。农业监测预警工作正以燎原之势助推我国现代化农业的发展。

（二）农业监测预警实时信息分析

依据农业监测预警实时信息流向，可将其过程划分为农业信息实时采集、农业信息实时分析和农业信息实时推送 3 个环节。

1. 农业信息实时采集

农业信息采集就是采用各种信息获取的方法与手段，采集所需要的农业信息的过程。农业信息采集是开展农业监测预警实时信息分析的前提，是开展农业监测预警信息服务的基础与依据。

按采集信息主体的不同，农业信息实时采集可分为自然类农业信息的采集、生产类农业信息的采集、社会经济类农业信息的采集三部分。自然类农业信息是指自然界中与农业相关的各种信息，包括动植物生长生命信息、气象类信息、水文信息、土壤信息，以及生物质与非生物质的交换信息等。生产类农业信息主要包括种植业生产信息和养殖业生产信息两部分，其中，种植业生产信息主要包括种植面积信息、产量信息、植物生长发育信息等，养殖业生产信息可分为畜牧业和水产业两部分，畜牧业信息包括养殖规模、存栏头数、出栏头数、饲料消耗量、养殖面积、产量等，水产业信息包括水产品产量、养殖面积、船舶拥有量、渔具数量、劳动力数量等。社会经济类农业信息是指人类从事各种农业活动所产生、利用和传播的信息，主要包括农产品市场信息、农村社会经济信息、农业生产成本效益信息、农业科技教育信息等。

2. 农业信息实时处理

农业信息实时处理是农业监测预警实时分析过程中最为关键的环节。农业信息实时处理即采用相关的方法、技术、手段，借助计算机软硬件设备与工具，将采集到的农业信息进行汇集、分类、清洗、计算、转换等，把杂乱且复杂的信息转化为有序信息的过程。

按照处理对象的信息类型，主要可分为数值型农业信息处理、图像型信息处理和文本型信息处理三种。数值型信息是指直接通过数字或度量衡单位来对信息进行表述和传递的一种信息类型，在农业生产、农产品流通、农产品市场、农产品消费、农产品贸易、农业资源环境等领域，很多信息都通过数值进行表述，例如农作物的种植面积、产量、价格、交易量、消费量、需求量等信息，它具有简单、直观、可比较、易理解、可计算等特点，可直接被计算机进行处理。图像型信息即用图像进行信息表达与传递的一种信息类型，图像型信息处理的实质是采用图像处理技术对图像进行编码、压缩、复原、特征提取、识别等，使图像包含的隐性信息显性化，常见的图像包括遥感图像、作物光谱图像、作物病虫害图像等，图像信息的特点是直观性强，但是处理较为困难。文本信息即在农业领域通过文本传递的信息，包括文献信息、新闻报纸信息、互联网信息等，它具有海量、异构、表达方式多样化、非结构化、载体多样化、涉及自然语言等特点，文本型农业信息缺乏计算机可理解的语义，因此处理一般较为困难，其实质是提取大量的、复杂的涉农信息文档中隐含的知识与模式，同时对其进行管理，最终提高农业监测预警实时信息分析的效率。

3. 农业信息实时推送

农业信息实时推送即以农业监测预警实时信息分析的过程中产生的信息资源为基础，利用信息技术挖掘用户的实际需求，并以用户的需求为导向，向用户展示靶向信息，从而为用户提供高效、精准的信息服务，它强调的是以用户为中心的理念，向有需求的用户提供实时精准的农业信息，从而使监测预警信息服务工作落地。

农业信息实时推送按信息推送的自动化程度可分为人工推送和自动推送，人工推送即采用人工方式搜集用户需求，并人为地对推送信息进行判断与筛选，然后将信息推送给用户；自动推送即依托信息服务系统，通过相关信息技术进行推送工作，是信息推送的发展趋势。按信息推送的触发机制可分为时间驱动推送和事件驱动推送，时间驱动推送即按照用户指定的时间或周期进行信息的推送；事件驱动推送即当用户指定的事件发生后才进行信息推送。按信息服务的针对性可分为个性化推送和非个性化推送，个性化推送即根据用户信息需求的不同，有区别性地进行信息的推送；非个性化推送即不考虑用户信息需求的差异，向用户推送相同的信息。按对用户需求的响应程度可划分为静态推送和动态推送，静态推送即将用户需求看作不变的，推送固定类型的信息；动态推送即根据用户对信息资源的显性和隐性评价信息，监测用户需求，并根据用户需求推送针对性的农业信息。

第二节 大数据支撑农业监测预警的工作实践

一、农业农村大数据部署稳步推进

我国农业大数据行动计划顶层设计完成。从农业生产、经营、管理和服务等方面全面推进农业大数据建设。

农业农村大数据试点工作启动。达成数据共享取得突破，单品种大数据建设取得突破，市场化投资、建设和运营机制取得突破，大数据应用取得突破。

二、农业大数据采集工作逐步展开

获取信息是利用信息的前提。农业信息采集就是利用多种方法和手段，获取所需农业信息的过程。随着农业大数据时代的到来，我国传统的农业信息采集方法已经不能满足农业全产业链动态信息的需求，研发适应不同条件的数据获取技术与设备，创新农业信息获取技术，成为夯实农业监测预警工作的基础。

农业部门及各省（自治区、直辖市）的农业厅（委、局）为主，多个部门配合，建设和储存了从中央到地方的一系列涉农数据资源。目前，农业部门内已经建立 21 套统计报表制度，包括农业综合统计、种植业、畜牧业、渔业、农村经营管理、农产品价格统计、农产品加工及农业资源和农村能源环境等，共计报表 300 张，指标 5 万个（次），并已经建设了面向分析主题的 16 个数据集市，包括农业宏观经济及主要农产品产量、价格、进出口、成本收益等，平均每天更新量约 30 万条。

我国农业科技工作者近年来研发了多种农业大田生产、设施农业、水产养殖、农产品市场信息采集技术与设备，为农业信息监测预警工作的有效开展提供了强大的、实时的数据信息。总体来说，我国农业信息采集技术可以分为三方面的内容：其一是局域型数据采集系统，如以环境监测为目的构建的温室大棚有线局域网络型数据采集系统。其二是无线传输型数据采集系统，主要是在数据源距离目的地相对较远，不具有稳定的电源供给，以及安全可靠的环境中进行使用。其三是无线传感器网络，是新一代的传感器网络。

例如 ZigBee 是一种新兴的短距离、低功耗、低数据速率、低成本、低复杂度的无线网络技术，目前基于 ZigBee 技术，在我国农业多个领域已经开展了较为广泛的应用。

三、形成一支专业化的农业监测预警研究与工作队伍

伴随着我国农业监测预警工作的不断完善和深入，农产品分析种类不断增加，以农业科研单位研究人员为核心的农业监测预警团队正在逐步完善和发展壮大。

团队建设是农业监测预警研究的基础和核心工作。中国农科院农业信息研究所农业监测预警研究创新团队是较早开展农产品监测预警工作的一支队伍。经过多年的发展，在我国农业监测预警领域也已经形成了一支系统性、分层次、多学科组成的专业化监测预警队伍，其成员的专业背景涵盖农学、计算机科学、经济学、管理学、数学和系统科学等多个学科领域。随着我国农业监测预警研究工作的不断深入，团队不断壮大，正在以专业化、知识化和高效能在我国农业信息监测的前沿领跑。

此外，在农业部门的领导下，农业监测预警研究创新团队已经形成了层次合理、分工明确，成熟的专业农业展望团队。成立了农业部门市场预警专家委员会，负责农业展望报告的咨询、会商和研判工作，在农业展望活动中专门设立了宏观组和技术组，从全国层面把握农业展望报告的政策走向；组建了农业农村部农业展望品种分析师团队，负责粮棉油糖肉蛋奶等 18 个品种的分析预警和农业展望分品种报告撰写工作；完善了农业全产业链信息分析预警团队，将国家队的力量与省（自治区、直辖市）的分析预警力量结合在一起，在全国范围内建立了一支 1500 多人的全产业链信息分析师与信息采集员队伍，保障了展望工作在全国布局和上下联动。

四、农业信息发布和服务制度不断完善

农业信息发布是引导市场预期和生产的专业化活动，需要依靠专业化建设提高质量，依靠专业化建设增强特色，依靠专业化建设树立权威，依靠专业化建设增强话语权。

国家统计局是最早发布我国农业数据的权威部门。国家统计局发布的农业数据最早可以追溯到新中国成立初期，以年度为时间尺度发布国家尺度

和省域尺度的农业生产数据。近年来，随着我国统计工作的不断扩大和深入，逐渐开始发布有关农业方面的月度和季度数据等。目前，国家统计局在数据发布以及服务制度建设等方面已经相当完善。

农业农村部作为权威的农业部门，构建了权威、统一的农业信息发布窗口，完善了农业展望信息的发布内容、发布时间、会商形式、解读机制等规范。

五、农业大数据开放共享逐步推进

大数据是继矿产资源、能源之后的又一类新型国家基础性战略资源。大数据提供了人类认识复杂系统的新思维、新手段，已经成为提升国家综合能力和保障国家安全的新利器。大数据的开放和共享不仅是政府转型的内在需求和强力驱动，也是推进国家治理体系与治理能力现代化的必由之路。

由于政府所掌握和调用的数据比其他单一行业多，因此推进政府数据的开放共享能够对全社会形成示范效应，能够带动更多行业、企业开放数据、利用数据、共享数据。

信息共享平台的建立，为系统性涉农信息共享服务打下了基础。信息共享平台包括国家数据共享平台、农业农村部数据共享服务平台、地方政府多样化涉农信息共享服务平台。经过长久的努力，通过持续加强我国农业数据仓库建设，目前已经建设了包括农业农村经济、农产品贸易、农产品价格、农产品成本收益等多个数据库，并通过各种方式开展信息服务，为政府部门推进管理数据化、服务在线化提供基础支撑。

六、农业信息监测预警体系逐渐完善

伴随着我国农业信息化的不断深入和发展，在农业大数据的推动下，数据驱动决策的工作机制正在悄然形成。农业信息监测预警工作作为我国农业政府部门制定政策的重要抓手，其思维方式和工作范式也正在发生质的变化，数据获取技术更加便捷、信息处理技术更加智能、农业信息分析对象和研究内容更加细化、信息表达和服务技术更加精准。伴随着大数据技术在我国农业监测预警领域广泛和深入地应用，在构建农业基础数据库，推动数据标准化；开展农业信息实时采集技术研究，推进监测实时化；构建复杂智能模型分析系统，增强分析智能化；搭建监测预警服务平台，促进展示的可视

化等领域将成为未来我国农业监测预警体系建设的重要发展趋势。

随着我国农业信息化建设的不断推进，我国相关部门也建立了一些大型的农业信息监测预警系统。如农业农村部的农产品监测预警系统，国家粮食和物资储备局的粮食宏观调控监测预警系统，商务部的生猪、重要生产资料和重要商品预测预警系统以及全国农副产品农资价格行情系统等，在实际工作中均得到较好的运用。

七、大数据支撑农业监测预警实时信息分析技术方法

（一）农业信息实时采集方法与技术

农业信息实时采集的对象包括自然类农业信息、生产类农业信息、社会经济类农业信息3种类型，不同的采集对象拥有不同的采集方法与技术。

自然类农业信息实时采集的方法与技术包括传感器技术、遥感技术和试验调查方法等。传感器技术即采用各类感知设备，如温湿度传感器、雨量传感器、风速传感器、土壤传感器等，采集自然环境中的农业信息。遥感技术是指非接触的，以电磁波为媒介，远距离探测和接收来自目标物体的信息，获得遥感图像，并对图像信息进行分析，从而获取到相关信息。遥感技术依据媒介的不同，可分为可见光、高光谱、反射红外、微波和热红外等5类。试验调查方法根据试验环境的不同，可分为实地试验和实验室试验两种。实地试验是指在被研究对象的现场进行试验，采集研究对象信息，如植物叶面积采集、植株高度采集等。实验室试验即在实验室环境中，针对人工环境进行实验信息采集。

生产类农业信息实时采集的方法与技术包括常用统计调查法和农作物产量调查法两种。常用的统计调查法即通过考察，有计划、有组织地进行信息采集，获得定量和定性的信息，包括统计报表制度和普查、抽样调查等。农作物产量调查法是农业生产信息采集的重要组成部分，我国形成了预计调查与实际调查相结合，目测法、查测法和割测法相配合，全面调查和非全面调查相互印证的调查体系。

社会经济类农业信息实时采集方法与技术包括问卷调查法、访问调查法、实地观察法和基于现代信息技术的信息采集方法。问卷调查法即利用统一设计的调查问卷，采用一定的方式让被调查者填写问卷，调查者进行回收、录入、整理，从而获取相关信息。访问调查法是指通过访谈的形式，向被访者获取信息的方式。实地观察法,即信息采集人员深入生产、加工、流通、市场等农业的各个环节,通过观察或采用设备进行观测,进而获取到相关信息。基于现代信息技术的信息采集方法,即将新型信息技术与信息采集相结合,如通过互联网、手机等进行在线的信息获取,是高效的信息获取方式。

（二）农业信息实时处理方法与技术

农业信息实时处理按对象可划分为数值型农业信息处理、图像型农业信息处理和文本型农业信息处理3种。

1. 数值型农业信息处理

数值型农业信息处理的方法与技术包括基准化处理、评价性处理和预测性处理3类。

基准化处理即通常所说的数据清洗,通常通过标准化处理、完备性处理、可靠性处理3个环节将获取到的问题数据转化为可用数据。标准化处理采用的方法包括统一计量单位、阈值法、标准化法、比重法等。完备性处理采用的方法包括数据填充和数据拆分两类,数据填充方法包括平均值填充、相似值填充、最近距离填充、回归方法等;数据拆分方法包括比例拆分法、趋势类推法。可靠性处理即对异常值进行清洗,方法包括基于聚类、基于统计和基于关联规则的处理方法。

评价性处理即对现有数据进行信息分析的过程,主要目的是获取当前信息所表达的内容,包括比较分析处理方法、结构分析处理方法和空间分析处理方法3种。比较分析处理方法包括实际数值与预期数值的比较、本期数值与历史数值的比较、本数值与同类型数值的比较、不同类型数值相关性比较。结构分析的处理方法包括构成比率分解、效率比率分解、时间序列信息的结构分解、协整检验模型技术、误差修正模型技术、有限分布滞后模型技术等。空间分析的处理方法包括离散实体属性值的空间扩散模型技术、空间信息的空间单元转换等。

预测性处理即挖掘信息所表达的趋势,获取预测信息,主要可分为时间序列的预测性处理方法、因果关系的预测性处理方法和大型模型系统的预测性处理方法3类。时间序列的预测性处理方法包括趋势外推法、移动平均法、指数平滑法、平稳时间序列法等。因果关系的预测性处理方法即采用回归模型进行数据信息预测,包括线性回归模型和非线性回归模型等。大型模型系统的预测性处理方法即采用已开发的大型模型系统进行数据处理。

2.图像型农业信息处理

图像型农业信息处理的方法与技术包括图像预处理、图像分割与描述、图像特征提取等。

图像预处理通常包括图像去噪与校正、图像变换、图像编码与压缩、图像增强与复原。图像的去噪与校正方法包括空间滤波法、偏微分方程、变换域滤波、形态学噪声滤除法和变分法；图像变换技术包括傅里叶变换、离散余弦变换等；图像编码与压缩包括无损压缩编码技术和有损压缩编码技术。

图像分割与描述包括图像分割和图像描述两部分。常用的图像分割方法包括基于区域、基于特定理论、基于阈值和基于边缘4类分割方法；常用的图像描述方法包括曲线拟合的实现、基于弧长极半径的傅里叶描述等。

图像特征提取包括颜色特征提取、形状特征提取和纹理特征提取3类。颜色特征提取的方法包括颜色直方图、颜色集、颜色矩、颜色聚合向量等；形状特征提取包括边界特征法、几何参数法等；纹理特征的提取方法包括统计方法、几何法、模型法等。

3.文本型农业信息处理

文本型农业信息处理的方法与技术主要包括分词、文本分类、文本检索、文本自动摘要等。分词即有规律地拆分文本信息中的汉字字符串，常用的分词方法包括正向最大匹配法、全切分词网格法和反向最大匹配分词法等。文本分类的方法包括词匹配法、统计学习法和知识工程法等。文本检索的技术包括布尔检索、概率检索、向量空间检索等。文本自动摘要方法包括基于统计的自动摘要、基于信息抽取的自动摘要和基于理解的自动摘要等。

（三）农业信息实时推送方法与技术

农业信息实时推送方法与技术主要包括基于内容的信息推送技术、基于关联规则的信息推送技术和基于协同过滤的信息推送技术。

基于内容的信息推送技术即通过对推送内容进行分析，根据信息内容之间的相似度进行推送，主要用于推送农业文本信息。使用该技术首先要获取用户使用或评价信息的数据，然后建立有效的用户兴趣模型，从推送的信息资源中提取关键词，形成特征向量，计算用户兴趣与特征向量的相似度，根据相似度进行信息资源推送。

基于关联规则的信息推送技术即通过对全部的用户数据进行数据挖掘，得出农业信息资源间存在的关联规则，然后建立信息推送模型，根据推送模型为特定的用户进行信息推送。最为经典的关联规则挖掘算法是 Apriori 算法，该算法采用逐层搜索的迭代方法挖掘信息资源的关联规则。

基于协同过滤的信息推送技术包括基于用户协同过滤的信息推送算法和基于项目协同过滤的信息推送算法 2 类。基于用户协同过滤的信息推送算法认为具有相似信息需求的用户对相同的信息资源感兴趣，因此，通过分析现有的所有用户的需求信息，从中筛选出具有相似信息需求的用户，然后对此类用户进行信息资源推送。基于项目协同过滤的信息推送算法认为用户在关注信息资源时，也会对同类型的信息资源感兴趣，因此，通过分析不同信息资源的相似度，然后向用户推送相似度较高的信息资源。

第三节 大数据支撑农业监测预警的应用成效

大数据的应用，一方面可以全息立体反映客观事物，洞悉全样本数据特征，促进事物之间的深度耦合，提升效能；另一方面是通过数据间的关联特征，预测事物未来发展趋势，增强预见性。目前，从农业生产、经营、消费、市场、贸易等不同环节来看，大数据在精准生产决策、食品安全监管、精准消费营销、市场贸易引导等方面已经有了较为广泛的应用。

一、发挥要素耦合效应提升农业生产和科研效率

大数据的作用不仅仅在于更好地发现自身价值，还在于帮助其他要素更好地认识自身，发挥要素间耦合作用，提升他物价值，促进"价值双增"。国内外在改变农业粗放生产上，围绕气象预报、水肥管理、作物育种、病虫害预报、高效养殖等方面已经开展了大量的应用。

二、全产业链监测提升农产品质量安全保障水平

保障食品安全是关系国计民生的头等大事。我国的食品安全问题一直是备受关注的热门话题。受制于传统农产品流通渠道复杂，层级繁多，监管不透明，公众缺乏知情权和监督权，中国食品安全事件频发，给消费者造成了重大伤害。而大数据技术的发展使得全面、多维感知农产品流通，有效监管农产品和食品生产、流通以及消费安全成为可能。

在技术层面上，在产地环境，产品生产、收购、储存、运输、销售、消费全产业链条上，物联网、RFID技术得到广泛应用，一批监测新技术如"食品安全云"和"食安测"等应用软件陆续开发。

在制度层面上，中国利用大数据开展食品安全监管的力度不断加强，建立产品信息溯源制度，对食品、农产品等关系人民群众生命财产安全的重要产品加强监督管理，利用物联网、射频识别等信息技术，建立产品质量追溯体系，形成来源可查、去向可追、责任可究的信息链条，使方便监管部门监管和社会公众查询成为可能。

在商业层面上，阿里巴巴、京东商场等电商企业利用大数据保障食品溯源。开始农产品溯源探索，针对不同类型农产品的成长特点，通过二维码来承载产品名、产品特征、产地、种植人、生长周期、生长期施肥量、农药用量、采摘上市日期等不同的溯源信息，真正实现了农产品的"身份标识"。

三、挖掘用户需求促进产销精准匹配

传统的农业发展思维更多关注生产，关注农产品的总量问题；而在消费结构升级的情况下，则更多的是关注农产品的品质、品相、结构。因此，实现农产品生产和消费有效对接，居民才能吃得放心、吃得健康、吃得营养。

大数据在这方面正在驱动商业模式产生新的创新。利用大数据分析，结合预售和直销等模式创新，国内电商企业开始不断尝试生产与消费的衔接和匹配，为农产品营销带来了新的机遇。随着信息技术的不断发展，食品数据与人体的健康数据、营养数据连接起来，这样可以根据人体的健康状况选择相应的食物，达到吃得营养、吃得健康的目的。

四、捕捉市场变化信号引导市场贸易预期

市场经济中最重要的是信息，通过发布专业信息，利用信息引导市场和贸易有助于增强国际市场话语权和掌握世界贸易主导权。

农业农村部推出"农业农村部经济信息发布日历"制度，主要发布生产及市场经济信息。我国召开了第一届中国农业展望大会，发布了相关报告，结束了中国没有农业展望会议的历史，开启了提前发布农产品市场信号、有效引导市场、主动应对国际市场变化的新篇章。每一届中国农业展望大会的召开，都会进行全方位报道，引发社会各界的众多关注。

中国农业展望大会的每次召开在国际和国内都引起良好反响，很大程度上提升了我国在国际上的话语权和影响力。此外，展望大会的召开及其发布的成果均得到来自 FAO 和 OECD 等组织有关专家的高度评价。自此，中国农业展望大会开始迈进国际化的舞台。

五、农业监测预警信息服务优化措施效果

农业监测预警信息服务即基于农业监测预警实时信息分析，通过一定的手段，满足用户的信息需求。农业监测预警信息服务需要以农业监测预警实时信息分析为基础，因此，需涉及信息采集、信息处理、信息推送三个环节。当前，App 与农业监测预警不断融合，构建农业监测预警移动终端服务系统，不仅可有效解决农业监测预警信息落地难题，更能促进农业监测预警信息服务水平不断提升。在非农业领域，移动终端信息服务系统相关的开发技术、开发标准、开发流程等已十分健全，但是，直接套用其他领域的模式无法满足农业监测预警的实际需求，加之农业本身的特殊性和复杂性，多种原因综合起来成为制约农业监测预警领域移动终端服务系统开发与普及的瓶颈。

（一）大数据支撑农业监测应用情况

1. 技术知识不足

农业监测预警的主要研究队伍由政府工作人员、领域科研人员、预警分析师等人员构成，当前阶段，研究的重心主要偏向于经济、模型、网站系统等方面的研究，App 作为一种较为新颖的技术手段，领域内相关研究较少。但是，App 的开发涉及产品、技术、测试、推广等多个阶段，从整体来看，又十分复杂，并且 App 的产品、测试、开发、推广等过程均需要一定的技术支撑，其中产品、测试、推广虽然复杂，但技术需求较低，App 的技术开发是整个流程中最为复杂又最为重要的环节，需要专业的技术才能实现，若不进行系统全面的学习，则很难开展移动终端服务系统的构建工作。

2. 专业融合不足

当前开发的移动终端服务系统一般是采用外包形式完成，研究人员提出大致需求，由软件开发公司进行系统的设计与开发工作，这种模式造成开发的系统适用性不足，在农业监测预警领域应用"水土不服"。以信息处理为例，因为农业监测预警的监测主体十分复杂，农业监测预警涉及农业生产、加工、流通、消费等各个环节，影响因素也十分复杂，在进行信息处理时，需要综合分析各个环节的信息，通盘考虑各个环节的影响，然后才能得到准确的结果，非本领域的人员缺乏对农业监测预警理论知识的学习，在进行实时信息处理时，若选用的信息处理方法与技术不合适，则无法保障预警结果的准确性。并且，农业监测预警实时信息分析的各个环节均具有相应的标准，移动终端服务系统的设计需符合专业标准，才能更好地应用于农业监测预警服务工作，而当前，在进行农业监测预警移动终端服务系统的设计与开发过程中，缺乏与专业知识的融合。

3. 使用人群特殊

农业监测预警领域 App 的使用人员主要包括政府官员、科研人员、农业从业人员，尤以农业从业人员为主。农业从业人员的主体是农民，当前虽然我国农民收入水平不断提高，可支配收入逐年增长，基础教育设施不断完善，知识普及率不断提高，接触新事物的能力不断加强，但是，相较于互联网网民的整体水平，农民的信息素养整体偏低。首先表现在信息意识不强。在当前阶段，我国农民仍偏向于传统的信息获取方式，缺乏主动地通过新途径、新手段获取信息的意识。随着智能手机成本的不断下降，农民有能力购买智能手机，但是，购买后对系统功能的利用度却十分低。农民普遍将智能手机作为传统手机传统功能的替代品，却忽视了对其新功能的利用。其次是信息能力较弱。我国农民整体信息知识水平较低，获取、接受、使用新信息的能力较弱，不适宜接收较为复杂的、专业化的信息。应用程序的操作也须简单，尽量减少信息获取的环节，便于农民使用。最后是信息推广不足。基于我国农民信息获取意识不强、信息获取能力较弱，因此，传统的基于互联网的信息推广方式对于农业 App 的推广无法起到较好的效果，并且，我国农村地域广阔，农民居住整体较为分散，更加剧了农村信息推广的难度。

4. 数据采集困难

近年来，随着物联网、云计算、移动互联等技术的飞速发展，农业数据呈现海量爆发趋势，农业跨步迈入大数据时代。搜集数据、使用数据已经成为各国竞争的一个新的制高点。我国农业生产区域广阔、产品种类繁多、市场类型多样、产业链条细长，产生了海量的数据，但是如何将这些数据进行搜集，却面临诸多困难。一是数据网络化程度低。我国农业全产业链每时每刻每个环节上都产生大量的数据，但是，我国农业总体信息化水平较低，大部分农业从业人员缺乏相应的数据采集意识，并且，数据采集方面偏向于传统的数据采集方式，如纸质记录、拍照等，缺乏高效的信息采集设备，也无法实现数据的实时存储、传递等。二是数据采集标准不一。当前，各种标准和规范中对农产品的分类和定义不一致，在进行数据采集时，依据不同的标准，采集到的数据内容、格式等存在较多差距，数据也无法进行有效的衔接与比较，需通过复杂的数据处理技术，耗费较大的成本，才能变为可用的数据。大数据时代，数据量呈几何式增长，数据采集标准不一，将对数据信息的高效使用造成巨大的阻碍。

（二）大数据支撑农业监测预警服务优化效果

农业监测预警移动终端服务系统开发面临的瓶颈总结起来，可归纳为三个方面，即如何使开发的 App 功能更加合理，更适合农民使用；如何采用合适技术处理当前面临的数据采集困难问题；如何普及推广 App，使更多的农民使用，让 App 发挥应有的价值，使信息服务有效落地。为解决这三类问题，我们需要从以下三方面入手。

1. 提升移动终端服务系统的适用性

当前，App 的开发技术已经十分成熟，相应的功能一般都可采用对应的技术实现，但是，因为农业监测预警是一个十分复杂的领域，其他领域的人员对农业监测预警领域的实际特点及专业知识不熟悉，对农民的特点与需求不熟悉，对农业信息标准不熟悉，对农业信息分析的方法与技术不熟悉，设计出的 App 无法有效地满足需求。因此，需要农业监测预警领域的专业人才对 App 的总体架构、处理规范、设计标准、交互功能等通盘考虑；相应地，相关人员就需要具备 App 开发的理论、技术、工具等相关知识与能力，从而使开发的产品质量更高、更能满足用户的需求且符合相关标准。但是，App 的开发涉及产品设计、技术开发、产品测试、产品推广等多个环节，每个环节又涉及大量的知识，并且农业监测预警领域人才总体技术基础较差，进行相关知识的学习需要耗费大量的时间与精力，因此，需要基于农业监测预警的现实情况，结合从事互联网工作的实际经验，对相关的知识理论、技术工具进行对比筛选并总结归纳，为领域内相关人员的学习与开发提供指导借鉴。

2.规范科学地进行数据实时采集

针对我国农业监测预警服务中数据采集标准不一、数据网络化程度低、数据共享程度低、数据获取十分困难等问题，首先需要进行采集标准设计，确保采集的数据符合规范，提高数据的利用效率。并且，为对系统服务所需的数据提供有效的支撑，可结合数据采集功能，进行在线数据获取，并采用当前高效便捷的信息采集技术，如爬虫技术、脚本技术等，进行数据的搜集。除上述方法外，还要不断地探索新型的数据采集技术、方法等，以适应大数据环境给农业监测预警信息服务带来的挑战。

3.高效地进行农业监测预警服务工具推广

当前我国农村网民规模庞大，但是实际上通过网络途径获取信息的农民占比较少。基于我国农民信息获取意识不强、信息获取能力较弱的现实情况，能够在互联网上获取有效信息的农民占比更低，因此，传统的基于互联网的信息推广方式在农业 App 推广上无法起到较好的效果。并且，我国农村地域广阔，农民居住整体较为分散，一些实地的推广活动，虽然在人口密集的大城市能起到较好的宣传作用，但是将其适用于农村，操作成本巨大，实行十分困难，当前情况下，农业监测预警信息服务无法有效落地。因此，亟须探讨高效的农业监测预警服务工具推广手段，探索适用于我国农村、农民的运营推广方式，促进监测预警 App 在我国农村普及，真正做到为农民所用，发挥其应有的价值。

六、大数据支撑农业监测应用发展

农业监测预警移动终端服务系统研究与应用处于起步阶段，基础力量薄弱，与成熟行业差距较大。研究与结论均是基于当前 App 小型化的现实情况，结合当前的技术现状提出，但是随着农业监测预警与 App 的深度结合，技术、资金等投入的不断加强，研究需进一步跟进。

加强跨平台开发框架的学习。不同的模式通常采用跨平台移动应用框架进行开发，它结合了 Web 开发和本地开发的优势，逐渐成为当前大型 App 的主流开发模式。随着农业监测预警移动终端服务系统技术需求不断提高，仅靠本地开发无法实现相应功能，因此，需要加强对跨平台框架的研究与学习，基于跨平台框架，进行 App 开发。

引入自动化测试流程。随着 App 质量需求的不断加强，仅靠传统的基于人力的黑盒测试，不仅耗时费力，也无法满足 App 如压力测试、性能测试、代码测试等方面的需求。并且，随着技术的不断提升，自动化测试已经成为当前测试的趋势，因此，需要进一步对自动化测试进行学习，对 App 提供可靠的质量保障手段。

自动化数据采集与处理农业监测预警需要强大的数据支撑，才能保障预测结果的有效性。当前，农业数据采集面临网络化程度低、数据采集标准不一、数据共享程度低等难题，虽然编写了爬虫程序进行了简单的网站信息爬取，编写了自动化脚本对相关应用的数据库数据进行定时抓取，对自动化数据采集进行了简单的尝试，但是，这远远无法满足大数据环境下农业监测预警的数据要求，因此，亟须探索大数据环境下的自动化数据采集手段与方式。并且，采集到的数据可能面临混乱、复杂、缺失、错误率高等问题，如何进行数据的清洗，也是需要进一步研究的问题。

面向农村 App 运营推广的实施应该随着农村信息水平的不断提高，农民信息素养的不断加强，农村基础设备的不断完善，探讨与时俱进的 App 推广方式，解决农村 App 运营推广难题，从而促进农业监测预警工作真正普惠于农民。

自动化的信息推送随着农村基础设施的不断完善，知识普及率的不断提高，农民接触新事物的能力不断加强，获取信息的意识不断加强，获取信息的手段不断丰富，总体信息素养不断提升，对信息服务的需求也将不断增加，个性化趋势将不断加强。因此，App 开发需进一步结合农业监测预警实时信息推送方法与技术，通过用户兴趣挖掘，采用信息匹配算法，利用 App 开发技术进行实现，采取自动化的推送模式，将对用户有用的、用户感兴趣的信息进行靶向推送。

第十章 互联网时代农业的管理与服务

第一节 互联网时代农业管理

当前，我国农业已进入了新的发展阶段，如何实现由传统农业向现代农业转变已经成为我国农业发展的重大课题，在这种形势下，对传统农业进行有计划、有针对性的开发利用，可以稳步推进现代农业的良好发展。互联网技术在农业生产、经营、管理和服务中的应用越来越广泛，首先运用各类传感器，广泛采集农业的相关信息，然后利用信息传输通道将信息传输到控制设备，通过获取的海量信息，再利用智能操作终端进行处理。可见、可控、可交互的生产智能平台是现代农业智能管理系统实现的最终目的，能够准确实时地获取农作物生长的环境信息，通过比对相关参数实现农业的精准操作，提高现代农业的收益率。

一、农村土地流转公共服务平台

（一）农村土地流转的概述

农村土地流转是指农村家庭承包的土地通过合法的形式，保留承包权，将经营权转让给其他农户或其他经济组织的行为。农村土地流转是农村经济发展到一定阶段的产物，通过土地流转，可以开展规模化、集约化、现代化的农业经营模式。农村土地流转其实指的是土地使用权流转，土地使用权流转的含义，是指拥有土地承包经营权的农户将土地经营权（使用权）转让给其他农户或经济组织，即保留承包权，转让使用权。我国现实的农地制度是农地所有权归村集体所有，经营权与承包权归农户。基本公共服务是指建立在一定社会共识基础上，由政府根据经济社会发展阶段和总体水平来提供，旨在保障个人生存权和发展权所需要的最基本社会条件的公共服务。主要包括四大部分：底线生存服务，如就业、社会保障等；基本发展服务，如教育、医疗等；基本环境服务，如交通、通信等；基本安全服务，如国防安全、消费安全等。农民工基本公共服务均等化就是维护农民工的基本权益，这包括平等的政治权利、平等地参与经济与发展成果分享权。

（二）农村土地流转存在的问题

目前，我国农村土地流转总体是平稳健康的。但必须看到，随着土地承包经营权流转规模扩大、速度加快、流转对象和利益关系日趋多元，也出现了违背农民意愿强行流转、侵害农民土地承包权益、改变土地用途出现"非农化"与"非粮化"以及流转不规范引发纠纷等问题。

1. 土地流转不规范，普遍存在民间化、口头化、短期化、随意化问题

目前农村土地流转普遍存在"三多三少"现象，即亲戚朋友流转的多，专业大户流转的少；转包、出租或代耕的多，转让的少；口头协商多，文字协议少。农地流转的民间化体现在，农地流转往往是在熟人、亲戚、朋友之间进行，而不是通过市场进行交易。

土地流转口头化：农地流转没有签署任何协议或合同，而往往是流转双方的一种口头约定。即使约定期限的农户中也存在部分"口头式"约定，签订合同的也不完整、不规范。很大一部分流转是在口头约定的情况下进行的，这导致流转的期限不明确，交易双方权利义务不清晰。

土地流转短期化：农地流转往往都在1年之内进行流转，超过1年的很少。

土地流转随意化：农地流转不确定性强，不受约束，容易引发矛盾。有的即便签订合同也不遵循一定的程序以及履行必要的手续，存在着手续不规范、条款不完备等问题，缺乏法律保障，造成土地流转关系的混乱，给耕地的保护和管理带来了很大的困难。

2. 土地流转规模比较小，流转效益不高

影响土地流转规模与效益的主要问题在于需求的规模化与交易的零散性之间的矛盾。一些农业龙头加工企业和种植大户需要大块土地搞规模经营，而挂牌交易的基本上是零散土地，大块土地少之又少。土地在小户之间流动的多，向大户流动形成规模经营的少。由于土地流转规模较小，流转期较短，集中程度不高，耕地进行规模经营、实施机械化作业的效果难以凸显。

流转期短也会助长租种农户的掠夺性生产经营，造成土地肥力难以为继。

农地市场价值并未体现，流转收益偏低。农村土地流转中，流转租金的定价，地区差异性很大，取决于双方协商。短期流转的土地主要以实物支付为主，长期流转以现金支付为主。

土地租金不断攀升。在农村税费改革前农民负担较重，粮价偏低，农户之间的土地流转往往是土地免费送给对方耕种，对方代交各种税费；随着农村改革的不断深入和中央支农政策力度的加大，土地收益也呈明显上升趋势。受市场价格影响，为租金或转包费发生争议时有发生。

3. 农民对土地承包经营权流转认识模糊，积极性不够高

土地是农民最基本的生产资料，也是农民最基本的生活保障，尤其是在经济落后地区，农民对土地具有根深蒂固的依赖情结。有些农民担心土地流转对自身利益不利，担心土地流转后会丧失土地的承包权，失去生活的基本依靠，因而不敢大胆参与流转，宁肯免费将土地转给别人种，甚至抛荒，也不愿流转给别人耕种，导致撂荒、遗弃土地的现象不断增加。由于农村社会保障制度还没有完全建立起来，不能解决农民的后顾之忧，农民长期以来形成的对土地的依附性仍将长期存在，成为土地流转中流转不出去的一大现实问题。

4. 土地流转服务不够到位，流转信息渠道不畅

目前，大部分地区尚未形成统一规范的土地承包经营权流转市场，流转中介组织较少，缺乏土地承包经营权流转价格评估机构。一些地方尽管建立了流转中介组织，但服务滞后，市场运作机制尚未形成，限制着土地承包经营权流转。近年来，许多乡镇建立了土地流转服务中心，但大都有名无实，只在农经部门挂牌子，作数字统计，真正充当流转服务媒介、履行服务职能、发挥中介效能的还不多。

5. 农村土地流转缺乏规范管理

农村土地流转管理缺乏具体实施细则，在流转程序、流转手段、流转档案管理等方面缺乏统一规定。基层政府和村级组织能够有效提供流转服务的还不够多，土地承包管理部门对土地承包经营权流转的管理和监督职能也没有完全发挥出来，对基层行政干预缺乏约束。很多农地流转不是农民自愿和通过市场运行，而是社区、村委会通过行政命令单方面推行的。在土地流

转过程中，一些地方是由村干部做主，代替农民决策流转土地。由于土地承包期限短，农民的土地财产权利意识不强，很多农民对村干部做主流转自己的承包地漠不关心，以至于在流转土地的过程中不知不觉失去了土地。

目前，仍有少数地方还没有全面落实土地延包相关规定，个别地方承包合同签订不规范，经营权证发放不到户，农民缺乏对承包土地的安全感。流转合同没有考虑土地升值和物价上涨因素，容易产生纠纷。同时，缺乏对农村土地承包经营权流转的扶持政策，种养殖大户贷款困难，也制约着农村土地承包经营权流转和规模经营。

6. 土地流转利益纠纷在各地仍不同程度存在

土地流转纠纷主要表现为：农户间流转以及短期流转中合同签订率不高，土地流转双方形成的利益关系和权利义务约定不明确、不规范，容易引发纠纷；由于在长期流转中流转双方利益协调机制不健全，因经营风险和市场变化等原因也容易引发利益矛盾。此外，在一些地区，基层干部对维护农民的土地权益和坚持农村基本经营制度的重要性认识不足，片面强调和追求农业规模经营而忽视甚至侵害农民土地合法权益；有的地方不顾条件盲目对流转下指标定任务，违背农民意愿强行流转，也导致土地流转纠纷问题。

7. 土地流转过程中承包人改变土地用途的问题突出

有的地方在流转中改变土地农业用途。如将流转的耕地用于种树或挖鱼塘，有的甚至搞非农建设。有关耕地的改变土地农业用途的问题最为突出。由于种粮效益低，在规模流转的耕地中，很少用于种粮。在流转的土地中，种粮的面积和比重有进一步缩减的趋势。不少地方流转面积递增、种粮面积递减的情况仍然存在。在南方部分丘陵山区，有的外出务工农民无偿转出的生产条件较差的土地无人耕种，有的出现抛荒流转的土地，除大部分用于种植业用地外，还有部分用在牧业、渔业和第二、第三产业中，特别是还出现了破坏性比较严重的非农土地流转。个别地区出现了把规模流转的农用土地用于进行土地掠夺式经营，有的甚至取土挖沙、建砖厂、修建永久性固定设施，违背国家关于土地流转的相关政策。

二、农业电子政务平台

目前，农业和农村信息化建设是我国发展现代农业、乡村振兴工作中的一个热点，我国农业和农村信息化网络服务平台建设更是一个方兴未艾的新兴领域。虽然全国农业和农村信息化已走过十几年的路程并取得了一些可喜的成绩，但仍然处于初级阶段，离我国经济快速发展的要求和广大农民的需要还相差很大的距离。尤其是涉农信息资源开发利用，一直是我国农业和农村信息化的薄弱环节，区域涉农信息资源不能共享、信息资源配置不合理的问题十分突出。

在发展现代农业、乡村振兴的历史进程中，针对我国农业和农村信息化网络信息服务的现实需求，采用何种农村信息网络服务平台建设方案来整合和共享涉农信息资源，为涉农政府部门提供共享的电子政务平台、为涉农经济组织搭建安全可靠的电子商务平台和为农民群众创建综合信息共享服务平台，是当前农村信息化理论研究和实践的重点。

（一）农村电子政务的概述

电子政务是政府机构为了适应经济全球化和信息网络化的要求，自觉应用现代信息技术，将政务处理与政府服务的各项职能通过网络实现有机集成，并通过政府组织结构和工作流程的不断优化和创新，实现提高政府管理效率、精简政府管理机构、降低政府管理成本、改进政府服务水平等目标。我国是一个农业大国，农业是国民经济的基础，通过电子政务建设不仅可以促进农业经济的发展，还可为农业经济构建良好的发展平台。电子政务运用现代信息技术，将管理与服务通过信息化集成，在网络上实现政府组织结构和工作流程的优化重组，超越时间、空间与部门分割的限制，可以全方位地向社会提供优质、高效、规范、透明的服务，为行政决策提供充分信息和数据支持，在围绕服务"三农"，构建电子政务平台工作中做了一系列探索和尝试。

首先，借助数字农业网络，建设政务公开平台。随着改革开放的深入，政府的职能也在改变，由过去的"管制型政府"向"服务型政府"转变。政府的职能主要是服务、管理和保障。近年来，政府围绕透明型机关建设，着手建设电子政务平台，力求把政府工作运作过程公布于众，可随时接受群众的监督。

其次，要加强廉政建设，构筑监督平台。网络能够使信息传递不受时空阻碍，因此政府门户网站正在成为公众参政议政、参与监督的主要窗口。在当前社会，加强政府部门的廉政建设，积极借助政府门户网站的作用，进行民主监督，是扩大公众民主参与的一种有效方式。近年来，我们结合农业工作实际，利用政府门户网站构筑监督平台，探索在新形势下公众监督的新途径。将农资信用、农经管理、农村财务、农村土地管理档案搬上农业网，建立透明、公正、查询快捷的监督平台，使政府机关和农村基层组织的各项工作处于群众严格的监督之中，有效地提高工作的透明度和工作效率，充分发挥网络在推行和实施公平、公正、廉洁政府中应有且不可替代的作用。

再次，提高机关效能，推行办公自动化。政府部门办公自动化系统应以公文处理和机关事务管理（尤其以领导办公）为核心，同时提供信息通信与服务等重要功能。

最后，确保网络安全，强化内部管理。网络安全可靠是电子政务工程正常运转的关键。要认真贯彻落实国家、省、市关于电子政务网络安全的要求，按照积极防御、综合防范的方针，制定网络安全管理办法，建立电子政务网络与信息安全保障及数据灾难备份体系。从硬件、软件两方面保证电子政务网络安全，管理上明确权限划分，重要内容和资料非管理员不能访问，保证网络安全运行。

（二）农业电子政务的特点

与传统政府的公共服务相比，电子政务除了具有广泛性、公开性、非排他性等公共物品属性外，还具有直接性、便捷性、低成本性以及平等性等特征。

我国农业生产和农业管理的特点决定了我国非常有必要大力推进农业电子政务建设。我国与发达国家相比，在以市场为导向进行农业生产、农产品的竞争地位等方面还有相当大的差距。通过大力发展农业电子政务，农业生产经营者可以从农业信息网及时获得生产预测和农产品市场行情信息，从而可实现以市场需求为导向进行生产，增强了生产的目的性，提高了农产品的竞争地位。大力发展农业电子政务还可以从根本上弥补当前我国农业管理体制的不足，实现各涉农部门信息资源高度共享，共同为农业生产和农村经济发展服务。

（三）农业电子政务的应用

我国是农业大国，农村人口多，在地理分布上十分分散，人均耕地少，生产效率低，抗风险能力差，农产品在国际竞争中处于劣势地位。目前，我国农业正处于由传统农业向现代农业转变的时期，对信息的要求高，迫切要求农业生产服务部门能提供及时的指导信息和高效的服务。与传统农业相比，现代农业必须立足于国情，以产业理论为指导，以持续发展为目标，以市场为导向，依靠信息体系的支撑，广泛应用计算机、网络技术，推动农业科学研究和技术创新，在大力发展农业电子商务的同时，还应发展农业电子政务，以推动农产品营销方式的变革。

第二节 互联网时代农业服务

农业服务信息化是农业社会化服务体系所从事活动的信息化，是对农业生产之前、生产过程中以及生产之后的各个环节服务信息化支持的过程，是利用现代信息技术及其网络为农业产、供、销等环节提供信息化支持的过程，其主要特征是信息服务。

一、农业标准化体系

建立健全中国农业标准化体系是中国农业"升华"的阶梯，尽快实现农业标准化经营是中国农业发展新阶段的战略选择。目前，中国农业标准化体系建设虽然已经有所起色，但还不完善。加快中国农业标准化体系建设，不仅要实现产品标准、操作标准、质量标准、实施标准和加工与包装标准五个方面的创新，建成标准、实施、服务、监测和评价五大体系，而且要提高生产经营者的农业标准化意识、制订农业标准化发展规划、完善农业标准化机构等。

农业标准化需要信息手段来规范，针对当前农业标准在管理、查阅、推广工作上存在的问题，结合农业标准信息化的发展趋势，构建网络化的农业标准服务平台，将农业标准集成到网络环境中，制定适用于网络的农业标准体系。研发农业质量标准信息化系统，首先调查研究各标准使用主体的需求，设计相应的数据库规范字段；然后通过标准间的引用与被引用关系，关联全库标准、项目指标、检测方法，同时对每项标准进行多级分类，建立标准数据库原型。按照"整合资源、避免重复、共建公用、利益共享"的原则，收集、追踪农产品质量安全标准、农业行业标准、农药残留和兽药残留限量标准等，整合标准信息资源，确认数据有效性并加工整理成规范的文本信息，包括标准档案加工处理、标准信息分类加工、标准计划与已发布标准关联对应；最后上传全部数据构建农业标准数据库。采取"用户端＋服务器端"（C/S）结构设计，针对不同标准应用主体开发不同的功能模块，集成包括查询系统、推送系统、有效确认系统、统计与反馈系统的农业质量标准信息化系统。结合网络技术、多媒体技术和计算机技术建立高效的农业标准信息化体系，建立涵盖标准全文、项目指标和检测方法，并且数据准确有效、更新实时全面、查询便利精准、推送快捷多样的标准信息系统，为农业标准的深入实施应用提供技术平台，为农产品生产、检测、科研、监管部门标准化工作提供技术支撑；同时及时整理更新农业生产所涉及的标准（规范）及相关信息，并通过共享信息平台进行发布，为农业标准的有效性、及时性、科学性提供保障。

（一）农业标准信息库

现阶段，我国正处在由传统农业向现代农业过渡期，农业质量的标准化、标准信息化已经成为健全农产品质量安全监管体系、提高农业和农村经济发展质量和效益、增加我国农业国际竞争力的迫切需要。农业标准化直接关系到我国农业产业化、市场化、现代化的发展进程，是衡量传统农业向现代农业转变的显著标志；农业标准信息化可推动我国各类农业标准的执行与监督，促进农业标准化的实施进程，是政府在制定有关方针政策时的重要依据。

农业标准化是指以农业为对象的标准化活动。具体来说，是指为了有关各方面的利益，对农业经济、技术、科学、管理活动需要统一、协调的各类对象，制定并实施标准，使之实现必要而合理的统一的活动。其内涵就是指农业生产经营活动要以市场为导向，建立健全规范化的工艺流程和衡量标准。农业标准化通过最小的投入实现最大的产出、实现效益最大化，是实现农民增收的有效途径，同时也是督促农民生产符合标准的优质安全农产品的过程。如何通过标准化手段把实施标准化生产转化为经济优势，进一步提高农产品质量，有力促进农业增效、农民增收，是农业标准化建设面临的重要问题。

1.农业标准实施应用的重要性

标准的贯彻和实施是整个农业标准化活动中一个关键环节，其重要性主要表现在以下几个方面。

（1）实施标准有助于提升产业经济，尤其是从小农经济走向规模经营

农业标准化包含两个方面的内容，一是农业标准制修订，二是标准的组织实施及监督。目前我国已基本建立了一套与国际接轨的农产品质量安全技术标准体系，农产品质量安全监管、农业生产指导基本实现了有标可依。将标准应用于农业生产实际中，提高农业专业化、规模化、产业化水平，是推动农产品生产方式转变，提升农产品市场竞争力的重要途径。我国政府主导的安全优质农产品公共品牌——"三品一标"（无公害农产品、绿色食品、有机农产品和农产品地理标志），通过实施认证标准，如相关产地环境、生产技术规程和产品标准等，灌输标准化生产理念，通过引导生产主体实施标准，强化质量安全控制，树立和维护品牌形象，取得了显著成效。在近年来的质量抽检中，"三品一标"产品抽检合格率均稳定在98%以上，普遍高于普通农产品。据调查，超过70%的消费者会优先选择经过"三品一标"认证登记的产品。

（2）实施标准有助于推广先进技术经验

标准是对重复性事物和概念所做的统一规定，它是科学、技术和实践经验的总结。实施标准是科研、生产、使用三者之间的桥梁。一项科研成果或者先进技术，一旦纳入相应标准就得到了推广和应用的良好载体。因此，实施标准也就是标准化，可使新技术和新科研成果得到迅速推广应用，从而促进技术进步。同时，标准的实施过程也是标准发展、完善和提高的过程。随着科学技术的不断发展和进步，各种标准也随之更新和修订。

（3）实施标准有助于提高政府管理效率

在政府监管中，标准的重要价值在于它架起了法律与科学之间的桥梁；提高了行政决定过程的公开性与结果的准确性；为规范和控制行政裁量权提供了工具；提高政府管理效率；提供了便捷技术措施。

2.我国农业标准化实施现状

近年来，随着全社会对农业标准化和农产品质量安全工作的日益重视，农业标准体系不断健全，农业标准化实施示范规模不断扩大，农业标准化工作成效显著。在标准制定方面，建立了一套与国际接轨的农产品质量安全技术标准体系。标准化实施示范方面，近年来一大批园艺作物标准园、畜禽养殖标准化示范场、水产标准化健康养殖示范场和农业标准化示范县得以创

建。同时，"三品一标"认证数量不断增长，农产品质量安全水平稳中有升，农业标准的作用加快显现。目前我国农业生产指导基本实现了有标可依，农产品质量安全监管依靠标准推行全程管理理念，通过标准调节国内外贸易。

3.加快推进标准实施应用的对策建议

（1）进一步完善农业标准体系

以强化国家层面的国家标准和行业标准为重点，在比对参照国际标准的基础上，从满足重点行业生产、监管、贸易的实际需要出发，以生产加工环境要求及分析测试、种质要求及繁育检验评价、农业投入品质量要求及评价、农业投入品使用、动植物疫病防治、生产加工规程及管理规范、产品质量要求及测试、安全限量及测试、产品等级规格、包装标识、储藏技术等全过程为链条进一步完善我国农业标准体系。国家层面标准重点突出农兽药残留限量及检测方法、产地环境控制、农产品质量要求以及通用生产管理规范等标准。农产品生产技术规范、操作规程类标准由地方标准来配套，使每个县域、每个基地、每个产品、每个环节、每个流程都有标可依、有标必依。

（2）健全和完善农业标准技术推广体系

一是宣传和贯彻农产品标准化知识。通过报纸、广播、电视等各种媒体和方式，大力宣传标准化在农业生产及管理中的作用，促进农民的观念转变和思想更新，加强农民的标准化知识培训，使他们掌握与其相关的农业标准化基本知识。二是建立标准化推广网络。充分利用现有农业技术推广体系，发挥各级农业技术推广人员主力军的作用，并以此为骨干建立市有示范区、县有示范乡、乡有示范村、村有重点示范户的标准推广网络，让农民亲眼看到农产品标准化的效益。三是充分发挥龙头企业的带动性。加大农业产业化经营力度，充分利用龙头企业的带动作用，把成千上万农户的生产经营引导到农业标准化轨道上来，从而加快农业标准化进程。

（3）加强农业标准实施应用监督综合工作提升

检查力度的强化，健全的农业标准监督体系，建设涉及检验检测、质量监督、行政执法和立法保护等机构的相互配合。各级质量监督管理部门及相关部门应严格把关，加强对农业生态环境监测和农产品的安全性检测，抓好标准实施情况的监督，实行严格的责任制和检查督办制，建立较为完善的农业生产资料、农副产品和农业生态环境等方面的监测网络。

（4）加强农业标准化信息体系建设

加强农业标准化信息体系建设，更好地做好农业标准信息公开，提高农业标准化服务水平，有效解决公众查标准难、用标准难的现实问题，是解决农业标准实施应用"最后一公里"问题的关键。一是要尽快完善中国农业质量标准网的政务服务和社会服务功能，将网站建设成为全国农业质量标准工作的权威门户。二是要开发标准信息系统。立足标准信息源头，着眼公共服务，建立起集质量标准信息动态发布、意见征求、文本推送、标准宣贯、意见反馈、统计分析于一体，数据准确、推送快捷、使用方便、服务高效的标准信息系统。三是逐步将各地农业地方标准纳入农业农村部的标准信息系统，形成"一个平台、分布对接，整合资源、集中服务"的标准信息服务新机制。

（二）农业标准使用规程

1.农业生产技术标准的基本要求

标准化是社会大生产的产物，是生产力发展的必然结果。在农业领域推进标准化，既是市场经济提升农业产业素质的一条基本途径，也是以工业化理念指导农业，实现农业与工业对接，两大部类经济协调发展的一条基本经验。实施农业标准化，用工业化的理念谋划农业发展，用工业化的生产经营方式经营农业，能够有效促进农业内部分工，实行专业化生产、集约化经营、社会化服务，提高农业产业的整体素质和效益。实施农业标准化，可以实现农业行业各环节、各方面资源的优化配置，有利于在现有自然资源和科学技术水平条件下实现最大的产出，提升农业产业的竞争能力。

2.农业生产技术标准的制定原则

农业农村部把农业标准化作为农业和农村经济工作的主攻方向，找到了新时期以工业化理念指导农业发展的"着陆点"和"切入点"。推进农业标准化，首先要建立健全农业标准体系。现有的产品标准和环境标准是强制性标准，多由国家统一制定，比较规范；生产技术标准（又称规范或规程）由各地制定，很不规范。

（1）农业技术标准的基本要求

农业生产方式不仅与农产品产量和质量有关，而且与生产成本、资源利用及产品安全有关。标准化的生产方式与传统的生产方式相比，无论是在产量、品质上，还是在节约生产成本上，以及在农业资源的利用上，都应当有显著的经济效益或生态效益。从产量上讲，应当比传统、常规的生产方式方法实现较大幅度的增产；从品质角度讲，其最终上市产品的优等品率应当提升；从生产成本讲，应当比传统的生产方式方法节约成本；从劳动力成本讲，应当节约劳力；从农业生态资源利用讲，应当是可持续合理的开发利用；对食用农产品而言，产品安全应当是有保障的，产品的安全合格率应当超过95%，产品市场准入应当没有问题；最关键，从效益来讲，应当比传统的生产方式方法增收 10% 以上。只有达到了上述要求，农民才乐于接受标准，制定标准的目的才能达到。

（2）制定农业技术标准应遵循的原则

制定农业技术标准应遵循"统一、简化、协调、选优"的原则。但是，农业生产不同于工业生产，农业技术标准又是产品标准的保障，因此还需遵循以下原则。

突出地域性。农业生产最显著的特点是受自然条件影响大，地域性强。因此，农业生产技术标准不同于产品标准和产地标准的特点之一是必须突出地域性。生态条件不同，适宜的品种也不同，农作物病虫害发生种类不同，防治技术不同，只有突出地域性，才能增强针对性，提高操作性。因此，农业技术标准最好由相同生产条件的区域制定，而且尽量对不同类型区域细化。国家和省级农业技术部门原则上不必制定农业生产技术标准。

增强针对性。一个地区的农作物病虫害种类很多，就一种作物来说，病虫害也是较多的，尤其是蔬菜、瓜果。如番茄病虫害在北方地区至少也有20 多种，在南方就更多。在制定生产技术规范时，不能将所有发生的病虫害的防治方法都一一列举，这样制定的标准看似全面，实际使用时却很不方便，标准也很繁复。一种作物在一个地区的病虫害的发生可以分为两种情况，一种是由于栽培管理不当引起的，另一种是在特定的生态条件下发生的。既然是技术标准，就要考虑在现有的技术标准下作物将发生的病虫害种类，也就是在特定的生态条件下肯定发生的病虫害种类，这样制定的标准针对性很强，农民也容易操作，标准也很简明。

提高操作性。标准是大家共同遵循的技术规范和规则。农业技术标准是由广大农民操作的，农民的素质差异很大。一项农业技术标准，如果要大面积实施，一个重要的方面就是实施推广的标准要有可操作性。农业技术标准是为农业产品标准服务的，在满足产品标准的条件下，生产技术标准不一定非要追求最先进的。目前各地在制定无公害生产技术规程时都有这种倾向，以为技术先进了，产品质量就有保障了，但结果恰恰相反，先进的技术不能落实，实用的技术又没介绍，产品质量就没保障了。另外，生产技术标准必须通俗易懂。比如农药使用，要求提供的农药使用技术必须明确什么样的病虫害、用什么样的农药、用多大的浓度、什么时候施用、间隔期多长、最多可以用几次等，都应非常明细。要让标准的使用者一目了然，不用过多地研究和思考就可以操作。

增加适应性。农业生产技术标准不仅应随着产品质量标准的发展而发展，而且要随着农业技术的进步、病虫害种类的改变而及时调整、完善。产品质量标准是随着经济、技术和社会的发展而不断调整、完善的，农业生产技术标准理所当然应随着产品标准的调整完善而调整和完善，才能生产出符合标准的产品。同时，农业生产技术标准还应随着农业技术的进步、病虫害种类的改变而及时调整、完善。如随着优质、丰产、抗病虫害品种的推广应用，对栽培技术的要求发生了变化，病虫害种类也发生了变化，农业技术标准也要随之而发生改变；新的农业投入品的出现会更加简化栽培技术，农业技术标准也要随之而发生改变；农作物病虫害种类会随着生产条件的改变而改变，原有的优势种可能会变为劣势种，原有的劣势种可能会变为优势种，防治重点发生变化，农业技术标准也要随之而发生改变；生物防治技术的成熟和新型环保农药研制成功都会使病虫害防治措施变得简单，农业技术标准也要随之而发生改变。所以，农业技术标准不像产品标准那样相对稳定，为了增强针对性，应及时调整、完善。

注重简约化。农业生产技术是相互关联的，如施肥技术、灌水技术、栽培技术都与病虫害发生有关，在无公害生产技术标准制定中，为了追求安全性，往往强调栽培技术对病虫害的防治作用，对栽培管理技术写得很细，期望通过栽培技术控制病虫害发生，减少化学农药的使用。这种愿望是好的，原则也是对的，但要具体问题具体分析。有些栽培措施对病虫害的控制效果很有效，这些措施必须在技术标准中得到体现，即便是增加劳动量，也会因产品质量的保证、产量的提高而得到农民的认可；有些栽培措施对病虫害的控制效果有限，那么在制定技术标准时不必体现，以免增加劳动量。

力求科学化。农业技术标准解决的是农业生产过程中有害物的控制，重点是农药的残留问题。因此，农药的科学合理使用在制定技术标准时至关重要。首先是农药毒性的问题。针对一种具体的病虫害选择的原则应该是优先采用生物农药，然后是化学农药。选择化学农药时，应选高效、低毒、低残留农药。目前，我们国家农药残留标准还不健全，仅有40多种农药有残留标准，不管是有残留标准的农药还是无残留标准的农药都可以选择，关键是看毒性和残留，在高效的前提下，选择毒性低和残留量少的农药品种是原则，因为我们考虑的是安全性。其次是安全间隔期问题。在一次采收的作物中这个问题好解决，如粮食作物、瓜、果病虫害防治，从某种病虫害的最后一次施药时期到作物收获期的时间就可以筛选出适宜的农药品种。对连续采收的作物如蔬菜等，在采收期使用农药就要考虑蔬菜的采收间隔期，并以此作为选择农药品种的依据，同样条件下选择安全间隔期短的农药品种。

（三）农业标准操作示范

农业标准操作示范是指在农业生产产前、产中、产后全过程实施农业技术标准、管理标准和工作标准，实现产地环境无害化、基地建设规模化、生产过程规范化、质量控制制度化、生产经营产业化、产品流通品牌化，以更好地辐射带动农业标准化生产水平的提高。农业标准化实施示范的重点是农业标准的转化、培训和应用。农业标准化实施示范的形式是建设以核心示范区为主要内容的国家级农业标准化示范县，它是指导各农业部门编写标准规范性的文件。标准操作技术规程是农作物种植或者进行农产品加工的具体做法，包括种植的操作技术规程和加工的操作技术规程。它的定义为：对重复种植的作物或者加工的农产品，完成整个种植过程或加工过程所必需的各种技术条件和配套的技术参数规定。

二、农技专家指导

农民的价值观较为现实，对新技术多持观望态度，一般都是等别人成功了自己再跟着用。即便是敢于做第一的人，也存在极大的顾虑，在新技术的采用上始终有所保留。只有通过培植文化水平较高，善于应用技术，对周边的农民有很强的示范、辐射作用的先进科技示范户，并帮助他们办高产高效示范点，让农民亲眼看见科技带来的实惠和依靠科技可以致富的事实，才能培养农民学科学、用科学的自觉性和主动性。

引导农民实现增产增收是当前农技人员的一项重要工作任务，现代农业的发展需要一支高素质的农业科技推广队伍，我们要不断加强学习，更新知识，提升政治素养、提高业务技能，以饱满的工作热情、完善的服务举措，开创农技推广新局面，更好地为现代农业发展出力，为乡村振兴做出新贡献。

农民培训工作应从以下几个方面着手。一是有针对性地为农民解答生产中存在的问题，从而提高培训实效。二是丰富培训内容，在培训内容上，既要有农民进行农业结构调整急需的新技术，也要有市场信息和政策法规方面的知识，达到提高农民的技术水平和经营能力的目的。三是因人施教，增强培训效果，受打工经济的影响，在组织农民培训时，要采取适当的方法，尽可能做到理论联系实际，鼓励他们从动手中学，从经验中学，农民之间互相学习，从而达到提高认识、种植技能的目的。可以请当地先进示范户"现身说法"讲经验，用活生生的事实引导农民提高认识，更新观念，改变传统的种植方法。四是努力做好说服教育工作，和农民交知心朋友，让广大农民从"等服务"向"要服务"转变，不但要借助会议、媒体推介，还可以通过编顺口溜、张贴标语横幅宣传我们的工作，使群众不断增强接受新技术、应用新技术的自觉性，从而克服"等、靠、要"的不良倾向。

农业服务机构要做好技术推广和农产品质量监管。第一，全国性的农技推广与服务平台的建立可以交由市场和企业去摸索，政府变主导为参与，减少管理和干预，做好物流、村网通等基础设施建设，加大对互联网企业的支持和引导力度。我国农技服务一直是自上而下的方式，不能满足现在的生产需要，这个传统格局急切需要打破。市场的事情交由市场去解决，通过市场化竞争推动高效的推广和服务渠道，基层的问题才能得到真正的改善和优化。第二，进一步加快推进落实农村地区互联网基础设施建设，重点解决宽带村村通、农村光纤等问题，同时，进一步加快智能手机在农村的普及研发和推广，加强各类涉农信息资源的深度开发，完善农村信息化业务平台和服务中心，为"互联网＋农技服务"提供前提基础。第三，加大对全国范围内农技员的互联网化引导，设立专项奖励资金和荣誉，提高农技员利用移动互联网工具服务农户的意识和积极性，逐步实现农技服务市场化。第四，鼓励农业互联网企业加入村级信息化建设中来，争取在每个村培养1名有文化、懂信息、能服务的农技信息员，开设村级信息服务站，使农民与市场、技术实现有效对接。第五，鼓励农业互联网企业参与建立完备的农技员培训体系，帮助农技员成长，使得农技员能依靠自身所掌握的农业技术获得经济效益。

三、农机服务

农业机械服务行业，简称农机服务业，是为农业生产提供机械化服务业务的总称，指农机服务组织、农机户为其他农业生产者提供的机耕、机播、机收、排灌、植保等各类农机作业服务，以及相关的农机维修、供应、中介、租赁等有偿服务的总称。

（一）农机监管

近年来，农村农机数量持续增加，同时农机事故也呈上升趋势。目前，农机驾驶员多数未经专业培训，自己摸索操作，违章操作现象突出。由于一些农机手安全意识差，农用车辆既不办理上路手续，也不参加年检，尤其是很多农用拖拉机一机多用，农忙时下地耕种，农闲时又变成上街赶集或走亲访友的代步工具，安全隐患较多。强化农机安全监管，一要强化源头管理。在农民购买农机时，要切实抓好农机检验服务和驾驶人员培训管理。二要加大对农机安全生产监管执法力度。有关部门要加强巡查和监管，严厉查处拖拉机违规上路行驶、违规载人、超速超载等违法违规行为。三要深入开展农机安全宣传教育活动。在集镇和农机手较为集中的地方，发放宣传资料，向广大农机手宣传农机安全生产、安全操作规程、交通法规等。

1. 农机安全监理在农村经济中的地位和作用

农机监理机构作为安全生产执法机构，依照国家和地方有关农业机械和安全生产的方针、政策、法规，对农业机械及其驾驶操作人员进行牌证管理，纠正违章，杜绝事故，保证农机安全生产，确保人民生命财产安全和社会稳定。农机监理作为实施法规管理的主要手段，确保农业机械在维修、保养和使用中的安全，在农业生产中发挥应有的作用，让农业机械在农业生产中保持良好的技术状态，促使操作人员具有合格的操作技术，适应并满足农业生产的需要。农机监理把维护人民生命财产安全作为自己的职责，把促进农业生产和农村经济发展作为工作目标，通过开展安全教育和技术服务活动，排除事故隐患，对于保持机具处于良好状态，提高农机手文化素质，具有深远的意义。农机监理把安全与服务结合，以文明的服务协调农业生产关系，解决农机事故纠纷，并依照法律进行人性化的管理服务，对农业机械及其驾驶人员进行社会性安全管理，因此，农机监理在机械化农业生产中具有非常重要的作用。农机监理以服务为手段，使农机培训、修理、管理、推广、供应等工作形成一个整体，相互协调，让农机手有困难找监理，做到真正为农机手服务，在稳定农村和经济发展中起到积极的促进作用。

2. 农机监理工作中存在的问题

农机监理机构办公设施简陋，特别是办公室缺乏必要的工作条件，严重阻碍农机监理工作向更高层次发展。按照国家农业行业标准要求，机构应配备必要的交通、通信、检测、事故勘察仪器及办公自动化设备。从农业机械运行安全技术检验到挂牌上微机入档案，虽是一条龙服务，但由于办公设备落后，在一定程度上制约了农机监理规范化建设和工作效率的提高。

农机监管缺乏体制保障，监理人员工资待遇落实不到位。农机监理是国家公共行政管理的重要组成部分，肩负着全县农业机械安全的公共管理职能，是面向"三农"服务的机关。按照相关法律的规定，农机监理机关是国家行政机关，农机监理人员应享有国家公务员待遇。但是，现实的情况却事与愿违，农机站根本就没有相应的费用来做保障，他们的工资待遇是差补，而其运营主要依靠收取常规费来实现，从而导致这个政府部门名存实亡。

对农机安全监管工作的宣传不到位。这些年来，随着国家对基层农机安全质量状况的重视，各级各地市政府部门已经将农民使用农机的安全教育提上了议事的议程，并借用各种方式来开展宣传教育工作。在各大地方报纸、政府政务宣传栏中都能见到有关管理农民安全使用农机的宣传报道。但是，仔细观察就会发现这些宣传多是安排在管理条例、政策通知、通告等法律法规中的，有关农机安全使用的措施和手段以及加强农机监管的利弊等方面却没有介绍，这样就导致对农机安全监管工作的宣传变成了高高在上的政策宣传，导致许多农民不能从自身的安全处境中考虑加大农机监管的必要性，容易使他们在认识上出现偏差。

监管尺度受限，缺少部门协作。伴随着道路交通相关法律法规的逐渐落实，有关农机监管的问题也是逐渐地显现。交通法规中并没有对农机的路查权、扣车权、处罚权以及事故处理权进行具体的规定，从而导致在具体的路障处理中，对农机的约束和规范就变成了真空地带，甚至是三不管。这样就为农机的监管工作带来了很大的困境，使对农机的处罚进退两难，农机监管权力受限。

3.加强农机监管力度的措施

加强部门间协调，营造一个良好的执法环境。在遵守交通法规的同时，改善农机监管部门的监管职权。在地方的农机监管执法中，要密切联系有关部门协作进行，特别是公安交警的积极配合，形成监管合力，改变过去那种被动农机监管局面，为农机监管营造一个良好的执法环境。提高农民的安全意识，认识到农机监管的重要性。提高农民的安全意识重在宣传，宣传的工作主要从以下两个方面进行。一是地方农机管理部门及相关部门要在思想上提高认识，把农机安全监管的宣传提到政策落实的高度，并制订周期性的宣传计划，使农机安全教育经常化、规范化和制度化。二是做好宣传内容的完善，改变过去那种重政策宣传的弊端。

转变监管理念，树立服务工作的态度。首先，合法牌证要严格按照国家相关的项目收费标准，不要乱要价，乱收费。其次，改变过去那种坐等农机手上门办牌证的办事流程，要以积极主动的态度，将办公场所搬进村委会，方便农民办理农机办事手续，节省办事时间。最后，针对个别地区农村尝试用不符合安全技术标准的拼装和报废车辆这一现状，要强制落实报废制度，从根本上杜绝安全隐患，同时可以考虑到农村经济基础薄弱，给报废的车辆一定的报废补贴，帮助农民添置新的农机。

（二）农机远程服务

随着我国农业现代化的进程不断加快，农业机械化已成为现代农业的重要组成部分。农业机械数量的快速增加以及农业机械跨区作业，对农业机械的信息化管理调度和安全作业保障技术提出了更高的要求。良好的农业机械管理调度和远程作业技术保障能够促进农业生产适时进行，确保提高农机作业效率，对农业现代化发展有着重要作用。

近年来，我国农机行业科研人员针对农业机械的管理、故障预警和诊断维修等方面开发出了一系列的农业机械化管理决策支持系统与故障诊断专家系统等。但这些软件系统只涉及农机行业的某一方面，而且大部分系统尚未应用到生产中，未发挥其应有的作用。在互联网越来越普及以及国家大力推进农业机械化和发展物联网的政策背景下，开展基于网络系统的农业机械远程服务与保障技术研究，来解决在农机化信息管理中存在的问题，以适应我国农业现代化的要求，有着重要的现实意义。

（三）种植机械化

机械化种植能减轻工作强度。为了进一步扩大种植规模，保证种植品种的生长状况均衡，便于掌控各个环节，机械化种植对植物规格的统一有很大作用，有利于批量生产合格的农副产品，建立与机械化相应的种植体系。机械化种植虽然很有必要，但要实现起来，仍需转变目前思路，花时间建立与机械化相应的种植体系。目前不少引进的机械并不适合中国的情况，需要改进和提高，不是想怎么种，机械就能满足它，这两者要协调统一。

目前，我国一些企业正大力研发推广色拉菜、橄榄菜、大白菜等叶菜类半机械化收获包装车，这种机器可大大减少农民的劳动强度，提高生产效率，价格也较低。由于就地包装，还可提高产品质量，减少物流运输量和城市垃圾，降低能耗。

1. 推进措施

（1）厘清发展思路，明确发展重点

通过调查研究，掌握现状，摸清需求，按照因地制宜、体现特色、先易后难、梯度推进的原则，从高效农业急需和农民急用出发，从解决劳动强度大、用工量多的问题入手，突破薄弱环节，加快发展五大主导产业农业机械。①畜禽业养殖机械。围绕畜禽养殖中孵化、饲草料生产加工粉碎、投喂饲、粪便清理处理、养殖环境控制、病害防疫、畜产品采集等环节，重点发展通风散热设备、投喂饲设备、粪便处理设备和环境控制等设备。②渔业养殖机械。围绕水产养殖中投饲、水质调控、清淤、起捕等环节，重点发展投饲、水质调控和监控装备。③林果业种植机械。围绕林果种植中耕、施肥灌溉、植保、修剪、采收、田间转运、保鲜等环节，重点发展中耕、高效植保和水肥一体装备。④花卉苗木业种植机械。围绕花卉苗木种植中机械化播种、育苗、耕整、开沟、种植、施肥灌溉、植保、挖穴、采运、环境调控等环节，重点发展播种、耕整、种植、植保和环境控制装备。⑤蔬菜园艺业种植机械。围绕蔬菜园艺种植中机械化播种、育苗、耕整、开沟起垄覆膜、种植、施肥、灌溉、植保、收割、采运、环境调控、清洗、包装等环节，重点发展播种、耕整、种植、植保和水肥一体装备。

（2）结合各地实际，多措并举推进

①进一步加大资金投入力度。把高效设施农机发展作为财政支农资金扶持的重点，优先安排、优先扶持，加大适合本地生产作业的机具的补贴力度，加快高效、先进、适用的农机装备示范推广。整合高效设施农业项目，充分发挥财政资金的引导、整合、带动作用，逐步建立以政府投入为引导，农民和社会投资为主体的多渠道农机化投入机制，形成合力，共同促进高效设施农业机械化的发展，使更多具有示范效应的农业机械应用于该区农业生产，实现装备数量快速增长和发展结构优化升级同步推进。②进一步加强宣传推广。通过机具、图片展示和机具作业视频播放，集中展示五大主导产业适用的农机装备，并组织各主导产业规模经营户开展现场演示和技术培训，通过强化宣传、示范引导和现场推进，加快高效设施农业机械示范推广。③进一步加强机械与技艺的融合。树立发展"机械化农业"的理念，加强部门合作，从设施农业基础建设到育种、栽培、加工、消费，全过程统筹研究农机化技术的集成配套，探索制订与本地区主导产业农机农艺相适应的机械化生产技术路线及装备配置方案，推广应用与现代农艺相适应的先进、高效农业机械。④进一步做好示范点建设。充分发挥省、市、区农机化科技示范基地的引领作用，主动参与现代高效设施产业园区建设，大力发展有利于规模化、产业化生产的机械装备和技术，加快先进适用、技术成熟、安全可靠、节能环保的农机装备的推广应用，着力发展高效设施农业关键环节机械化，积极探索设施农业机械化发展新模式，建立可复制、可推广的农机农艺融合示范点，以点带面，逐步推开。

2. 发展高效设施农业机械化的建议

（1）推进高效设施农业生产规模化、标准化

高效设施农业作物种类多、差异大、种植制度不规范，田块散、空间小、基地建设不标准，在一定程度上制约了高效设施农业机械化的发展。应从发展"机械化农业"出发，坚持机械化技术及设备的引进应用与高效设施农业种植、管理技术相结合；做到标准先行，按照栽培农艺要求，制定统一的作业标准，建立适应全程机械化生产的种植模式。积极争取政策扶持，推动土地流转，实现适度规模经营。

（2）加快先进适用的新机具、新技术的引进和创新

鼓励产、学、研、推等部门紧密配合，加强科技创新和成果转化，促进高效设施农业先进适用的新机具、新技术的有效供给。加大扶持力度，加快适合本地高效设施农业生产的新机具、新技术的引进、消化、吸收、创新，促进农业机械化全程、全面、高质、高效发展。

（四）养殖机械化

养殖生产机械化是养殖生产技术的重要内容之一，它不仅可以大幅度提高养殖业的劳动生产率、降低生产成本，而且可以为先进的育种技术和养殖工艺等提供硬件保障与技术载体，从而进一步提高养殖产品质量和产量。

畜牧业的发展要服从和服务于经济社会发展大局，满足城乡居民肉蛋奶等主要畜产品消费需求是畜牧业发展的首要任务。随着我国消费者需求的变化，畜产品的数量增速在变化，畜产品的结构在变化，畜产品的生产方式也在变化。这也意味着我国畜牧产业进入了转型发展阶段。

近些年来，我国畜牧业对于生产模式变革的要求愈发强烈，而随着机械化的发展，畜牧技术的升级换代也成为必然。与传统养殖业相比，自动化、集约化、规模化程度更高，环境控制技术更先进，生物安全水平更高。而这一阶段的重要标志是小规模散户快速退出，饲养员难招，劳动力成本倍增，对机械化、自动化养殖技术需求提高，对畜产品质量安全要求普遍关注，寻求标准化规模养殖支撑技术，大型企业介入，大量业外资金涌入。提升畜牧机械化水平是保证畜禽肉类产出率、提升我国肉类产品的国际竞争力水平以及提高养殖业收入的重要手段。在主要粮食作物机械化水平不断提高，经济作物机械化水平不断提速的当下，适应消费者需求的变化，加快畜牧机械化水平将成为我国农机化发展的又一个突破点。积极发展畜牧业和渔业机械化，是畜牧机械行业和畜牧养殖行业的重大利好。很多业内人士认为，农机化发展下一步要做好细分市场，特别是畜牧机械是未来的蓝海。要解决关键问题，还需各方共同努力。在人才建设上，各大科研院校应加强在畜牧人才方面的培养，实行科研教学与实践相结合的思路，鼓励人才走出去，请进来，加大与国外畜牧科研院所的合作。在研发方面，目前国家鼓励各种创新联盟的创建，通过创新联盟就某一领域、某一技术开展科研攻关。在资金投入上，不仅需要机械生产企业加大人才、研发投入，还需利用政策，起到四两拨千

斤的效果。

1. 健康养殖

（1）健康养殖的概念

我国海水养殖界的健康养殖理念在落实中逐渐向淡水养殖、牲畜养殖和家禽养殖领域覆盖，并逐步补充和完善。健康养殖的研究内容主要包括养殖生态环境的保护与修复、动物疫病防治、绿色药物研发、优质饲料配制、畜禽制品质量安全全程监控等领域。健康养殖主要指通过对动物养殖种类、环境、饲料和药物等因素的合理管控，使所养殖的动物能够健康生长，并能够生产出符合人类自身营养需求和健康需求的无公害畜禽和水产制品过程。

（2）健康养殖的必要性

近年来，随着社会的发展和人民生活水平的不断提高，畜禽和水产产品的数量得到一定程度的满足，但养殖环境却相对落后，发病率高、死亡率高，在养殖过程中大量使用化学消毒剂和滥用抗生素，导致肉、蛋、奶等产品不同程度地存在着有毒有害物质残存和污染问题，对人民群众的生命健康构成潜在威胁。目前，人们的消费观念正在由温饱型消费逐步向小康型消费转变，开始注重生活质量，对食品的内在品质和安全性提出了更高的要求，因此，健康养殖变得尤为重要。

（3）畜禽健康养殖

畜禽健康养殖以保护动物的身心健康为核心，以生产出符合营养和安全标准、满足人类健康需求的畜禽产品为目的，最终达到畜禽养殖业无公害生产的结果。畜禽健康养殖的核心是经济效益、社会效益和生态效益的统一；畜禽健康养殖的内涵是提供优质、安全、无公害的畜禽产品；畜禽健康养殖的主要特点是追求数量、质量和安全并重的现代畜禽养殖业生产。

2. 畜禽健康养殖机械化新技术

为改变传统畜禽养殖业现状，各地市积极创新养殖模式，建立示范基地（点），将现代机械化、自动化技术装备结合物理农业技术装备应用于畜禽养殖业，实现安全、高效、节能、环保养殖示范模式，并推广应用。以天津为例，我们建立的示范基地畜禽养殖模式主要基于以下几个技术。

（1）臭氧杀菌消毒技术

臭氧是一种强氧化剂，具有高效性、广谱性、高洁性和不留死角的独特杀菌作用，在一定浓度和时间下，臭氧能作用于细菌的细胞壁，与脂类的双键反应，也能作用于细胞膜，破坏膜内脂蛋白和脂多糖，还能作用于细胞内的核物质，如将核酸中的嘌呤和嘧啶破坏，进而破坏脱氧核糖核酸（DNA）和核糖核酸（RNA），改变细胞的通透性，造成细菌的新陈代谢障碍，导致细菌死亡。臭氧对细菌、真菌和病毒等多种微生物杀灭率高达99.9%～100%。使用臭氧发生器在畜禽舍内部空间产生臭氧，能够有效消灭疫病传染来源，阻断传播途径，改善养殖环境，提高畜禽抗病能力。

（2）空气电净化防病防疫技术

空气电净化防病防疫技术是一种用于畜禽舍整体空间的空气净化和灭菌消毒的空间电场技术，利用电极线与地面之间建立起自动循环、间歇工作的空间电场，并在电极线周围生成微量臭氧、氮氧化物和高能带电粒子。空间中的细小粉尘在场的作用下定向运动，吸附在地面、墙面和电极线表面，病原微生物在定向运动的过程中被臭氧、氮氧化物和高能带电粒子杀死。这项技术能够有效净化畜禽舍内空气环境、脱除微生物气溶胶，杀灭致病微生物，抑制畜禽舍内恶臭气味。

（3）粪道等离子除臭灭菌技术

粪道等离子除臭灭菌技术利用高频高压沿面放电的等离子体氧化技术原理产生等离子体。高频高压的陶瓷电极橱形成的电离激发可以生成大量的空气氧化剂，比如臭氧、氮氧化物以及氧原子、正离子和负离子，将这些等离子体通过高速高压风机吹入畜禽舍粪道中，与硫化氢（H_2S）、氨气（NH_3）以及微生物相遇时，就会立即发生氧化、灭杀和消解过程，从而达到灭菌和除臭的效果。

（4）环境监测及预警技术

综合使用多种传感器，利用互联网技术将影响畜禽养殖的温度、湿度、光照、粉尘和有害气体等环境因素反馈至用户终端（如计算机、手机），实现畜禽舍环境数据的实时显示、历史数据的查询浏览、监测条件的维护和节点的信息维护等。结合专家知识，对环境因子的"偏高"和"偏低"进行模糊推理预警，从而全面掌握各项机械设备的运转情况和畜禽生长情况。

四、植保自动化

在农作物的整个生长过程中，植保是必不可少的环节。出于保护土壤和农作物的目的，农民在施肥之前都需要经过分析与研究，他们需要考虑不同化学药剂对于某种病虫害或杂草的杀伤力，使用何种化学药剂对作物和土壤影响小，甚至还要考虑当地法律对于农作物中化学元素含量的要求。这诸多的因素使得施肥过程并不容易，用户可能会喷洒错误的农药或杀虫剂，或者喷洒在非目标区域，这样一来，不但农作物得不到及时救治，还会产生不必要的药害或农药超标等情况。随着全球气候变暖，农业有害生物突变频率和危害趋势不断加重，致使农业生态环境发生变化，在加快高效生态农业发展，促进农业增产和农民增收的大前提下，作为农业生产基础保障的植物保护事业面临着挑战与机遇，在"互联网+"的浪潮下，无人机智能植保将催促千亿产业板块。

保证粮食安全是中国的基本国策，在农业发展过程中，农药、化肥等的使用，对粮食的增产发挥了重要的作用，但是，在有些地区，由于农药使用不合理，在影响农产品质量安全的同时，也造成了一定程度的生态环境污染。为进行农业生态修复，保障农业生产安全、生态安全和农产品质量安全的主要途径是实行农业产业化，在当前中国粮食作物生产过程中，耕、播、收环节已经实现农业机械化，然而，植保仍以人工、半机械化操作为主，植保作业投入的劳动力人工多、劳动强度大，施药人员中毒事件时有发生。据相关资料显示，我国每年因防治不及时，病虫害造成的粮食作物产量损失达 10% 以上；传统植保作业机械存在施药成本高、过量使用农药、农药利用率低等问题。

促进农业大发展，关键在于农业产业化，农业是我国最传统的基础产业，亟须用数字技术提升农业生产效率，智能植保综合解决方案应运而生。通过信息技术对地块的土壤、肥力、气候、植保等进行大数据分析，然后据此提供种植、植保相关的系统解决方案，可大大提升农业生产效率，此外，通过互联网交易平台减少农资、农产品买卖中间环节，增加农民收益，智能植保产业有着巨大的市场空间。

近几年来，在国家政策扶持下，植保无人机行业得到快速发展。多数无人机生产商停留在卖设备的基础阶段，对于整体技术的科学应用研究很少。农业植保可融合无人机、农机合作社、药企等产业，创新思维，集约服务，跨界融合，形成一个巨大循环的产业集群。

智能植保无人机可根据自动采集的田间地理信息、环境温度与湿度、风力、风向、飞行高度与速度等参数，结合 App 设定的作物种类、病虫期、农药种类、剂型、配比等参数命令，无人植保机在作业过程中智能调节喷洒剂量与雾滴大小，并适时上传全部数据，以此建立农业植保大数据库，从而对网络中的每架无人植保机进行定位、监测、管理。绘制植保处方图，制订植保系统解决方案，与药企农机合作社、生产性服务业等融合创新，发展壮大新兴业态，打造新的产业增长点。

融入智能植保的多旋翼无人机，其高效、经济、精准、环保、安全、便利，农药利用率达到 85%，较常规施药可节省 90% 的水和 50% 的农药，植保无人机喷洒的效率是人工的 20 ～ 30 倍，大幅度降低了用工成本、农药生产成本、农药流通成本，有效地促进了农业增产增收。以"互联网+"模式打造的无人植保机植保产业共享经济圈，每年市场空间的实际经济效益也在迅猛增长。

第十一章 互联网时代现代农业前景展望

第一节 农业经济发展趋势

一、土地资源的保护

当前，我国经济社会发展正处在转型期，农村改革发展面临的环境更加复杂、困难挑战增多。工业化、信息化、城镇化发展对同步推进农业现代化的要求更为紧迫，保障粮食等重要农产品供给与资源环境承载能力的矛盾日益突出，经济社会结构深刻变化对创新农村社会管理提出了亟待破解的课题。这些都需要我们保持对形势发展的敏感性，及时分析农业农村经济运行中存在的突出问题和苗头性问题，着力破解影响农业农村发展全局的深层次矛盾，真正发挥好参谋作用。

（一）土地资源保护的起源与发展

1. 土地资源保护的历史起源

土地资源保护行动是伴随着土地退化现象而产生的，土地资源保护实践先于土地保护理论而出现。我国自古就有进行土地保护的朴素唯物主义思想，形成了中国特有的土地资源保护的文化模式，这种模式深深扎根于中国的文化中，使中国的文化能够在这片土地上源远流长，并形成了"万物土中生，有土斯有财"等朴素的土地保护思想。

2. 土地资源利用与保护的发展特点

（1）土地保护与土地利用相伴相生

人类在发现"万物土中生"的同时，也发现了连作会使作物的产量越来越低，并采取了各种各样的措施以保护地力。在我国表现为施粪、耕、锄、耙、耱等一整套耕作技术，并形成了间作、套作、轮作等土地利用方式；休闲、轮作等技术，也是土地利用与保护的一种方式，推崇的是相伴相生自然理念。

（2）土地保护内涵和外延不断扩大

应该说最初的土地保护，是基于人类为生存空间而进行土地保护，保护土地的形式是通过设置土地产权，通过产权进行土地保护；而对于具备公共资源性质的土地，不仅需要设置产权制度，还要通过土地的相关法律、制度、政策来进行耕地保护，并通过土地规划实现对土地资源的保护。

从土地保护的内涵来讲，对于私人意义的土地资源，其内涵是保护权利人的利益不受侵害；而从公共资源角度来看，土地资源的保护主要围绕土地资源的数量、质量、生态安全、景观、文化特点以及生物多样性的保护等多方面，土地保护的内涵和外延随着人们对土地的需求转变而产生变化。

3. 我国耕地保护历史

自从有了人类的土地利用就有了土地的保护，中华民族是将土地利用得最好的国家，在长期的土地利用中，不仅形成了中华民族特色的农耕文化，也形成了农耕文化背景下的土地保护思想、技术和耕作方式，因此这些土地保护的思想和技术，使中国的土地资源呈现可持续利用的态势。中国长时期的农耕实行的是"精耕细作"的方式。

在夏、商、周时期，中国祖先为了能够更好地适应环境，持续地利用土地，开始了最初的土地评价方面的探索，形成了很多关于土地资源利用的文化，一些传统的土地保护的思想也在文化传承中不断延续。

在中国农耕社会的发展过程中，不仅形成了关于土地保护的朴素主义思想，还产生了很多土地保护的利用模式，与此同时，也形成了适合于传统农业生产的土地耕作技术，比如有机肥施用技术、土地疏松技术等。中国传统的土地保护思想、模式和技术为我们现在土地资源利用与保护提供启示。

然而，真正意义上的耕地保护起源于20世纪80年代。

20世纪80年代以来，耕地急剧减少引起各界广泛关注。建设占用大量耕地的情况更引起党和国家领导的高度重视。制止乱占滥用耕地的政策文件陆续出台，耕地保护的基本国策、法律和机构开始逐步形成。

为保证国家粮食安全，中国实行了最严格的耕地保护制度，建立了土地用途管制政策、耕地总量动态平衡政策、耕地占补平衡政策、耕地保护目标责任政策、农用地转用审批政策、土地开发整理复垦政策、土地税费政策、耕地保护法律责任政策和基本农田保护政策等。坚持最严格的耕地保护制度，层层落实责任，坚决守住耕地，将耕地保护放在了非常重要的位置。

我国人多地少，土地开发历史长、程度高，后备耕地资源有限，耕地保护不仅是国家粮食安全保障，还是应对国际经济波动的武器，也是中国社会稳定的基石。因此，保护耕地不仅是保障耕地的数量、质量和生态环境，更为重要的是要守住中国文化赖以生存的空间。

（二）土地资源保护的意义

1. 土地资源利用与保护的国家需求

（1）国家粮食安全资源保障的需要

粮食安全是指一个国家满足粮食需求以及抵御可能出现的各种不测事件的能力，其决定性因素是粮食生产及消费的能力和水平，同时和国家经济发展水平及外贸状况有着密切的联系。随着我国经济的快速发展，城市化进程加快，城市规模不断扩张，导致建设用地大幅增加和耕地资源不断被占用。耕地面积的减少直接影响到粮食的生产和供给。

保证国家粮食安全，最根本的是保护耕地。首先，耕地提供了人类生活必需的粮、油、棉等主要农作物，而且95%以上的肉、蛋、奶产品也由耕地资源的主副产品转换而来。虽然农业科技的应用使耕地单产日益提高，但无论农业技术怎么提高，粮食生产都离不开耕地，因为粮食生产的基础是土地。我国耕地减少的年代，粮食安全就受到威胁。农业从原始农业到石油农业，再到生态农业，回到了以注重耕地等自然资源保护和综合开发利用为主要内容的可持续发展道路上。与此相对应，从无害化食品、绿色食品到有机食品，对食品的产地环境质量提出了越来越高的要求。

（2）国家生态安全的需要

耕地是一种重要的自然资源，除具有首要功能——食物生产外，还具有生态服务、经济（金融）安全和社会稳定等多种功能。

土地资源的生态服务功能。与各种自然植被、湖泊、沼泽等类似，土地的生态系统具有重要的生态服务功能，在生物多样性的产生与维持、气候的调节、营养物质贮存与循环、环境净化与有害有毒物质的降解、自然灾害的减轻等方面发挥着重要作用。此外，耕地作为人工生态系统，由于接受了更多的物质投入，是一个物质快速循环的高生产性生态系统，其生物生产量比林木和草坪大得多；与同面积的林木和草坪相比，农作物发生光合作用吸收的二氧化碳和释放的氧气也多得多。可见，土地资源有着重要的维护生态系统安全的功能，对于满足国家生态安全的需求有着重要的作用。

（3）传统文化传承的需要

土地利用是一个历史的范畴。人类数千年在这片土地上生活，人类历史的记忆，人类精神的传承，人类情感和审美的方式，人类一切的文明和创作，都留在这片土地上。

人在土地上生存，利用土地创造了难以计数的物质财富和精神财富，土地又以不同的地貌形成了人不同的聚落，以不同的环境构成人不同的生存文化，我们今天有酒文化、茶文化，实际上土地是一个更大的概念，是包容力更强、涵盖范围更广的一个文化平台。所以从文化的意义上讲，土地对于文化传承的作用不可估量。

（4）经济安全的需要

传统的经济安全主要指国家自然资源供给及资源运输通道的安全。随着全球经济一体化的加快，经济安全的观念逐步转变，将抵御外来经济干扰的能力放在首位，并开始强调市场的稳定运行，包括市场规模的提升以及市场结构的改善等。土地作为一种稀缺资源，它具有资源和资产的双重属性，并通过4个传导渠道来影响宏观经济。作为资源和要素，土地通过生态渠道和产业渠道影响宏观经济；作为资产或资本，土地通过信贷渠道和财政渠道影响宏观经济。

我们要充分发挥土地参与宏观经济调控的"闸门"作用，按照供给制约需求和节约、集约原则，在保障重大基础设施建设的前提下，对非农用地增长速度和规模加以控制。同时，还应重视建立土地资源循环经济机制，规范土地供应和开发行为，鼓励盘活存量用地，优化建设用地的配置结构，从而保障城乡经济持续健康地发展。

2. 土地资源利用与保护的关系

土地利用是人们为获得需要而对土地施加的资本、技术和劳动力等生产要素的干预过程，其具体表现在土地利用类型、土地利用方式和土地利用强度三个方面。由于土地资源的有限性和位置的固定性以及土地资源特殊的生态过程及其影响，要保障土地资源的持续利用，必须采取一定的法律和政策以及道德等手段，对土地利用行为进行约束和规范，以保障土地资源的可持续利用。

两者之间需要达到一种均衡与协调状态，以促进土地资源的可持续利用，围绕在土地利用的各个过程，两者之间既存在统一也存在对立。

土地利用改变土地利用类型、土地利用方式和土地利用强度，对自然的土地施加了影响，改变了土地利用覆盖，从而对生态、经济以及社会各个方面产生影响，这些影响既有正面的也有负面的。正面的影响包括满足了人类获得衣食住行的需要以及文化精神的需要；在利用的同时，也由于利用方式不当，导致水土流失、土壤退化、耕地生产能力降低以及气候和水文变化等不利影响。

而土地利用保护就是要在土地利用变化对生态环境可能产生影响的基础上，依靠产权、法律、政策、道德文化等对土地利用方式进行限定，以保障对土地资源的持续利用。因此，土地保护是对于对土地利用变化及其变化过程的可能影响方面做出的有关制度安排、法律保障以及思想道德的约束，并在自然条件、法律和经济条件等约束下进行的土地保护的行动。

要进行更好的土地保护，就必须研究土地利用及其变化驱动机制，分析土地利用变化过程，并对土地利用变化的可能影响进行分析，如此才能形成土地利用的保护方法以及相关的技术手段，保障土地资源的持续利用。

二、农业资源的可持续利用

农业资源，特别是农业自然资源，不仅被人为开发利用，其循环再生亦受人为干预，处于动态变化的状态。只有掌握了农业资源动态变化的规律、原因以及变化的趋势，才能拟订开发与利用农业资源的方案，农业资源的利用质量、数量才能在掌控范围内，其循环恢复状况才能在预计范围中，才能在开发与利用农业资源的过程中，保护农业资源，保证农业资源利用的长久性，使农业资源开发利用过程中的经济、资源、人口等众多元素保持平稳共同发展的状态，才可称之为农业资源可持续利用状态。

农业资源可持续利用的特点主要体现在以下三个方面。

时间性：指的是未来人们对农业资源开发与利用的状态与现在人的相同，或者优于现在人的。显示着农业资源在经过开发与利用后质量无衰退，在时间上得以延续。

空间性：农业资源具有地域性，地域农业资源在其开发与利用的过程中，不能对其他地域农业资源造成负面影响，而地域内的一切农业资源，维持着循环平衡的相互依存关系。

效率性：农业资源开发利用过程必须"低耗高效"。农业资源可持续利用实现"低耗高效"，是以农业社会经济资源中的科技技术为基础的。在农业资源开发利用过程中，完善资源附属设施、采用先进的科学技术，以对农业资源最低的利用度，来获取最大的农产品产量，体现农业经济的高效性。

（一）农业可持续利用理论基础

生态系统理论可以看作发展的心理学，是由生态学与心理学共同组成的新生学科。生态系统理论是个体发展的模型，系统与个体之间彼此作用、彼此制约。简单来说，生态系统理论所要表述的主要观点有以下三个方面。

第一，生态系统理论认为人生来就有与环境和其他人交流的能力，人与环境之间彼此作用、互利共生，并且人们个体能够与环境形成良好的彼此协调度。

第二，人们个体的行动是有目的的，人们自古以来便遵循着"适者生存、不适者淘汰"的生存原则，人们个体所存在的意义，是由环境赋予的。因此要理解人们个体，就必须将人们个体置于环境中。

第三，人们个体所面对的问题，是其在生活过程中所面临的一切问题。对人们个体所面对问题的理解和判定，也必须将此问题放置于人们个体所在的环境中。

农业生态系统理论，是以生态系统理论为前提，个体为生产利用农业资源的人们个体，生态系统理论所提及的"环境"，则是个体在农业生产活动中所涉及的自然环境以及社会经济环境。农业生态系统理论，表示着人们在农业生产过程中，人们既影响着环境，环境也对人们的生产历程起到一定的作用。而人们作为利用自然资源的主导者，只有科学合理地利用自然资源，与自然资源形成友好共处的关系，农业的生产才能达到一种生态平衡，农业生产过程才能高质高效进行。

生态系统理论在农业资源利用过程中需要注意以下几个问题。

人们在利用农业资源过程中所面临的许多问题，并不是完全由人们引起，自然资源是造成问题的主要原因。

对农业资源利用个体的研究，要从生态系统理论所表述的 4 个系统角度综合分析，同时也要单独从四个系统的角度分别分析。

可持续发展：可持续发展是在满足现在人们需要的前提下，又不对未来人们满足其需要的能力构成危害的发展。要实现可持续发展，需要在当前使用与利用的过程中，规定使用额度与限度，并通过统计计算，并统计人口、经济、社会等一系列问题以及发展趋势，计算未来人们的使用需求。资源存储量不够时，现在人们应节约使用，并以"开源节流"的对策，在节制资源使用量之余，制定对策促进资源的恢复功能，以保证未来人们对资源的使用；资源存储丰富时，现在人们虽可按照需求量使用，但必须注意在使用过程中保护资源，切勿伤害资源的恢复功能，甚至要根据资源的形成过程与所需条件，为资源的恢复创造条件，提供契机。

农业资源可持续发展理论，是对人们农业资源开发与利用过程的考察，是用来揭示人们在农业资源利用过程中，社会对人们利用资源、资源被利用的一种愿景，即农业资源的可持续发展。转变了对于传统的单纯追求经济增长而忽视生态环境保护的发展模式。

由资源型经济过渡到技术型经济，统筹分析社会、经济、资源与环境所带来的收益。

通过对新型技术的研发与利用，对农业生产方案作出优化，实行清洁生产与文明消费，提升资源的利用效率，减少废弃的水、气、渣的排放，协调农业资源与农业生产之间的发展关系。保证社会经济的发展不仅能够供应现在人们的消费需求，同时不会对未来人们的发展造成一定的威胁，最终目的是使社会、经济、资源、环境与人口持续稳定地发展。

（二）农业资源可持续利用的途径与措施

1.农业资源可持续利用的原则

农业资源可持续利用，应遵循以下原则。

（1）因地制宜

每个地区农业资源的基本特征不同，特别是农业自然资源方面。在实现农业资源可持续利用方针之前，应对区域农业自然资源进行资料采集及数据分析，方能拟订农业资源利用计划与方案。

（2）利用和保护有效结合

农业资源可持续利用，并不是仅仅对农业资源的开发利用，更注重的是在利用过程中对农业资源的保护。农业资源利用的方法、规模、密度等因素，均在保护范围之内。

（3）经济效益与生态效益相结合

农业资源的利用目的是产生一定的经济效益，在追求经济效益的同时，应维持区域内原有的生态效益，或者优化生态效益。

（4）局部与整体的和谐关系

农业资源所涉及的方面杂而多，农业资源利用的目的需要通过局部性与整体性的和谐统一来实现。农业自然资源、农业社会经济资源及农业环境资源，每种资源均需实现可持续利用的目标，区域内农业资源的整体性才能完整与高效，农业资源所产生的经济效益与社会意义才能长远。

2. 农业资源可持续利用的措施

（1）完善土地使用制度

合理利用和保护耕地资源，首先需要制定完善的节约用地制度。节约用地制度体现的是一种集约的用地方法，对原耕地的用地方式以及新增用地的开发方式提出了要求。而节约集约用地机制，不仅是一套节约用地的长效机制，限制了新增用地的开发方式，同时也对新增用地的开发范围提出了要求。对建设型新增用地提出了选址要求，其选址不应对耕地造成影响。节约集约用地制度，还需要对土地资源的评价和考核提出一套指标，对于耕地资源而言，应对其种植目的、种植品种、品种年限以及产出率提出要求；对于建设用地而言，应对其建设过程监督与管理，保证区域内用地的有效性与生态型。

其次应将土地有偿使用机制进行改革，将其市场配置范围进行扩展。市场机制也就是产生市场经济效益，对于耕地资源而言，是促进节约集约用地方式的重要因素。对于耕地资源，将其国有土地有偿使用范围进行扩展；对于建设型用地，如工业用地，应将其土地储备制度进行优化，引入市场机制，有限储备盘活闲置、空闲和利用率较低的土地。

（2）大力发展生态农业

在利用自然资源的过程中，应以生态学与生态经济学作为理论依托，以全新的科学技术作为技术指导，以完善系统作为工程方案，让自然资源科学、高效地利用，实现低投入、高产出且维持生态平衡和谐发展的良好局面。

实现生态农业的快速发展，首先需要培养优秀的生态农业建设人才，指导各个区域生态农业发展的实行。其次，地区政府应在农村普及发展生态农业知识，培养村民发展生态农业意识，并将大力发展生态农业计划有组织、有条理地传达于村干部，形成政府监督村干部、村干部监督村民的紧密结构，将生态农业发展计划进行到底。只有生态农业计划实行，农业资源可持续利用的远景才能实现。在生态农业意识与计划普及的过程中，必须继续研发生态农业生产技术，比如耕地松土技术、施肥配方技术、浇灌技术等等。

（3）强化市场作用

强化市场作用，带动结构优化。农业结构优化调整应深入研究潜在市场，找准切入点，进而科学引导农民主动进行农业结构调整，避免盲目调整、被动调整、从众调整和低层次调整，防止结构趋同；建立以产区为中心的区域性批发大市场和专业大市场，通过市场的引导和带动，形成农业主导产业和支柱产业。

（4）加大资金投入，升级农业产业结构

加大资金投入，开辟融资渠道。农业产业结构的优化升级，需要市场化运作、分工明确的投融资体系，引导社会资金流向，拓宽产业结构优化的投融资渠道。首先应增加财政资金投入量，建立财政农业投入的稳定增长机制，形成稳定的财政支农资金来源；其次应加大农业银行、农业发展银行和农村信用合作社等金融单位的信贷支持力度；最后应积极引导民间资本和国外资本的投入，开发建设农业生产、加工项目。

（5）提升服务管理

改革管理体制，服务结构优化在宏观管理层面，转变政府工作职能，增强农业社会化服务功能，避免政府职能交叉、政出多门、多头管理，从而提高行政效率。在微观经营层面，应鼓励形成行业协会和大型农业企业，政府将社会职能让位于这些组织，逐渐从直接干预农业中退出。在农业政策方面，加大农业投入比重，完善农业信贷政策，建立农业专项保险制度，降低农业结构调整风险。

（6）构建农业资源核算体系

建立农业资源核算体系，从量上系统地反映农业资源的开发利用状况，以及对资源利用过程中人口、经济、环境及生态各个因素之间的内在系统性的体现，以数据的形式为资源可持续利用评价提供依照。农业资源核算体系的内容，包含了农业资源的核算方法、核算指标以及核算模型。

建立农业资源核算体系，不仅体现了农业各个资源之间的关系，同时统一规范了资源核算计量方法，使得各个区域的农业资源利用状况可统一计量，有效对比。农业资源核算体系，必须以相应的农业资源开发利用谱系作为评价指标，当核算数据超过指标则农业资源的利用状况不乐观，存在潜在危机，需要及时解决；而当核算数据在评价指标范围之内，则说明农业资源的利用具有可持续性，应保持原有的利用方式与状态，或者可进行优化利用。

（7）加强法制建设和管理

加强法制建设和管理，首先是将"一个平台、三个系统"有效实行。"一个平台"是指在建设产业集中的区域，通过产业的汇集促进生产主要元素的规模汇集和完善组合，形成竞争的有利条件及发展驱动，营造资本、技艺和英才新高地。"三个系统"，一是现代化产业系统，要求加快构建现代农业及工业主导的产业、高新技术的产业、现代服务产业和基础产业互相扶持、互助成长的产业系统，加快工业化进程；二是现代城镇系统，大力发展城镇化建设；三是自主创新系统，做好科研工作。"一个平台、三个系统"的实施内容要真真切切落实，在实际工作中还需灵活结合耕地利用相关制度，提高执法监察效果。

其次是建立立体化的监管体系。一是加强天空监管。以国家开展卫星执法监察为台阶，通过技术等提高卫星监测的密度、频率以及范围。通过卫星监测的方式，对所需关注的重点地区、重点时段以及重点项目进行实时有效的动态监测。二是加强地面落实。需要建立一套完善的动态巡查监管体系，对资源各个方面的利用监测应划分职责，明确监察任务。省、市、县要以"大管小"的模式，将巡查监管的责任落实到地区、岗位以及人，做到人人巡查监管，不留监管死角。三是加强网络化控制。通过网络系统进行监督与管理。传统的资源监管模式，是由下级主动将资源利用数据上报上级，而网络管里则可实现上级自主通过网络系统，对资源利用数据进行调查。以图纸的形式作为动态检测平台，不仅促进上级对下级工作的监管，同时可以对资源利用计划进行"批、供、用、补"全方位即时监管。

最后，国家相关部门需要有效沟通与紧密配合，如执法局、建设局、土地管理局等等。通过各部门之间的发展目标、营运计划，共同对农业资源的利用情况进行巡查、检查与监察。对违法乱盖的现象严令禁止，对顶风作案的行为严格惩罚。为促进各个部门工作的顺利进行，第一，要对农业资源的有效利用做出一番传播，有效利用的重要性、有效利用的方法等方面的知识应通过教育的方式普及；第二，各部门之间应完善其工作职责，只有各自完善了工作职责，部门之间方能实现有效配合；第三，部门工作需要保持公平、公正，对违法现象及时监察、果断处罚。第四，各个部门的监察工作需要公开透明，一方面让群众了解政府部门的工作性质、了解农业资源有效利用具备的法律意义；另一方面满足群众一视同仁之心，让群众自愿监管，自觉实行用地计划。

三、发展农业循环经济

农业循环经济实质上是一种生态经济，是对传统农业发展观念、发展模式的一场革命。发展农业循环经济，从根本意义上来说，是由农业大产业自身的特点和发展规律所决定的。宏观层面，农业循环经济是遏制农业污染，发展农业的一种机制创新，是提高农业资源利用效率的机制创新。从农业生态文明角度看，有学者认为发展农业循环经济是确保农产品安全、建设农业生态文明的最有效路径，是实现农业生态环境友好、建设农业生态文明的最佳载体。农业循环经济是建设社会主义新农村的需要，社会主义新农村的建设，需要生产发展、生活宽裕、乡风文明、村容整洁、管理民主的社会形态，这就必须营造良好的农村生态环境，农业循环经济中的原则，则是保护农村生态环境的必要条件，因此离不开农业循环经济的发展。农业循环经济是在循环经济理念和可持续发展思想指导下出现的新型农业经济发展模式，它摒弃了传统农业的掠夺性经营方式，把农业经济发展与环境保护有机结合起来，从而成为农业经济和国民经济可持续发展的重要形式。

（一）政府引导农业循环经济的必要性分析

可持续发展始终是一个动态的过程，必须不断积极探索新的实现形式以适应经济社会的发展。正是在这样的背景下近些年来各地方政府和国家有关部委都将目光聚焦在了农业循环经济，普遍认为追赶发展循环经济的时代大潮是农业可持续发展的迫切需要。

1. 农业循环经济是保持农业可持续发展的有效途径

以现代化为目标的农业可持续性要求，将循环经济与农业相结合以改造传统农业。可持续发展既是现代农业的出发点，又是其最终的目标，未来农业发展的趋势就是建立在可持续性基础上的现代化农业，农业发展的可持续性是一个内涵丰富的概念。高旺盛教授指出，主要体现为"三个可持续性"的协调发展，即，生产可持续性，保持农产品稳定供给，以满足人类社会发展对农产品的需求的能力；经济可持续性，不断增加农民经济收入，改善其生活质量的能力，主要体现于农村产业结构、农村工业化程度以及农民生活水平等方面；生态可持续性，人类抵御自然灾害的能力以及开发、保护、改善资源环境的能力。这种能力是整个农业发展与经济增长的前提，没有良好的资源基础和环境条件，常规式的现代农业就会陷入不可持续的困境之中。

然而，传统农业已不能同时满足生产可持续性、经济可持续性和生态可持续性，尤其是在保护农业资源和环境方面显得无能为力甚至产生负面影响。在我国，传统农业生产的初级产品经过加工后，作为商品开始流通，在完成使用和服务价值后，部分商品变成垃圾，加剧了农业面源污染。循环经济源于可持续发展，它是人类发展到一定阶段受自然"胁迫"后反思的结果，发展循环经济就是对可持续发展道路的探索。而针对传统农业所进行的现代化改造，正是循环经济在农业领域展开探索的时代背景和阶段特征。只有在这个特定的阶段，农业循环经济的一系列思路和理念才能在保持农业可持续性和发展现代化农业的目标中发挥最大效用。

循环经济适应农业可持续发展的内在要求，是积极、和谐地实现资源、环境与社会经济的可持续发展。农业作为直接利用自然资源进行生产的基础产业，是人类对自然资源与生态环境影响最大、依赖性最强的产业。农业可持续发展的核心是保护农业资源与环境，农业要实现可持续发展，很重要的一点就是实现资源的可持续利用，这是本质所在。农业循环经济以资源的高效利用和生态环境保护为核心，以"减量化，再利用，资源化"为原则，如畜禽养殖冲洗用水可用于灌溉农田。也就是说，农业循环经济在资源利用方面强调利用自然生态系统中各要素的特性，形成空间上多层次和时间上多序列的立体多维的资源利用系统。

2. 发展农业循环经济有利于促进农民增收

"农民收入是衡量农村经济发展水平的综合指标，是检验农村工作成效的重要尺度。农民收入增长缓慢，不仅影响农村经济的发展，而且制约着工业品市场容量的扩大，不利于整个国民经济的发展。"解决农民增收问题的思路不创新，不下大力气缩小城乡贫富差距，就不可能为我国的加工业和服务业提供大的市场，国内巨大的潜在消费能力就难以真正释放，平稳较快的经济增长就难以保持。

有利于大大提高农业资源利用率，节约农民生产性开支，变废为宝。稀缺性、有限性是农业资源的特点，在客观上要求农业各项生产活动都必须十分珍惜利用农业资源，充分开发利用农业有机资源，尽可能提高农业资源的利用率，做到"吃干榨尽"。农业循环经济通过生物之间在生态链中的各个营养能级关系，相应地使剩余农业有机资源转化为经济产品，投入农业生产过程，替代或增加新的生产要素，使农民获得经济效益，增加农民收入。

有利于适度规模化生产经营的形成，变"粗放型"为"集约型"农业生产方式。尽管生态效益和经济效益同为政府和包括农民在内的社会公众所关心，但是在市场经济条件下，一种农业模式能否得到推广，关键还是在于它能否带来经济效益。农业循环经济要求根据区域农业资源优势、产业结构特征以及废弃物特征和分布状况，实现区域范围的大循环，这无疑将加快由家庭小生产经营向集约化、规模化大生产经营方式转变，"集体化"可以提高农作物的单位产量，增加农民的生产性收入，并可以解放大量劳动力向城市和农村非农产业转移，增加农民收入的来源形式。例如在各地蓬勃发展的生态农业旅游、农家乐等都为农民致富开辟了广阔天地。促进农业生产规模化经营不仅可以降低农业生产的成本，增强农业抗风险能力，提高农业生产的经营效益，同时还可以将市场竞争中长期处于弱势地位的单个农民变为真正具有市场竞争和博弈能力的市场主体，增强农民的市场谈判能力，有效地保护农民权益，降低农民的交易成本，增加农民收入。

有利于促进农民就业，带动人力资源开发。我们依据循环经济原理来分析农业循环经济促进农村人口就业的运行机制。循环经济要求各类产业或企业间具有产业关联度或潜在关联度，能够在各产业间建立起多通道的产业链接，实现产业或企业间的能源共享；提高供应链管理水平，通过核心业务的选择和调整，进行有效的产业链整合，从根本上提高生产和服务的效率，减少能耗，提高产品和服务质量，提升核心竞争力。产业链的整合会促进产业的延伸和产业间的融合，促使第三产业向第一产业和第二产业延伸和渗透，以及工业、农业、服务业内部相关联的产业融合，提高竞争力，适应市场新需要。

因此，发展循环农业，通过产业链整合促进产业间的延伸整合，可以使内生就业机会增加，有效解决农民就业问题。农业循环经济要求农业生产是产业化的生产，形成一个良性运转的"产业链"或"产业网"。这提高了农业生产效率和人才资源配置效率，增加了农民就业机会。农业循环经济的发展还扩大了劳动密集型的园艺、畜牧、农产品加工等优势产业的规模，可以吸纳更多农村劳动力就业。

（二）政府推动农业循环经济发展的对策措施

1. 制度建设是发展农业循环经济的基础

（1）推进农业循环经济法治建设

实践证明发展循环经济的主要杠杆，一是要靠经济、价格政策，二是要靠法律法规，即法律规范机制，就是说要用立法方式加以推进，才能事半功倍。循环经济无论作为一种经济理论还是一种现实的经济模式，要在全社会范围内深入人心，要建立农业循环经济体系，实现农业可持续发展，必须建立一个强有力的法律支撑系统、一个规范的行为准则、一个明确的导向系统。发展农业循环经济是一场变革传统生产方式、生活方式的社会经济活动，需要明确的导向。没有明确的思想和价值观念为其指明方向，没有可靠的行为规范、行为准则来统一其行动，发展循环经济就会陷入混乱。因此，必须加强农业循环经济立法。也只有通过立法，才能把循环经济从一种经济理论转变为人人都能遵守的行为规范。目前，在农业循环经济发展方面，相关的法规制度还十分薄弱，因此，加快有关农业循环经济法治建设工作已经是当务之急。应建立和完善农业生态环境保护法、农业废弃物无害化处理与利用标准、绿色农产品认证制度、市场准入制度、生态农业补偿制度，以及生态农业发展的激励政策与机制。

法律具有强制和教育、引导的功能。加强农业循环经济立法，可通过发挥法律的强制作用，扭转农民陈旧落后的思想观念，提高其环保意识，使其逐渐抛弃自私自利的小农思想，用长远的眼光看问题，杜绝短期行为。同时，农业循环经济立法还可以充分发挥法律的引导功能，通过规定经济激励制度、技术支撑制度、信息服务制度及政府的职责等内容，帮助农民解决发展循环经济过程中遇到的资金、技术、信息等问题，化解发展农业循环经济可能给农民带来的风险，消除他们对发展农业循环经济的顾虑。

坚持循序渐进和因地制宜原则。全国性农业循环经济立法要兼顾我国区域发展差异条件下的不平衡性，地方性的农业循环经济立法要因地制宜，结合法律的前瞻性和可操作行，结合本地区的农业资源和生态资源情况、农业生产力发展水平，做到科学立法，增强立法的质量与效益。坚持政府引导和市场推进相结合。农业循环经济的发展要遵循市场经济规律，充分发挥市场经济所具有的市场联系、产品选择、收入分配、信息传递、经济引导与刺激、促进技术研发、供求总量平衡、促进政府执法方式转变和提高执法效能、促进贸易与经济发展等功能。但市场经济的这些功能具有互动性和自发性的特点，互动性和自发性如不受政府的合理干预就会产生市场失灵的问题。因此发展农业循环经济，必须强调政府适度的服务性、技术性和政策性引导甚至强制干预功能。在农业循环经济立法中，要把市场推进与政府引导结合起来，既要解决农业循环经济发展过程中市场失灵的问题，还要解决历史上形成的政府干预过度问题，不能越俎代庖，做一些本应由市场机制就能解决问题的事情。

坚持农业自然资源的开发利用和保护相结合的原则。自然资源是农业生产赖以发展的物质基础，丧失了自然资源，就丧失了农业的劳动对象，也就无法进行农业生产；农业自然资源遭到破坏，就会影响农业生产的持续稳定发展。因此，必须合理利用并注意保护农业资源，才能保障农业的发展，对于开发利用农业自然资源的各种活动，必须加强监督管理。按照生态经济规律的要求，合理开发利用自然资源，并在开发利用过程中，保护好农业自然资源和农业环境，是促进农业生态系统良性循环，实现资源永续利用的关键所在。

（2）建立政府经济激励机制

法律法规体系的建立和完善能够为农业循环经济的发展提供坚强有力

的后盾支持，做到有法可依，有据可循；能够规范各行为主体之间的关系。农业循环经济必须遵循市场经济一般法则，其主体是企业和农户。"经济人"的天然属性要求经济行为必须有利可图，事实上，无论是传统经济中企业的逐利行为造成的负外部性，还是实施循环经济后所形成的正外部性（生态环境效益），都可通过经济手段予以内部化。由于企业具有天然的"经济人"特性，使用经济激励可能比强制性制度获得更低的交易成本和更高的效率。

2. 政府生态服务职能是引导农业循环经济的保障

在我国现代政府范式系统中，生态服务型政府范式被视作服务型政府观念范式的具体表现形式，它是作为观念范式的"服务型政府"和作为操作范式的"生态型政府"相互嵌套和相互契合的产物。而所谓生态型政府就是指以实现人与自然的自然性和谐为基本目标，将遵循自然生态规律和促进自然生态系统平衡作为其基本职能，并能够将这种目标与职能渗透与贯穿到政府制度、政府行为、政府能力和政府文化等诸方面之中去的政府。因此，政府引导农业循环经济发展，政府本身应积极构建包括"生态服务型政府"内涵在内的服务型政府，完善政府生态服务职能。换句话说，政府生态服务的价值观念是政府生态服务实现的首要前提，也是政府生态服务实现的规则制度和操作理念及行为的内在灵魂。

从另一个角度来看，市场机制是农业循环经济运行的基础性制度机制，但农业循环经济并不是为经济而经济，它之所以优越于传统的农业经济发展方式，就在于其内含的生态价值导向。一方面是遵循市场经济的价值规律以使农业循环经济获得强大的生命力，而不至于仅仅停留于对改善环境的美好的理论想象；另一方面，存在于社会认可的经济价值背后的生态价值是农业循环经济发展模式的真正根基。正因如此，才使得农业循环经济从短期的经济利益出发，又超越经济利益而兼顾子孙后代赖以生存的生态环境。这样，政府的生态服务职能在农业循环经济生态价值发挥过程中起到关键的主导作用。一是农业生态环境作为比较典型的公共物品，具有广泛的公共意义，明显体现出社会的整体利益、公共利益和长期利益，而作为其他个人与组织都不具比较性的公共代表性的政府就必须承担相应责任。二是农业生态环境问题本身存在一定的跨区域性，其他组织和个人的合法性与强制性以及宏观调控能力都无法和政府相比拟。三是生态公民社会的成长、企业生态责任感的增强还不足以取代政府在生态环境治理中的主导地位。相反，农业循环经济相关企业的生存成长、非政府生态组织的发育发展、公民的生态治理与意识、教育熏陶还需要现代政府发挥特有的培育、倡导和组织作用。四是我国大多数公民视政府为自己依靠的依赖型政治文化环境，更是需要政府在生态环境治理中居于主导地位和发挥主要作用。

3. 引导农民积极参与发展农业循环经济

人是一切经济社会发展的主体。人的自由而全面发展，是人类社会发展的终极目标。建设社会主义新农村，人是第一资源，没有农民素质的现代化，就不可能有农业和农村的现代化。

转变农民的思想观念，促进农业循环经济理念扩散推广观念更新是发展农业循环经济的重要前提。农民的思想意识和价值观直接影响着农业经济的发展。要转变农民传统、保守的思想观念，树立循环农业发展观念，增强广大农民群众实施循环农业的积极性和自觉性，为循环农业的实施提供强大的社会基础。因此，在农业教育、宣传中，要将转变其思想观念放在首位，应适时引导他们抛弃传统的小农意识，走出安于现状、不思进取的误区，自己融入发展市场经济和建设现代农业的大潮，使之感到知识经济时代已经到来，生产劳动不再是单纯的体力消耗，而是"技能＋体能""知识＋勤劳"的复合性支出。同时，使他们明白，科技进步日新月异，世界经济发展突飞猛进，唯有不断接受教育，积极学、用现代科技，才跟得上社会发展的步伐。要加强对农民的宣传教育，增强农民的资源忧患意识和环保意识，普及循环经济知识，逐步培养起节约资源、保护环境的生产方式和生活方式。

发展循环农业，需要农业劳动者不断学习新知识、掌握新技能，这就要求农民群众树立"终身学习"的理念。当前，农村人力资源开发的一个重要任务是培养农民的学习习惯、再学习能力，培养学习型的农村社会、学习型家庭，让农民经常学习，科学劳作，增大劳动中的知识含量，通过学习指导日常工作，从而减少各种损失，提高效益。

农业循环经济是知识经济。农民群众还要树立"知识致富"的理念。21世纪知识就是经济，谁拥有了知识，谁就拥有了财富。没有知识的土地是贫瘠的，农业人类资源开发，就是要让农民掌握知识，运用知识，耕耘土地，创造财富。开发农民的潜能，在生产中，变"体力劳动为主"为"脑力劳动为主"，运用各种工具辅助劳动，运用各种知识指导劳动，知识致富。

直接面向农民群众的基础领导干部在转变农民思想观念上具有表率作用。在农村现实生活中，一旦正确的政策路线确立后，干部队伍便起着关键性作用。他们直接影响着政策路线正确实施。因此，转变落后的思想观念，首先要转变农村干部的思想观念。各级干部要以科学发展观为指导，辩证地认识知识经济增长与环境保护的关系，转变把增长简单等同于发展的观念。在发展思路上要彻底改变片面追求GDP增长而忽视资源和环境问题的倾向，树立资源意识和环保意识。要深刻认识发展农业循环经济对于落实科学发展、实现经济和社会可持续发展、全面建设小康社会的重要性、必要性和紧迫性，牢固树立农业循环经济的发展理念。

继续加大农村人力资源开发投入力度。在同等条件下，一个具有较高人力资本的农民与土地、资金结合便能够产生更多的产品，创造更多的财富，进而更多地增加农民的收入。人力资本低，产出效率必然低，从而影响农民收入。政府要加大对农村人力资源建设的投入，在经费上给予大力支持。要增加教育投资力度，继续提高国家财政的教育经费支出比重，使教育费用支持增长率高于国家财政支出增长率。鼓励社会增加教育投入，尤其是鼓励和宣传一部分富裕农民集资捐助教育，为农村教育筹集大量资金。提高个人、家庭对教育的投入。同时，政府为农民提供入学贷款，为大学生到农村创业提供融资、信贷等优惠。此外，政府也应加大对农村营业、卫生、医疗、保健等方面的资金投入，努力改善广大农村地区的自然条件、医疗卫生条件等，为农民身体素质的提高提供资金保证。

农民提高认识、转变观念、参与农业循环经济发展，需要的是信息的充分供给。政府须对现有农业信息传播体系进行集成整合，完善农业循环经济信息网络建设，提高网站质量，扩充信息量，让农民与时俱进；要加强信息标准化建设，构建智能化农村社区信息平台，促进循环农业信息资源共享和开发利用，全面、高效、快捷地为农民提供信息咨询服务；促进农村信息化进程，加快信息进村入户，把政府上网工程的重点放在村、组两级，不断提高农村基层适应市场，把握农业、科技发展前沿动态的能力，增强其参与农业循环经济发展的积极性和自觉性。

建立农民群众投身循环农业发展的激励机制。农村广大农民群众的经济参与，是循环农业健康发展的重要保证。家庭联产承包责任制在初期推行的时候，许多农村地区长期处于无人管状态，农民各自为政，农业生产无序，水利、机耕路长期失修，农田高度分散得不到有效整治，农业资源得不到充分有效利用，农业生产环境出现恶化的现象，尤其在集体经济完全瓦解的贫困乡村更是如此。发展循环农业，号召农民加入循环农业生产，除依靠农民自身的觉悟及个体积极性以外，还须通过农村社区、乡村集体以及农民自己的合作组织，建立一套激励机制与规章制度，把农民群众吸引到循环经济发展道路上来。

一是建立村规民约，实行环境保护责任制，规范村民的生产生活行为，提高广大农民群众的生态意识，引导他们进行积肥还田，对生产生活废旧物品进行分类收集和处置，使人人养成良好的生产生活习惯，推进农村循环型社会形成。二是设立乡村社会收旧利废中心或回收站，对乡村居民废弃物进行有偿回收利用。三是设立乡村社区循环农业技术服务社，推进循环农业技术入户，为村民提供循环技术利用辅导。四是在物质和精神上，对努力实践资源循环利用的村民进行激励，给予他们一定的生产、生活、养老、医疗、设施建设投入等补助。五是投资乡村基础设施建设，资助村民兴建沼气池、地头水柜以及太阳能、风能、水能、地热等节能设施，科学进行改水、改厨、改厕，促进广大乡村居民充分利用生产生活人、财、物力资源以及时间、空间，建设新村，改变旧貌。

4.完善农业循环经济技术推广服务体系

农业循环经济技术推广体系对于农业新技术的大面积推广应用所起的作用是无可替代的，进一步推动循环农业科技进步，必须对农业技术推广服务体系进行优化，完善其农业技术推广功能，促进农业科技成果向农业生产力转化。循环农业科技推广体系具有不可替代的公益性职能，承担着农业科技成果转化、实用技术推广应用和指导、组织农业标准化生产、推动无公害及绿色食品发展、加强农业质量检验监测以及开展农民素质培训等重要职能，是实施科技兴农战略的主要载体和推进农业技术成果产业化的基本力量。由政府建立一支履行公益职能的推广队伍，是我国循环农业技术成果产业化的客观需求，也是各国农业发展的共同经验。因此应首先强化政府事业单位作为循环农业技术推广主体的作用，在此基础上建立健全由科研部门、高等院校、科技企业、农民合作组织、科技示范户等多个主体共同构筑的多元化农业科技推广网络体系。

四、农业的产业化经营

农业产业化经营其实质就是用现代科技改造传统自给自足的小农业，用管理现代工业的办法来组织现代农业的生产和经营。农业产业化经营必须是以家庭联产承包责任制为依据，以农户为基础；以国内外市场为指向标，运用市场自有机制调节农业生产；以经济效益为中心，不仅是提高农业产业化经营组织的经济效益，更要带动农户的经济增长，通过规模化经营，使双方都获得规模经济；依靠龙头企业或中介组织的带动作用，使农业再生产过程中的产前、产中、产后等多个环节形成一条产业链，建立一个"利益共享，风险共担"的完整农业产业经营体系的农业产业组织形式和经营方式。

（一）农业产业化经营的兴起

1.农业产业化经营是社会主义市场经济发展的必然产物

第一，农业生产向广度、深度发展，必然要求优化农业资源配置，提高农业生产要素的利用率。优化资源配置，就是在工农业之间、地区之间、农业主体之间配置有限的资源。资源配置得好，农业生产效率就高，生产发展就快；反之，效率就低，发展就慢。农业产业化就是遵循市场经济规律，以市场为导向，利用深层机制优化配置资源，最大限度地发挥农业资源的效力。

第二，农业产业化经营就是在经济价值规律的作用下，合理配置城乡资源，促进深层要素的优化组合，从而通过产业统筹，推进城乡经济社会统筹协调发展，推进农村城镇化进程。产业链各主体之间合理利用各种资源，节约人力、财力，是提高资源利用率和劳动生产率的有效途径。

第三，农业专业化分工需要进行农业产业结构调整，进而推进农业产业化经营的形成。在市场经济体制下，农业企业要对投资的最终效果负责，这就迫使决策者必须深入市场调查，密切关注市场动态，根据市场需要来决定投资的方向和规模。作为宏观管理者的政府，也是根据市场供求关系变化的信息来制定调控政策和措施，使调整的决策易与实际市场相吻合，这就可以有效地减少和避免产业发展的盲目性，使农业产业结构大体上能保持动态的协调平衡，从而推进农业内部专业化生产的提高，进而推进农业产业化经营的发展。

第四，农业向现代化迈进，呼唤组织制度创新。社会生产力的发展和进步客观上要求社会生产方式不断调整和变化，农业产业化经营是适应市场经济发展要求的农业生产经营组织形式和制度的进步，是社会生产力和生产关系矛盾运动的必然结果。

2. 农业产业化经营是产业发展的必然趋势

经济发展的重要前提是产业结构优化，而产业结构优化需要具备两个基础条件，一是产业结构优化设置应适应其自身演进规律，二是产业结构优化调整应以其自身变化趋势为基础。产业结构从低级到高级演化是在特定条件下存在的一种必然趋势。

长期以来，农业之所以属于弱质产业，是因为农业仅限于从事初级产品生产；滞留隐患性失业即剩余劳动力过多。农业产业化经营通过发展集约高效的种养业、农产品加工业和运销业，延伸和扩展产业链，可以吸纳相当多的农村劳动力就业，创造价值，增大农产品附加值。同时，城市里的农产品加工业及其他劳动密集型产业向农村转移，为农村发展第二、第三产业提供更多机会。乡镇企业以着重发展农产品加工业和运销业为战略方向，适当集中，并与小城镇建设结合，从而形成众多的强有力的经济增长点，转移更多的农业劳动力。在相同条件下，农业占用劳动力越少，农业劳动生产率就越高，这是现代农业发展的一般规律。现代科学技术普遍地运用于一体化系统再生产的全过程，使农业生产率增长超过工业生产率增长，大大提高了农业的比较效益，为农业由弱质产业向强势产业转变创造了广阔的空间和现实的前景。各地先行者们取得的良好绩效，以雄辩的事实证明，农业产业化经营是高效益的，农业可以转变为强势产业。产业发展理论给农业产业化经营发展提供的理论依据是：农业产业化经营是推进农业由低级向高级进步的重要手段，产业的发展规律要求农业产业化经营必须站在现代经济的角度发展农业。

3. 农业产业化经营是农村改革与发展中矛盾冲突的必然结果

由于农业产业化经营发端于农产品"卖难"，根源在于农产品流通体制。所以，分析农业产业化经营要从农产品流通体制剖析入手。我国的农产品经过短短几年的自由购销形式之后，政府相继提出统购统销、合同派购、议价收购等政策。实际上，国家在较长的一段时间内一直把统购、议购、派购作为农产品收购的基本形式，再加上国家统一销售、调配农产品，这就形成了传统农产品的产销形式。

这种高度集权的农产品购销政策是国家在特殊的历史背景下采取的特殊政策，对于国家掌握必要的物资，稳定市场物价，保证人民生活的基本需要和进行社会主义建设都发挥了重要的积极作用。但由于这种购销体制违反了自愿原则和等价交换原则，暴露出对农民和经营者统得过死等弊端，不利于发挥他们的主观能动性，严重损害了农民利益。

家庭联产承包责任制的提出与实行，重建了农户经济，确立了农户作为农村市场经济微观主体的地位。这极大地解放了农村生产力，使中国农业实现了巨大的飞跃。同时，农产品统派购制度已缺乏存在的基础，成为约束农村经济发展的一个因素。购销体制改革成为国家的必然选择。国家经历了一系列改革，农产品购销全面进入市场化的新阶段，农产品购销政策和形式形成了以市场购销为主、合同定购为辅的新格局。全国取消合同定购，对粮食收购实行保护价制度，敞开收购。但随之也发现了新的问题：与农村经济市场化程度的提高、农产品消费市场的扩大以及农户生产组织的日趋健全和稳定相对照，农产品流通主体结构的改革还是大大滞后于生产经营制度的变革和消费结构的转换，也滞后于商品流通体制中价格体制和购销体制等方面的改革。这种滞后性突出表现为两大问题：一是千家万户分散的小生产和越来越连通一气的大市场之间的矛盾，真正能代表农民利益把农户和市场连接在一起的流通中介组织严重不足，在很大程度上是农民自己去销售自己的农产品。再者，由于传统农业以追求高产为目标，对农产品的市场需求及与此相联系的产品质量和经济效益考虑不够，再加上农作物集中产出与均衡消费的内在矛盾，随着农产品供给形势的好转和社会需求结构的变化，农产品的产销矛盾变得日益突出。农户面对瞬息万变的市场，始终无法摆脱"买难""卖难"的交替困扰。二是农业的生产率和比较效益都较低，使农业在整个市场竞争中处于弱势地位。集中表现在农业生产方式落后，对农业的资金、技术投入不足，产品科技含量低，多数农产品还处于卖原料阶段，加工增值利润外溢，产业链条短，难以形成专业化生产，农业增产不增收，阻碍着我国农业和农村经济整体继续向前推进。

为有效解决上述问题，必须有一种符合社会主义市场经济要求的能够整体推进农业和农村经济改革与发展的思路。一方面，为了增强农户抵御自然和市场双重风险的能力，除对原有的流通系统进行改造重组、打破其封闭性、增强开放程度外，还必须培育新的流通组织，把分散的家庭经营同集中的市场需求有机联系起来，引导、组织和带动农户进入市场，帮助农户克服自然风险和市场风险，促进小生产向社会化生产转变。另一方面，还必须创造一种崭新的经营方式，把分散的小规模生产与健全的社会化服务结合起来，以形成不改变家庭经营格局的规模经营和规模效益；把传统的生产方式与现代的科学技术融合起来，以加速农业现代化进程；把农产品生产与农产品加工、运销联结起来，以提高农业的综合效益增加农民收入。在这样的背景下，农业产业化经营应运而生，它是我国农村的又一个伟大创举，在农业生产、流通、增产、增收等方面发挥了巨大作用。

（二）农业产业化经营存在的主要问题

从总体上看，我国农业产业化经营还处于初期阶段，制约农业产业化发展的因素还不少，主要表现在以下五个方面。

1. 龙头组织整体竞争力不强

一是规模小，竞争力不强。二是加工率低，粗加工多，精深加工少，项目单一、趋同，低水平重复建设，农业产业链条短，农产品加工率较低。三是农产品加工增值少。四是装备落后。五是龙头企业实力弱，牵引力不强，辐射带动面小，农业产业化经营的实际参与度较低。

2. 参与农业产业化经营的程度低

当前，农业产业化经营的实际参与人数较少，并没有较多的农户能够通过该途径实现收入增加。农民专业合作经济组织发展缓慢，聚合效应差，中介桥梁作用没有很好发挥。目前加入各类合作组织的农户在全国农户总数中的占比没有达到预期，其中与农民专业合作经济组织相关的有较大一部分是没有产权关系的松散型自我技术服务性团体，难以适应市场经济发展的经济全球化趋势。

3. 运行机制不完善

在农业产业化经营组织系统内，管理不规范，相当多的龙头企业产权关系不明晰，龙头企业中一股独大十分普遍。龙头企业与农户的利益机制不健全，利益分配不合理，多数农户仍只享有出售原料的收入，而未享受农产品加工增值的利润，背信弃义的毁约现象时有发生。企业直接面对小规模分散经营的众多农户力不从心，而千家万户农民与企业合作常常处于不利的交易地位。

4.政府扶持力度不够

农业产业化经营是关系到农村经济能否大发展的一场革命，它既是一个农村社会生产力配置和布局问题，又是一个农村经济的组织形式问题；既涉及生产力，又涉及生产关系。农业产业化经营组织是幼小的产业组织，要求打破地域、行业、所有制界限，对农村生产力配置进行重新组合和优化配置，这样大的一个系统工程，没有政府的正确引导和有力扶持是难以壮大的。政府对农业产业化经营的支持力度不够，特别是财政、金融方面的支持不大，对农业产业化经营组织的指导方式不适应市场经济的要求，在工作指导和服务上还存在着部门分割、地域分割、管理体制不顺等问题。有的地方还仅仅把农业产业化经营作为一种时髦口号停留在口头上，没有切实制定出扶持措施。有的地方甚至人为夸大业绩，搞人造"一条龙""拉郎配""一刀切"。有的政府机构干预农业产业化经营组织的具体生产经营活动，为政绩而盲目决策。这些做法严重损害企业、农户利益，使生产要素得不到优化配置，对农业产业化经营的发展造成了负面影响。

5.农业产业化经营人才短缺

科学技术是第一生产力，科教兴农是我国实现农业现代化的根本途径和最佳选择，也是农业产业化经营的又一重要支撑。农业产业化经营是由传统农业向现代化农业转变、粗放经营向集约经营转变的重要组织形式，它的每一步发展都离不开科技进步和教育的支撑，而要使科学技术转化为生产力，使科研成果得以尽快推广，都离不开高素质人才。而我国目前农民素质状况却影响了科技进步的步伐，使得我国农业先进技术推广受到很大制约，主要表现在重大科技成果转化率低，农业生产经营呈粗放型增长，农产品品质差，竞争力弱等。

（三）农业产业化经营的运作规律及经验

总结农业一体化发展历程，分析各种不同类型的发展模式，一些基本经验和共同规律值得借鉴和遵循。

1.农业一体化发展的条件

农业一体化的发展是有条件的，它是生产力发展到一定阶段的产物。这些条件包括以下几个方面。

（1）市场经济是农业一体化发展的体制条件

在一体化的体制中，市场体制主要在三个方面发挥基础作用。首先，通过市场调节生产要素的优化组合。分布在城乡之间、工农之间以及各种所有制实体中的生产要素，在利益驱动下，借助市场这个载体发生流动和重新组合，再造市场的微观基础，形成新的经济增长点，在经济增量的增值作用下，推动农村经济以及国民经济加速发展。其次，通过市场体系衔接产销关系。一体化经营打破了地域、行业和所有制等壁垒，以市场为纽带，把初级产品的生产、加工和销售诸环节联系起来。各方面在结构和总量上都能有规则地照应起来，从而提高了农村经济增长的质量和经济运行的稳定性。最后，通过市场机制来调节各方面的既得利益，从根本上扭转"生产亏本，流通赚钱"的不合理分配格局。

（2）社会生产力发展水平是农业一体化发展的生产力条件

由于社会生产力发展到一定水平，社会分工分业进一步细化，产业间的相互联系、相互依赖性进一步增强，协作、联合的重要性显得更加突出，从而产生了对农业一体化的强烈需要。农产品加工业和农产品购销成为独立的产业部门，现代技术装备和管理知识的广泛运用，则为农业一体化发展提供了必要的物质技术基础。农业生产专业化、社会化、规模化、集约化是农业一体化最根本的内在条件，其中起关键作用的是农业专业化。随着农业生产力的不断发展，专业分工的不断细化，农业不仅与产前阶段和产后阶段的联系越来越紧密，而且内部分化出越来越多的行业和部门，彼此之间相互紧密衔接，从而形成一个包括从农用生产资料的生产和供应，到农业生产全过程，再到收购、储运、加工、包装和销售各个环节在内的有机体系，组成产业组织生态系统，并通过规范运作形成良性循环。

规模化、集约化生产是农业一体化发展的必备条件。若非如此，产品形不成批量规模，就会因为交易成本高、组织成本高、竞争力弱，难以在现代市场上站住脚跟，更难以加入农业一体化的社会化大生产中去。

至于农业生产专业化（包括区域专业化、部门专业化、生产经营单位专业化和工艺专业化），在农业一体化中更具有核心作用。这是因为它不仅从根本上极大地密切了有关企业的联系，而且它能把各个生产单位分散的小批量生产转化成专门行业的大批量生产，从而大大提高生产率，这对于采用专用机械设备和先进工艺提高农业的规模化和集约化程度极为有利。

农业生产的自然特性和农产品的生物特性是影响农业一体化发展的重要因素。在同样的市场经济条件和生产力水平下，为什么农产品对产加销一条龙的要求比工业品强烈？原因在于农业再生产的自然特性。第一，农业不仅要承担市场风险，而且要承担自然风险，加上农业在劳动生产率上与工业的客观差别的历史积淀，单纯农业生产天生具有弱质性，这就要求对农业生产必须进行特殊的保护和倾斜扶持。第二，农业具有生产周期长、市场供应量调整滞后的特点，而农产品需求是常年不断、瞬息万变的，这就增加了供需衔接的难度，一旦发生供需失调，将导致波动期长、波幅大，使生产和市场风险增强。第三，农业生产具有分散性特点，空间跨度大，而商品化消费往往相对集中，独立的小生产者和经营者难以做到产、加、销的有效衔接。所有这些，都使得农产品比工业品更强烈地要求农业开展一体化经营，通过提高三大产业间的组织协调力度，维护农业再生产的持续发展。

同样是农产品，为什么有的产品一体化程度高，有的产品一体化程度低？原因在于农产品的生物特性。首先是生鲜产品，易腐易烂，保鲜期短，从生产出来到最终消费必须在极短的时间内完成。其次是活销产品，受生物成长规律的制约，有特定的适宜产出时间，而这一时间与市场需求时间并不总是一致。当市场供不应求时，适时产出，就会卖得快，卖个好价钱；而当市场供过于求时，产品就会出现卖难，价格下跌；如果为适应市场晚产出、超期饲养又会造成亏损运行。因此，对于鲜活产品，促进产加销紧密结合，避免多环节周转，缩短流通时间，加快信息反馈，及早应变调整，具有十分重要的意义。这就是鲜活农产品一体化程度往往高于其他农产品原因所在。

同一种农产品系列，为什么有的品种一体化程度高，有的品种一体化程度低？原因在于这种农产品的内在特质不同。农产品的标准化生产是从工业生产引出的新概念。虽然农产品的标准化程度可能永远赶不上工业品，但为了适应农产品加工和消费的特定需求，在现代科学技术的支撑下，加快了农业生产标准化的进程。科技的突出贡献在于培育出了一批具有特定内在品质的优良作物品种，即在特定的蛋白质和油料成分含量等方面不同于一般谷物，且生产过程也与众不同。比如含油料成分多的油菜籽、加工用的低农药大豆、在加工阶段可以减少砂糖使用量的小麦，还有保存时间长的土豆等。由于这些产品有特定用途，生产成本一般比较高，在生产之前决定加工方式和发货对象，实施一体化经营比一般谷物具有特别的重要性。

市场经济体制的确立是农业一体化发展的体制基础，而"非市场安排"则是必不可少的制度条件。农业一体化必须建立在市场经济体制的基础上，并不是说计划作为一种调节手段没用了，农业一体化内部的"非市场安排"仍然是必不可少的制度条件。

早期的资本主义市场经济是建立在完全私有、自由放任的经济学基础上的。由于农业的自然再生产特点和农产品需求弹性较低，一、二、三产业间的劳动生产率差别客观存在，农业难以获得社会平均利润率，产业之间矛盾日益激化，农产品价格不稳、经济危机困扰着所有企业。面对这些问题，自由经济学一筹莫展。这时以凯恩斯为代表的一批经济学家提出了实行混合经济体制的理论，主张国家干预农业，承认非市场安排。事实也是这样，农业一体化最初都是在抗御中间资本剥削的旗帜下组织发展起来的。在一体化内部也正是通过一定程度的非市场安排，协调三大产业间的关系，实现利益的合理分配，从而塑造一体化长久发展的合理模式。

市场需求是农业一体化发展的又一重要影响因素。农业一体化基本上是在农产品供应丰富以后的经济现象，发展的关键因素在于农产品的市场需求，即市场需求决定着农业一体化的发展速度和程度。没有充分的市场需求，一体化经营就无利可图，更谈不上利益在产业间的合理分配，农业一体化这列火车就会因为缺乏动力而跑不起来。市场需求取决于消费需求。消费需求多样化的迅速发展能为农业一体化发展提供广阔的市场空间。消费结构的趋新和消费市场的变化，对农产品深精加工、系列开发提出了迫切要求，从而为延长产业链、发展农业一体化提供了强大的发展动力。

2. 农业一体化发展的一般规律

农业一体化进程受农产品的生物特性和市场需求等多种因素影响。纵观发达国家农业一体化的发展过程，可以总结出它的演进规律，即农业一体化的发展路线：农业生产专业化—规模化—产业化。

农业专业化包括地区专业化、部门专业化、企业专业化和环节专业化。地区专业化是指在一个地区专门生产某种或几种农产品。也就是要依据经济效益原则，在空间上合理配置农业资源，充分发挥各地区的自然条件和经济条件。农业部门专业化，指在某一地区或企业内以专门生产某种或某几种农产品作为主导部门，重点发展。主导部门代表一个地区或企业的发展重点、发展方向。产品专业化和工艺专业化是在部门专业化的基础上发展起来的，是专业化的高级阶段。农业专业化与规模化经营相辅相成。专业化把多种经营条件下各个生产单位分散的小批量生产转换成专门企业的大批量生产，这就有利于采用专用机械设备、先进工艺及科学的生产组织形式与管理方式，从而增加产品产量和降低成本，发挥农业规模经营的经济效益。伴随农业生产专业化程度的提高和农业经营的规模化生产，客观上要求发展工业、商业、运输业和各种服务业，并实行农工商综合经营或农业一体化。因为专业化大大密切了农业与其关联产业的联系，如果不同它的前后作业保持衔接，它的生产、经营就会中断。此外，大规模的商品生产要以大规模的市场容量为前提。而市场对初级农产品的需求弹性是很低的，只有通过延长产业链，不断对农产品进行多层次的深加工和精加工，才能扩大市场需求，增大市场容量，提高产品附加值，从而增加农民收入。由此可见，规模化的商品经济发展过程，也就是由多种经营到混合的部分专业化，再到单一的生产高度专业化的过程。这个过程表明，农业专业化发展到一定程度，必然导致农工商一体化经营形式的出现。这是符合农业生产关系的发展规律变化的。

农业一体化受生产力发展水平的制约，在地域上一般遵从由经济发达地区到次发达地区，再到欠发达地区的递进次序。

在同等条件下，受农产品生物特性和市场需求弹性的影响，农业一体化在行业上一般遵从由畜牧水产业（特别是乳业）到果蔬产业，再到大田作物的递进次序。

受农产品内在品质的影响，对于同一种农产品，农业一体化一般遵从由特质品种向一般品种的递进次序。

农业一体化的演进方向是一体化程度由低到高不断向前推进。这是由生产力由低到高、社会分工由粗到细的发展走向所决定的。

农业一体化的系统功能大于每一部分单独功能的简单相加，形象地讲就是"1+1+1＞3"。农业一体化、产加销一条龙不是几个单元的简单相加，而是一个相互联系、相互衔接的协作系统，各联合单位之间过去的自由买卖、相互割裂关系日益被一种有组织、有计划、相对稳定的市场关系所代替。这种体制通过内部统筹安排，不仅减少了中间环节，降低了交易费用，而且能够扩大生产要素的优化组合范围，实现优势互补，提高资源配置效率，从而产生整合和协同效应。

3. 推行农业一体化经营的基本做法

确立"以工补农"的发展战略，建立有利于农业一体化发展的投入和积累机制。适应市场经济体制要求，加快生产、经营和服务方式的转变。在生产规模逐步扩大的基础上，实行地区、农场、部门和生产工艺的专业化。通过向关联产业延伸，同关联产业协作、联合，实现经营一体化。按专业化、一体化要求，建立产前、产中、产后全程服务的社会化服务体系，从而大大提高农业劳动生产率和经济效益。强化政府扶持力度，制定健全的促进农业一体化发展的基本政策和法律保护体系。

4. 农业产业化经营的经验和启示

农业一体化在市场经济发展实施中具有较多的实践，是改造传统农业的有效形式。在它们的实践中，有许多经验值得借鉴。

（1）在农村中发展农业一体化

在农业一体化发展过程中，尽可能把农业的产前、产后服务部门建在农村，并在村镇建立一体化公司或合作社。一些产前、产后企业通过农业的中间消费来影响农业，通过它们组织培养农民，使农业生产标准化和商品化；通过它们把广大农村与城市连接起来，推进城镇化；通过它们促进农业市场化和科学化，使农民完成从单凭经验到依靠科学，从盲目生产到产供销协调发展的全面转变。

（2）在调整农业结构中推进农业一体化

在市场需求拉动下，建立了以畜牧业为主的产业结构，由于畜牧业之间的产业关联效应强，有力地带动了种植业和食品加工业的发展，能够使食品加工业成为农业一体化中最重要的工业部门。

（3）在形式多样的载体中推进农业一体化

农业一体化的组织形式不能一味追求农工商完全的垂直一体化。在多数部门，按产品加工的产业链条扩展产业化经营组织，并按合同生产是主要且比较有效的形式。

（4）在强化农业社会化服务中推进农业一体化

对于产业一体化的建设而言，农业社会化服务是其中重要的一环。一体化经营中的农业社会化服务一般是通过合同方式稳定下来的紧密性服务，而且，无论是公司、企业还是合作社都在使农业服务向综合化发展，即将产前、产中和产后各环节服务统一起来，形成综合生产经营服务体系。在农工商综合体系中，农业生产者一般只从事某一项或几项农业生产作业，而其他的工作都由综合体提供的服务来完成。

（5）在政府的政策引导中发展农业一体化

政府在农业一体化发展中充当了重要角色，起到积极的推动作用。政府作为政策制定者、市场经济的维护者，按着各自既定的政策目标，实施针对性的措施、规划等，达到了不断改善农业经营、提高农民收入的目的。

（6）建立一个合理的农业产业化经营管理体制

把农业生产、加工、销售相关联的一、二、三产业集中起来建构一系列优化的经济组合，以扩展农产品转化增值，提高农业比较效益，这是一体化经营的实质。它涉及多个产业部门、多种类型企业、工农关系、城乡关系等，是一个很复杂的体系，能否顺利发展，取决于彼此间的互相协调、促进。同时，产业间、部门间、企业间的资源配置受价格机制调控，政府能否给与政策倾斜、协调计划与统一管理，对推动一体化农业的发展十分重要。因此，应建立与现代市场经济发展相适应的农业产业化经营的管理体制，包括农用物资制造和供应、农业生产、农产品收购、储藏、保鲜、加工和综合利用，以及农产品和加工品的销售、出口等统一的一体化管理体系及其相应的政府上层和基层管理体制。

第二节　互联网时代现代农业发展迎来重大战略机遇

一、"互联网+"现代农业发展环境将持续向好

"互联网+"现代农业工作作为促进农业发展的重要部分，将深度融合，"数字中国"建设对其具有十分重要的推动力，农业物联网等信息技术应用

比例、农作物测土配方施肥技术推广覆盖率、绿色防控覆盖率、农村互联网普及率、信息进村入户村级信息服务站覆盖率等指标将大幅提升；新兴业态将不断涌现，农产品网上零售额占农业总产值比重也在不断地提升；美丽乡村建设、新型农民培训、大众创业创新将取得显著成效，农村将成为令人向往的地方，农民将成为令人羡慕的职业。天上不会掉馅饼，努力奋斗才能梦想成真。在"互联网＋"快速发展的风口期，在现代农业发展的重要机遇期，中国农业发展依然面临诸多挑战，在机遇与挑战面前，中国农业如何迎风起飞、安全落地，需要更多农业建设者们的冷思考、热处理和深谋划。

当前信息化引领农业创新、构筑发展优势的重要战略机遇期，是我国信息化与农业现代化深入融合的关键窗口期，"互联网＋"现代农业在发展环境、技术创新、产业业态和创新创业方面将发生深刻变化，对我国农业的转型升级带来深远影响。

二、"互联网＋"现代农业技术创新步伐将不断加快

在信息社会，"互联网＋"、物联网、大数据、电子商务等新技术的更新换代将日益加快，驱动网络空间从人人互联向万物互联演进，使得数字化、网络化、智能化成为技术演进的重要趋势。

农业物联网技术的发展将引发我国农业生产智能化全新的变革。农业物联网的广泛深层次应用，能够促进农业生产方式向高产、高效、低耗、优质、生态和安全的方向转变。现代农业的需求和当代社会的发展决定了我国农业物联网的发展将呈现出以下趋势。低成本、小型化与移动性感知设备成为农业物联网应用的关键。目前，农业中应用的传感器件，大多成本高、耐用性差、使用频率短，而将来平板电脑、智能手机、定制设备等智能移动传感设备将向着低成本、操作简便、功能强大等方向演进，这也将决定农业物联网产品在多大范围内普及应用。智能化数据处理成为农业物联网发展的前沿。物联网的核心是对数据的处理和分析，并最终用来辅助人类的决策行为。而数据的分析处理涉及人工智能、概率论、统计学、机器学习、数据挖掘及多种相关学科的综合应用以及计算机建模与实现，是当代信息技术的核心与前沿，是"智能化"的源泉和动力，只有实现了智能的数据处理，农业物联网才能真正地展现出其巨大潜能。与时间和空间要素的结合成为农业物联网扩展应用的重点。时间和空间特征是农业系统的固有属性，离开了时间和空间要素，农业数据和信息的处理就会发生偏差和谬误。未来农业物联网应用系统必将实现与时空信息的集成与融合，实现灵活的时空信息环境下的数据分析与处理，提高农业决策的精确程度。统一的应用标准体系将成为农业物联网的基础。相关工作标准、管理标准和技术标准的缺乏，已成为影响农业物联网发展的首要问题和制约物联网在现代农业领域发展的重要因素。

大数据技术创新将驱动农业监测预警快速发展。农业大数据科学对数据处理、模型系统和服务能力建设等方面提出了挑战，亟须开展以下技术研究。第一，大数据基础理论研究。亟须围绕数据科学理论体系、大数据计算系统与分析理论、大数据驱动模型应用等重大基础研究进行前瞻布局，开展数据科学研究，引导和鼓励大数据理论、方法及关键技术在农业上开展探索应用。第二，海量数据标准化组织管理技术。完成海量数据的存储、索引、检索和组织管理，突破农业异质数据转换、集成与调度技术，实现海量数据的快速查询和随时调用，实现耕地、育种、播种、施肥、植保、农产品加工、销售等环节数字、文字、视频、音频等不同格式、不同业务载体数据标准化统一化组织管理。第三，构建安全可靠的农业大数据技术体系。加强农业农村海量数据存储、清洗、分析发掘、可视化、安全与隐私保护关键技术攻关，围绕病虫害综合防治、粮食产量预测等重点领域，形成农业农村大数据应用产品和应用模式。

三、"互联网+"现代农业新兴业态将不断涌现

农村改革持续推进，"互联网+"新业态不断涌现、数字红利持续释放，成为"后金融危机"时代经济可持续发展的重要新引擎。今后"互联网+"将与农业电子商务、农业生产资料、休闲农业及民宿旅游、美丽乡村建设等深入结合，催生出大量新产品、新业态，为农业转型升级注入强劲驱动力。

"互联网+"农业电子商务，催生农业经营新模式不断涌现。电子商务是网络化的新型经济活动，是推动"互联网+"发展的重要力量，是新经济的主要组成部分。随着运用互联网开展经营的农民和新型农业经营主体数量大幅上升，农业电子商务将广泛渗透到农业生产、流通、消费等领域，进入高速增长阶段。以销定产模式、直销模式、预售模式等新兴的经营模式将改变传统的农产品销售形式，打破农产品市场的限制，让农业经营更加便捷畅通。

"互联网+"乡村旅游，将促进农村绿色生态发展和农民持续增收。"互联网+"乡村旅游将成为解决"三农"问题最直接有效的途径之一。"互联网+"乡村旅游将从更广更深的范围催生众多新兴业态和商业模式。一是通过对农村资源、生态、环境的监测，促进生态环境数据共享开放，加快将生态优势转化为经济优势；二是通过互联网推进特色乡村旅游景区推介、文化遗产展示、食宿预定、土特产网购、地理定位、移动支付等资源和服务在线化，将进一步加快乡村旅游资源的开发、民宿旅游经济的发展和农民的增收。AAAA级以上景区已经实现免费Wi-Fi、智能导游、电子讲解、在线预订、信息推送等全覆盖，可以预见随着农村信息基础设施的完备，"互联网+"将把农村的绿水青山，变成农民增收的金山银山。

四、"互联网+"现代农业创新创业将大有可为

互联网日益成为引领创新、驱动转型的先导力量，"互联网+"现代农业和新农民创业创新大有可为。

"新农民"群体的涌现让"农民"成为体面、有尊严的职业。虽然农村永远不会比城市繁华，但农村的绿水青山却比城市的钢筋混凝土更让人亲近。越来越多的农民工、大中专毕业生和退伍军人，甚至是商界精英、海归人士开始返乡从事农业创业创新，成为"新农民"，这个群体具有互联网的思维、受到了工业化的训练，懂得现代信息技术、能够触网营销，借助互联网的力量和信息技术的作用，鼠标轻松种田代替了"一滴汗珠摔八瓣"的辛苦劳作，互联网直销预售代替了"走街串巷赚吆喝"，"机器换人"也正在逐渐成为现实，越来越多以"泥腿子"为标志的农民将会过上"十指不沾泥"的生活。"互联网+"新农民，改变了传统农业的发展模式，推动了农业农村信息化水平不断提升，让广大农民群众在分享信息化发展成果上有更多获得感，让"农民"从身份称谓回归到了职业称谓，越来越成为令人羡慕的职业。

农民创新创业将拥有广阔空间。一是创业人数越来越多，创业新热潮正在形成。二是农村广阔的天地为创新创业提供了基础支撑。乘着"互联网+"发展浪潮，特色种养业、农产品加工业、休闲农业和乡村旅游、信息服务、电子商务、特色工艺产业将释放巨大的发展潜力。互联网催生的经济新模式，让农民在信息时代的创新创业中共享现代化的发展成果。

第三节　互联网时代现代农业发展应对措施

推进"互联网+"现代农业是党中央、国务院做出的重大决策，是顺应信息经济发展趋势、补齐"四化"短板的必然选择，是全面建成小康社会、实现城乡发展一体化的战略支点，对加快推进农业现代化、实现中华民族伟大复兴的中国梦具有重要意义。"互联网+"现代农业是一项庞大的系统工程，需要加强顶层设计、组织管理、重点任务、人才队伍等方面系统谋划、统筹部署、协同推进。

一、加强顶层设计，强化组织领导

加强顶层设计，加快统筹推进。全面贯彻农业农村经济工作新理念，主动适应把握引领经济新常态的大逻辑，紧紧围绕推进农业供给侧结构性改革这一主线，进一步完善"互联网+"现代农业的顶层设计、细化政策措施。遵循农业农村信息化发展规律，增强工作推进的系统性、整体性，统筹各级农业部门，统筹农业各行业各领域，统筹发挥市场和政府作用，统筹发展与安全，立足当前、着眼长远，上下联动、各方协同，因地制宜、先易后难，确保农业农村信息化全面协调可持续发展。

加强组织领导，推进协作协同。建立"互联网+"现代农业行动实施部际联席会议制度，统筹协调解决重大问题，切实推动行动的贯彻落实。联席会议设办公室，负责具体工作的组织推进。建立跨领域、跨行业的"互联网+"现代农业行动专家咨询委员会，为政府决策提供重要支撑。瞄准农业农村经济发展的薄弱环节和突出制约，把现代信息技术贯穿于农业现代化建设的全过程，充分发挥互联网在繁荣农村经济和助推脱贫攻坚中的作用，加快缩小城乡数字鸿沟，促进农民收入持续增长。

加大实践探索，注重经验总结。各地区、各部门要主动作为，完善服务，加强引导，以动态发展的眼光看待"互联网+"，在实践中大胆探索创新，相互借鉴"互联网+"融合应用成功经验，促进"互联网+"新业态、新经济发展。有关部门要加强统筹规划，提高服务和管理能力。各地区要结合实际，研究制订适合本地区的"互联网+"行动落实方案，因地制宜，合理定位，科学组织实施，杜绝盲目建设和重复投资，务实有序推进"互联网+"现代农业行动。

二、完善基础设施，夯实发展根基

加快实施"宽带中国"战略，建成高速、移动、安全、泛在的新一代信息基础设施。大力推进以移动互联网、云计算、大数据、物联网为代表的新一代互联网基础设施的建设。以应用为导向，推动"互联网+"基础设施由信息通信网络建设向装备的智能化倾斜，加快实现农田基本建设、现代种业工程、畜禽水产工厂化养殖、农产品贮藏加工等设施的信息化。构建基于互联网的农业科技成果转化应用新通道，实现跨区域、跨领域的农业技术协同创新和成果转化。

加快农村电子商务综合管理平台、公共信息服务平台、商务商业信息服务平台建设行动。把实体店与电商有机结合，使实体经济与互联网产生叠加效应。加快完善农村物流体系，加强交通运输、商贸流通、农业、供销、邮政等部门和单位及电商、快递企业对相关农村物流服务网络和设施的共享衔接。加快实施信息进村入户工程。搭建信息进村入户这条覆盖"三农"的信息高速公路，把行政村连起来，把农业部门政务、农业企业、合作社衔接起来，吸引电商、运营商等民营企业加入进来，为农民提供信息服务、便民服务、电子商务，实现农民、村级站、政府、企业多赢。

三、明确主要任务，推进重点工程

在生产方面，推进"互联网+"新型农业经营主体、现代种植业、现代林业、现代畜牧业、现代渔业、农产品质量安全，重点提升智能化生产水平，保障农产品质量安全；在经营方面，推进"互联网+"农业电子商务，促进产销对接，培育新兴业态；在管理方面，重点推进以大数据为核心的数据资源共享开放、支撑决策，着力点在互联网技术运用，全面提升政务信息能力和水平；在服务方面，重点强调以互联网运用推进涉农信息综合服务，加快推进信息进村入户工程；在农业农村方面，加强新型职业农民培育、新农村建设，大力推动网络、物流等基础设施建设。

通过重点工程建设，加快"互联网+"现代农业落地实施。一是推进农业物联网区域试验工程，促进农业生产集约化、工程装备化、作业精准化和管理数据化；二是实施农业电子商务示范工程，融合产业链、价值链、供应链，构建农业电子商务标准体系、进出境动植物疫情防控体系、全程冷链物流配送体系、质量安全追溯体系和质量监督管理体系；三是推进信息进村入户工程；四是推进农机精准作业示范工程，促进互联网与农机作业融合，促进我国农机装备信息化产业链的发展，带动传统产业升级改造；五是开展测土配方施肥手机信息服务示范工程；六是加快农业信息经济示范区建设，率先实现传统农业在线化、数据化改造，基本实现管理高效化和服务便捷化，生产智能化和经营网络化迈上新台阶，农业信息化综合发展水平实现更好的提升。

四、培育信息经济，推动产业协同

推进信息经济全面发展。一是面向农业物联网、大数据、电子商务与新一代信息技术创新，探索形成一批示范效应强、带动效益好的国家级农业信息经济示范区；二是发展分享经济，加快乡村旅游、特色民宿与大城市消费人群的精准衔接，加大农机农具的共享使用，加快水利基础设施的共建共享；三是加快"互联网+"农业电子商务，大力发展农村电商，进一步扩大电子商务发展空间。构建统一开放、竞争有序、诚信守法、安全可靠、绿色环保的农村电子商务市场体系，农村电子商务与农村一、二、三产业深度融合，在推动农民创业就业、开拓农村消费市场、带动农村扶贫开发等方面取得明显成效。

推动产业协同创新。一是构建产学研用协同创新集群，创新链整合协同、产业链协调互动和价值链高效衔接，打通技术创新成果应用转化通道。二是推进线上线下融合发展行动，推动商业数据在农业产供销全流程的打通、共享，支持数据化、柔性化的生产方式，探索建立生产自动化、管理信息化、流程数据化和电子商务四层联动，线上线下融合的农业生产价格模式。三是完善城乡电子商务服务体系。加大政府推动力度，引导电子商务龙头企业与本地企业合作，充分利用县、乡、村三级资源，积极培育多种类型、多种功能的县域电子商务服务，形成县域电子商务服务带动城乡协调发展的局面。四是开展"电商扶贫"专项行动，支持贫困地区依托电子商务对接大市场，发展特色产业、特色旅游，助力精准扶贫、精准脱贫。

五、加快技术创新，推进产业融合

打造自主先进的技术生态体系。一是列出核心技术发展的详细清单和规划，实施一批重大项目，加快科技创新成果向现实生产力转化，形成梯次接续的系统布局。二是围绕智慧农业，推进智能传感器、卫星导航、遥感、空间地理信息等技术的开发应用，在传感器研发上，瞄准生物质传感器，研发战略性先导技术和产品，研发高精度、低功耗、高可靠性的智能硬件、新型传感器。三是围绕农业监测预警，加强农业信息实时感知、智能分析和展望发布技术研究，时刻研判产业形势，洞察国内外农产品市场变化，提升中国农业竞争力和话语权。四是构建完整的农业信息核心技术与产品体系，打造"互联网+"现代农业生态系统。围绕"三农"需求加快云计算与大数据、新一代信息网络、智能终端及智能硬件三大领域的技术研发和应用，提升体系化创新能力。

加强信息技术与农业产业的融合发展。一是在生产上，加快物联网、大数据、空间信息、智能装备等现代信息技术与种植业（种业）、畜牧业、渔业、农产品加工业生产过程的全面深度融合和应用，构建信息技术装备配置标准化体系，提升农业生产精准化、智能化水平；二是促进农业农村一、二、三产业融合发展，重构农业农村经济产业链、供应链、价值链，发展六次产业；三是建立新型农业信息综合服务产业，大力发展生产性和生活性信息服务，加快推进农业农村信息服务普及和服务产业发展壮大。

六、培育人才队伍，强化智力支撑

加快培育懂现代信息又懂现代农业和市场营销的复合型服务人才。一是实施农村电子商务百万英才计划，对农民、合作社和政府人员等进行技能培训，增强农民使用智能手机的能力，积极利用移动互联网拓宽电子商务渠道，提升为农民提供信息服务的能力。有条件的地区可以建立专业的电子商务人才培训基地和师资队伍，努力培养一批既懂理论又懂业务、会经营网店、能带头致富的复合型人才。二是加强高端人才引进。通过人才引进政策和待遇落实机制，吸引专家学者、高校毕业生等网络信息人才投身"互联网+"现代农业，形成一批应用领军人才和创新团队。

加强储备梯次人才体系建设。一是完善农业农村信息化科研创新体系，壮大农业信息技术学科群建设，科学布局一批重点实验室，依托国家人才项目，加快引进信息化领军人才。加快培育领军人才和创新团队，加强农业信息技术人才培养储备。二是建立完善科研成果、知识产权归属和利益分配机制，制定人才、技术和资源及税收等方面的支持政策，提高科研人员特别是主要贡献人员在科技成果转化中的收益比例。三是实施网络扶智工程。充分应用信息技术推动远程教育，加强对县、乡、村各级工作人员的职业教育和技能培训。支持大学生村官、"三支一扶"人员等基层服务项目参加人员和返乡大学生开展网络创业创新，提高贫困地区群众就业创业能力。

参考文献

[1] 谭启英."互联网+"时代背景下农业经济的创新发展 [M].北京：中华工商联合出版社，2022.

[2] 韩志辉，刘鑫淼，雍雅君.培育乡村产品品牌 [M].北京：中国农业出版社，2022.

[3] 温铁军，唐正花，刘亚慧.从农业 1.0 到农业 4.0：生态转型与农业可持续 [M].北京：东方出版社，2021.

[4] 李晓妍.临界点：5G 时代物联网产业发展趋势与机遇 [M].北京：人民邮电出版社，2020.

[5] 沈红兵，熊榆.中国直播电商精准扶贫创新研究 [M].成都：西南财经大学出版社，2020.

[6] 刘桓."互联网+"时代的电子商务研究 [M].长春：吉林人民出版社，2019.

[7] 冉启全，章继刚，陈维波.农村电子商务 [M].成都：西南交通大学出版社，2019.

[8] 刘威.农村贫困地区电子商务精准扶贫模式推进方略研究 [M].北京：中国经济出版社，2019.

[9] 梁佳.农村金融市场对小微企业信贷融资问题研究 [M].北京：知识产权出版社，2019.

[10] 刘玉军，周霞，金海.农村互联网应用指南 [M].北京：中国农业科学技术出版社，2019.

[11] 宋锋林.农村移动互联网应用 [M].北京：北京邮电大学出版社，2019.

[12] 张博，于步亮，秦关召.农村互联网应用 [M].北京：中国农业科学

技术出版社，2019.

[13] 杜鹏，周语嫣."互联网+"背景下河北省农村全覆盖电子商务体系建设与创新发展研究[M].延吉：延边大学出版社，2019.

[14] 谢舜，覃志敏."互联网+"精准扶贫的顶层设计与地方实践——以广西为例[M].北京：人民出版社，2019.

[15] 马宪敏.乡村基层组织计算机办公应用宝典[M].互联网+版.北京：北京邮电大学出版社，2019.

[16] 阮怀军，封文杰，赵佳."互联网+"现代农业推动乡村振兴路径研究[M].北京：中国农业科学技术出版社，2019.

[17] 龙伟.互联网+农业[M].北京：经济日报出版社，2018.

[18] 高英慧.互联网金融视角下普惠型农村金融发展问题研究[M].沈阳：辽宁大学出版社，2018.

[19] 张向飞.上海"互联网+"现代农业建设与实践[M].上海：上海科学技术出版社，2018.

[20] 梁金浩，"互联网+"时代下农业经济发展的探索[M].北京：北京日报出版社，2018.

[21] 徐克，熊露，罗洁霞.不出村能致富："互联网+农产品"经营实务[M].北京：中国科学技术出版社，2018.